青岛大学学术专著出版基金资助

迷失于翻译的意义

古诗英译研究

Lost in the Meaning of Translation:
A Study on the English Translation of
Chinese Ancient Poetry

石 灿 著

中国社会科学出版社

图书在版编目（CIP）数据

迷失于翻译的意义：古诗英译研究／石灿著.

北京：中国社会科学出版社，2024.6. -- ISBN 978 - 7
- 5227 - 3769 - 0

Ⅰ. H315.9

中国国家版本馆 CIP 数据核字第 2024H9V855 号

出 版 人	赵剑英
责任编辑	张　洁
责任校对	姜志菊
责任印制	李寡寡

出　　版	中国社会科学出版社
社　　址	北京鼓楼西大街甲 158 号
邮　　编	100720
网　　址	http://www.csspw.cn
发 行 部	010 - 84083685
门 市 部	010 - 84029450
经　　销	新华书店及其他书店

印　　刷	北京明恒达印务有限公司
装　　订	廊坊市广阳区广增装订厂
版　　次	2024 年 6 月第 1 版
印　　次	2024 年 6 月第 1 次印刷

开　　本	710 × 1000　1/16
印　　张	14.5
字　　数	231 千字
定　　价	85.00 元

内容摘要

随着研究视域的不断拓展，"翻译"不再仅仅指示语言层面的语际转换，更关涉包括翻译诗学、翻译美学等学科在内的阐释与研究。作为翻译研究的基础，语际转换是一个重建意义的过程，故研究翻译需关注意义的生成机制。译文受源语言和目的语的制约，既表明文化适应的深广程度，又具有文化权力的魅影，古诗英译尤其如此。在翻译过程中，意义在双重语境干预及文化权力的支配下发生"位移"，故而译出的古诗韵致不足，诗意寡淡，予人以精神阙如之感。因此，本书以"意义"为切入点，较为深入地探讨古诗意义迷失的具体成因及内在机制，为尽量减少此类现象提供解决方案；同时，透过古诗翻译的视域审视汉、英双语的区别性特质。

鉴于此，本书从三个角度展开论述；其一，在剖析"意义层次"的基础上对古诗翻译中可能出现的问题进行梳理与分类，并对可能发生"迷失"的意义层次进行说明（见绪论）；其二，对"意义位移"的表现进行描述，进一步阐发"诗歌精神"内涵（见第一章）；其三，从诗学传统、语言特质以及翻译美学等方面具体论述意义"迷失"的原因，重在透过古诗这种特殊文体揭示两种语言的异同（见第二、第三、第四章）。

绪论提出，意义位移与文本的可译性密切相关，这要求我们对意义的层次进行分类与剖析。在古诗翻译过程中，应以文本为坐标，将作为综合体存在的意义划分为"概念意义""联想意义"与"文化意义"，并在此基础上对各层意义诸组成要素及要素间的关系展开探究。

第一章具体论述意义位移现象在古诗翻译中的表征，即诗歌精神的阙如问题。其表征有二：其一，相较于原文的抒情色彩，明确现身的叙述者与时间序列凸显的情节都促使古诗译文呈现出一种叙事化倾向；其二，不同于生成在单一语境的古诗原文，译文凝结双重语境的审美诉求，表达了两种不同的审美体认。

第二章描述了双重语境下的诗学传统对古诗翻译的影响与制约，其区别性特质决定了译文无法以"零度"的状态呈现，故在语际转换中表现为归化和异化两种倾向。异化更贴近源语言语境的传统，归化则更符合目的语语境的要求。

第三章从中西语言特质、叙事方式以及生成语境角度，具体阐释概念意义、联想意义与文化意义如何产生，如何影响古诗可译性，以及如何使意义发生位移，进而造成诗歌精神的阙如。

第四章从翻译美学角度，对古诗翻译中审美理想的传达与再现机制展开研究，并具体剖析了作为审美主体的译者、目的语读者如何介入翻译审美过程。

目　录

绪　　论

　　一直以来，我们都致力于解决全球化带来的秩序问题，而忽视了在这样一个易于复制的时代，我们的身份也易于丧失。任何一个国家或民族，欲在世界寻得一席之地，就必须依托独特的文化以确定一个关于"我是谁"的身份。文化遗产是确定文化身份的重要基础和资源，只有将本族文化之精髓传播出去，方可证明我们的文明达到了怎样的高度，呈现出怎样的水平。文化传播依托于翻译，而翻译，尤其是文学翻译的进步则离不开诗学的传统与规约。

　　古诗翻译既涉及语言层面的对应与转换，又必须立足于诗学层面的批评与检验，故而古诗翻译研究一直备受文艺学等相关学科的关注。通过不同学科的多维观照，我们可获得对古诗翻译较为全面的认识。前人对此多有著述，留下了丰富的历史文献和理论成果。20 世纪以来，翻译学的发展为古诗翻译研究注入了新的活力。新语境下的古诗翻译研究呈现出新的特点，焕发出新的光彩。这要求我们借助交叉学科视域，重新审视古诗翻译这一命题。故本书尝试在诗学视角下，借助翻译学部分理论，以"意义"为切入点，对古诗翻译展开分析。

　　古诗翻译的难点在于如何尽力保存原作的诗性与审美特质，并在目的语中重塑、再现这种诗学特征。而译文一旦生成，便具有无可忽视的独立性，既不同于源语又不同于目的语，却兼具两者的特征。勒菲弗尔（Andre Lefevere）等文化学派的学者认为，译者在源语诗学规则和译语诗学规则之间的妥协充分揭示了文化适应和诗学权力的程度。① 我们不得不

---

　　① 参见 Andre Lefevere，*Translation*，*Rewriting and the Manipulation of Literary Fame*，London and New York：Routledge，1992.

面对传统诗学的影响，并做出意义的妥协。意义，并非仅仅拘泥于语义层面，而是包含语音、形态等所有对意义的生成做出"贡献"的特质。当源语言语境中的意义经过语际转换机制的"加工"，其不同层面的特质未必会在目的语语境中一一呈现。比如，许渊冲先生英译的《秋风辞》，其译文中就出现了诗意缺失的问题。

秋风辞

刘彻

秋风起兮白云飞，草木黄落兮雁南归。

兰有秀兮菊有芳，怀佳人兮不能忘。

泛楼船兮济汾河，横中流兮扬素波。

箫鼓鸣兮发棹歌。

欢乐极兮哀情多，少壮几时兮奈老何！

Song of the Autumn Wind

Liu Che（156-87BC）

The autumn wind rises, oh! and white clouds sail the sky;

Grass and leaves yellow, oh! and wild geese southward fly.

Orchids and asters, oh! sweeten the chilly air;

But how can I forget, oh! my lady sweet and fair!

We sail pavilion boat, oh! across the river long;

We reach the mid-stream, oh! and see the breakers white.

The flutes are played and drums, oh! beat time to rowers'song.

But sorrow would arrive, oh! when pleasures reach their height.

How long will youth endure, oh! when old age is in sight!

注：Emperor Wu of the Han Dynasty, who wrote this elegy for his favorite Lady Li.①

---

① 许渊冲译：《汉魏六朝诗》，中国对外翻译出版公司 2009 年版，第 6—7 页。

译文形式上，以"oh"来表达原文中的"兮"这一文言助词，且其位置统一置于前半句的尾部，从整行看又被安置于中间，与原文基本一致；内容上，对应位置的意象无一缺席，补充了刘彻的原文中隐去的主语；音韵上，押尾韵以求重塑原作的韵律特点。而恰恰是这看似平稳的译文，倘若回译之，则诗意寡淡。明明意象基本一致，句式作出了最大限度回应，甚至韵律也在力求功能性对等，为何不能获得相应的诗性直观与动态对等的审美性体认？这是我们在面对古诗翻译时无可回避的问题。兼具源语与目的语双重特点的译文，如何兼顾两种不同语境的审美直观，又如何在两种诗学操纵中寻得平衡？这正是本书的研究重点。

基于上述古诗翻译中的问题，本书主要研究目标有三：其一，在目的语语境中，古诗的译文是如何呈现原作诗性特征与审美特质的；其二，在源语言语境中对古诗的意义层次进行划分，旨在研究翻译过程中哪种层次的意义易于传达，哪种难以在目标语中寻求对等转换，以及难与易的原因是什么；其三，作为双重语境联结者的译者，如何将古诗所蕴含的审美理想传递给译文读者。

在正式进入古诗英译研究之前，还有一个重要的问题，即为什么要进行翻译研究，或者说古诗翻译研究。

翻译实践已有几千年历史，而与之相应的翻译研究却久未引起人们足够的重视。正如翻译学作为一门独立学科不过短短几十年光景，其独立学科地位也未受到学界的普遍认可。翻译实践与相关研究的脱节，暴露了长久以来我们在翻译行为认知中的盲点。这种认知盲点缘何出现，正是翻译理论与实践脱节的原因，也表明了我们进行翻译研究的意义。欲厘清这一问题，首先需要明确这种盲点是如何在现实中显现的。

中国先秦时期，译者有诸多称呼，如"象胥""舌人""象寄"等。

> 五方之民，言语不通，嗜欲不同。达其志，通其欲：东方曰寄，南方曰象，西方曰狄鞮，北方曰译。①

---

① 《礼记·王制》，胡平生、陈美兰译注，中华书局 2016 年版，第 106 页。

由于四方之语不同，应对内廷外朝事宜需要各类象寄之才。按照不同方位，译者有不同称呼。东方称"寄"，南方称"象"，西方称"狄鞮"，北方则称"译"。"象"，有象形、模仿之意。"寄"，即传送、传达。"鞮"即"知"①，"狄鞮"，就是通晓夷狄其语其事。"译"，即"易"，换易言语使相解也②。象寄鞮译，无一不是指语际信息的置换。

随着四方沟通交流的增多，周王朝为更高效处理相关事务，建立相应官职，即象胥。

> 象胥掌蛮、夷、闽、貉、戎、狄之国使，掌传王之言而谕说焉，以和亲之。③

胥，指古代小吏。象胥，即通晓本族之外语言的官吏。象胥是掌管蛮、夷、闽、貉、狄的国家使者，负责传达天子意旨，以同他们相亲和。

这些称呼看似单纯描述译者的工作与职责，实则渗透着贬义色彩。这种轻蔑的语气集中体现在"舌人"这一称呼上。这一称呼出现在周代。

> 故坐诸门外，而使舌人体委与之。④
> 舌人，能达异方之志，象胥之官也。⑤

舌人，即为象胥之官，其可传达异族语言操持者的意愿与意志。"故坐诸门外，而使舌人体委与之"一言出自《国语·周语中·定王论不用全烝之故》。"夫戎、狄，冒没轻儳，贪而不让。其血气不治，若禽兽焉。其适来班贡，不俟馨香嘉味，故坐诸门外，而使舌人体委与之。"⑥ 这就是说，戎狄等蛮夷之族，如禽兽一般，缺乏文明教化的滋养，故而蒙昧、不

---

① 出自（东汉）郑玄《礼记注》，鞮之言知也。
② 出自（唐）贾公彦《周礼疏》，译即易，谓换易言语使相解也。
③ 《周礼·秋官·象胥》，徐正英、常佩雨译注，中华书局 2014 年版，第 840—841 页。
④ 《国语·周语中·定王论不用全烝之故》，陈桐生译注，中华书局 2013 年版，第 68 页。
⑤ （吴）韦曜注"故坐诸门外，而使舌人体委与之"之语。
⑥ 《国语·周语中·定王论不用全烝之故》，陈桐生译注，中华书局 2013 年版，第 68 页。

修边幅。其来朝觐，不必用精致的酒食招待，只令他们坐在门外，而由舌人把全牲给他们食用即可。当时，戎狄之于中原是为鄙陋低贱，不可并坐齐肩，而与之直接沟通交流者如"舌人"，自然算不得高贵的官吏。单从"舌人"这一称呼分析，时人仅仅把翻译当作一种难登大雅之堂的微末技艺。舌人之称呼，道出了"翻译"之功能性、原创性，而极大地消解了其交互性、文学性、创造性。象、寄、鞮、译无一不是如此。

在西方，最早的翻译与中国相似，也是部落为了实现统治，强调高层组织单位对于基层权力的掌控与支配，在语言不通的情况下，依托译者来传达命令。

> 据记载，早在约公元前3世纪，在与后世欧洲文化有着千丝万缕联系的东方古亚述帝国就出现了正式的文字翻译，国王下令通晓多种文字的"书吏"，用帝国的各种语言，把国王的"丰功伟绩"公之于世。①

这时，书吏兼任翻译的事实表明，即便翻译在文化传播中的重要性得到认可，而其作为一种具有相对独立性的交际行为尚未被认知。此外，在《旧约·以斯帖记》和《旧约·尼希米记》等典籍中也有西方古代早期译者从事翻译活动的记述，同样未引起我们足够的重视。其存在仅仅为时代语境的完整性而显示微薄的价值。除去类似作为补充主流史料的记载之外，关于翻译的专门记录多与文化大融合有关。比如公元前4世纪末，希腊奴隶社会式微，罗马逐渐强大。希腊文化仍优于罗马文化，因而对其有巨大的吸引力。介绍希腊古典作品的翻译活动由此渐兴。罗马帝国后期至中世纪初期，西方宗教势力强大，基督教会敌视世俗文学，极力推动宗教文化发展，《圣经》翻译风靡。以杰罗姆所译《通俗拉丁文本圣经》为定本，说明《圣经》翻译取得了与世俗文学翻译分庭抗礼的地位。

这一时期，翻译主要显现为两种形态——功能性翻译和文学性翻译。前者多为统治阶层传达政令，融合不同民族文化的辅助手段；后者则为民

---

① 高华丽编著：《中外翻译简史》，浙江大学出版社2009年版，第192页。

族融合的结果。无论哪一种，人们关注的焦点都不是翻译本身，而是翻译描述的内容，即政治与文化。同早期中国一样，在早期西方，翻译本身的性质被其功能性掩盖，而简化为一种语际转换手段。

中国早期译者名称所流露的鄙弃之意，透露出当时的人们对于翻译行为的轻视。其根源是什么呢？没有神学庇护，西方宗教翻译也难享荣耀，为什么会产生这种情形呢？如果说其根源自古人对于翻译这一行为认知的局限性，那么这种局限性又是如何产生的？

首先，如上所述，地域间文明程度的差异赋予中原地区的人们以优越感，这种优越感使其升格为高等民族，相应的外族降格为蛮夷。从语言、服饰到习俗、风尚，无一不应和礼制，以别尊卑。虽然当时翻译中的归化、异化问题难以考证，但蛮族即便有其文化特殊性，也难以在所谓高等民族的主流文化体系中享有文化身份。象、寄、鞮、译的提法，类似于今天所言的法语译者、英语译者、日语译者等，从名称上就足以辨别精通不同地区语言的专才。即便舌人在交流中不可或缺，但从"象胥"之"胥"字便可看出，其仅仅是处于基层的官吏。在生存权无法保证、发展权难以为继的时代，相较于运筹国计民生的才能，通译之术便理所应当地被时人忽视。

其次，在人类社会发展的最初阶段，思维缜密性的缺乏与认知描绘世界图景的有限性决定了人们所还原的现实具有极大的片面性。工具的落后，知识的匮乏与缺失阻碍了区域间的交往。人们本能地以为人所面临的世界具有绝对一致性，而语言与世界同构。不同语言的构成是相同，至少是相似的。所谓翻译，不过是语际间对应单位的置换。无论是在中国还是在西方，为维系生存而产生的经济秩序以及为维系经济秩序而发明相适应的政治秩序，如斯问题，较之文化，都更值得人们去思考。对于翻译实践本身缺乏反思，又怎会产生理论总结与相关研究。即便中西方哲学此时均已萌生并显现出最初的形态，也难以映射到翻译中来。而这种轻视翻译的观念一直深深地影响着后人对翻译的看法。

言至此，有一个不可忽视的问题——对于翻译的反思是否与翻译实践的高潮有关？早期翻译不过是星星之火，尚未成燎原之势，故而无法引起人们的重视。众所周知，西方历史上有六次翻译实践高潮，即公元前 4 世纪末、罗马帝国末期至中世纪初期、11—12 世纪、14—16 世纪、文艺复兴后至 20 世纪上半叶，以及"二战"结束后至今①；中国则有四次翻译高潮，即东汉末年至唐宋的佛经翻译、明末清初的西学翻译、鸦片战争至"五四"的西学翻译，以及改革开放之后的中西互译②。文艺复兴时期，在思想文学的大革新中，翻译活动也达到了前所未有的顶峰。翻译活动也深入到思想、政治、哲学、文学、宗教等各领域，产生了一大批杰出翻译家和一系列优秀翻译作品。民族语言在文学领域和翻译中的地位终于得到巩固，同时也表明翻译活动对文化发展所起的巨大作用。中国西学东渐与新文化运动之时，大量作品被译介。既然人们在翻译实践的高潮影响下，逐渐具有了翻译的意识，也承认翻译在跨文化交际中的重要性，为何人们对于翻译本身的种种认识仍滞后于其发展本身呢？

其实，无论在东方还是西方，人们在观察世界、认识事物的过程中，都秉承着一种尊重事物本身的态度。比如，早期中西都把世界的本源归结为某种具体物质。西方毕达哥拉斯认为，本源是"数"；泰勒斯认为，本源是"水"；赫拉克利特认为，本源是"火"；而中国则认为世界本源是"气"，是"金木水火土"五行等。所谓"本源"，按照亚里士多德的解释，即万物从之而来，毁灭后又回之而去，一切皆变唯其不变的"始基"，它是宇宙最原始的开始和主宰。

早期人们对于事物的阐释之所以落于某种具体物质之上，并非偶然。人类对于世界的认识是从感性经验开始的，而感性经验的客观对象首先是与生活密切相关的客观存在物。比如，梯利在描述秉承自然哲学的米利都学派时，说：

> 他们哲学思考的起点是"存在的事物"，在那时这一表述包括了感官所能感知的一切；他们的目标是要确定这些事物的本质，或者自然（physis）……因为那时自然（physis）并没有我们用来翻译它的本

---

① 谭载喜：《西方翻译简史》，商务印书馆 2004 年版，第 2—4 页。

② 马祖毅等：《中国翻译通史》，湖北教育出版社 2006 年版，第 2—7 页。

质（nature）一词的含义。①

"nature" 最初的含义与"生长"有关，在此基础上逐渐衍生出"基本的，现存的"以及"与生长这一行为、过程有关的实体"这一内涵。而且这一实体在其话语体系中预示着万事万物的起源。无论中西，人们对世界的认识，都遵循一个规律，即从神话似的建构与解读到依托感官经验的知识型建构。神话学的存在就是例证。其归旨即阐释人类神话传统的价值内涵②，神话似的解读正反映了先人们对当时的客观现实的认识。

对于客观存在物的关注引发了人们关于存在的思考。人类对于现象背后本质的追问塑造了其理性思维模式，而这一思维模式又影响了人们的翻译观。无论中西，人们总会更加重视事物本身。其投射在对于翻译的解读与认知上，就形成了重源语而轻译语，重说话者与作者而轻译者，以及重信息本身，次重信息传达而轻传递过程的现实。

回到我们先前所提的问题上，中西对于翻译认知的局限性与翻译的时空语境及重视事物本身的历史有关。即言之，翻译产生的语境必然牵涉两种文化体系，体系间的差异在人为的渲染下一步步建构起所谓的"优等民族"概念与其文化优越感，建构出最初的语言等级。精通蛮夷之语或任何低于本文化圈层次的语言的人，即便有才智——所谓象寄之才——也并不高尚。甚至，这种处于语言等级的基层的语言是否具备与上层语言相沟通的资质与本性，尚未可知。这也与推崇事物本身，探寻本源之人的特点有关。底层语言不具备如同高层语言一样的巨大能力，即胜任描述世界的本质的神圣任务。高层语言更接近真相，底层语言则仅仅是对于高层语言的描述。不难发现，无论是翻译描述中的内容，还是语言内部"阶级"问题，甚至隐藏在早期翻译背后的神话色彩，都游离在翻译本身之外，而关于翻译本质内容的探讨，如可译性、对等、直译、意译等问题并未受瞩目。翻译实践的发展与深入认识翻译行为，都必须诉诸翻译研究的指导。

---

① ［美］弗兰克·梯利：《西方哲学史》，贾辰阳、解本远译，吉林出版集团有限责任公司 2014 年版，第 7 页。

② 参见杨利慧《神话与神话学》，北京师范大学出版社 2009 年版，第 27 页。

古诗翻译研究作为翻译研究的具体化，不仅为我们更加全面立体地认识翻译研究提供了特殊性视角，且对推动古诗翻译，乃至古籍翻译事业的进步具有重要意义。

古诗翻译涉及语言学、诗学、美学、心理学、社会学等诸多学科，其归根结底是作为源文本的古诗在两种不同文化语境中的呈现，是其所涉及诗学立场的显现与一定程度的融合。对于古诗翻译的研究，应立足于诗学之维，借助多维学科视角。那么在新的语境中，如何在诗学视域下进行古诗翻译研究呢？如上所述，古诗翻译研究是对于语际转换的实现程度与效应的分析与探究，是以古诗可译性与古诗翻译的对等问题为立足点的鉴定、阐释行为。故而诗学视角下的古诗翻译研究，始于可译性之辨析。

一 诗学规约下的古诗可译性

自古至今，对等作为翻译理论的基本问题被不断论证提及。雅各布逊、卡特福德、奈达、诺伊贝特、加切奇拉泽等人的翻译研究都围绕"对等"展开。诗学规约下，对等早已超脱了单纯的语言意义论层面，而呈现出一种综合了文学性、作者意图、读者接受状况等效应的特征。"对等"无法回避文本的可译性与不可译性，即可译的限度问题。可译的限度极大地影响着对等的实现程度，而后者在诗学语境下是一个涉及"语义""语用"等多重层面的综合体，可译性层次也由此而现。

可译性问题历来有三种解释。第一种解释是就双语表层结构诸如文字形态、表层形式设计而言；第二种解释集中于语义，包括隐喻问题、文化翻译中的意义转换，这是中介层级的可译性问题；第三种解释以德国的译论家本杰明（W. Benjamin，1955：88）的观点为代表，可译性指双语最深层的意蕴上的相通相应，因而可以互补互释。①

所谓可译性，并不是指翻译价值问题，而是用以描述翻译的程度问

---

① 刘宓庆：《新编当代翻译理论》，中国对外翻译出版有限公司 2012 年版，第 68 页。

题，即双语转换中源语言的可译程度。在西方翻译理论中，首先提出"可译性限度"与"不可译性"概念的是语言学派的理论家，其多侧重于"可译性"的描述性研究。

可译性探讨的是翻译在多大程度上可以将源语转化为译语，译语在多大程度可以还原或再现源语归旨。正如洪堡在其所译《阿伽门农》的序言中论述的那样，可译性与不可译性是一种辩证关系。语言的各种成分，如字、词、句都是现实环境的映射，这种现实的映射还包括世界观在语言中的显现。即言之，一种语言在概念、结构与精神气质三重层次上都具有特殊性。正是千差万别的民族种种现实叠加所呈现出的总和，影响着可译与不可译的程度。

那么古诗可译吗？

很多人认为，古诗翻译是"在不可能的范围里找出个可能来"。正如王以铸在《歌德席勒叙事谣曲选》的序言中所说："至于译文，不敢妄想帮助读者来欣赏歌德、席勒的艺术成就，只是希望读者通过这本小册子能知道原诗大体上是个什么样子，里面都讲了些什么；也就是说，是只在大体上忠于原文的基础上，尽量使文字通顺一些，略能上口（所以也押一些韵，但不硬押），如此而已。"①

诚然，中国古诗独特的音律、形式与意象之美，以及中西文化的差异，在翻译过程中实难做到"三美齐备"，说其不可译不为过。然而，诗词翻译仍在如火如荼地进行，如《大中华文库》工程致力于系统全面地向世界推出外文版中国文化典籍，唐诗、宋词、元曲都在计划之中。香港中文大学曾有《中诗英译索引：汉代至唐末》（*A Research Guide to English Translation of Chinese Verse：Han Dynasty to T'ang Dynasty*）。原加州大学戴维斯分校东亚图书馆汪次昕（Phyllis T. Wang）先后编了《英译中文诗词曲索引：五代至清末》（*Guide to Classical Chinese Poems in English Translation：Five Dynasties through Qing*）和《英译中文新诗索引》。早在 1915 年，美国诗人埃兹拉·庞德（Ezra Pound）就出版了《神州集》（*Cathay*）。1921年，埃米·洛厄尔（Amy Lowell）与弗洛伦斯·艾斯库（Florence

_____

① 王以铸："序"，《歌德席勒叙事谣曲选》，人民文学出版社 1980 年版，第 11 页。

W. Ayscough）合译《松花笺》（*Fir-flower Tablets*）。戴维·欣顿（David Hinton）与华兹生（Burton Watson）也大量翻译中国古诗。甚至还有《中国艳诗》（*Chinese Erotic poems*）这样剑走偏锋的诗选问世。① 大量事实证明，古诗并非不可译，但不可全译，这就涉及古诗可译性限度问题。可译意味着两种语言系统具有相通之处，存在相似性。

维特根斯坦认为，世间同类事物之间皆具有相似性，即家族相似性（family resemblance）。

> 我想不出比"家族相似"更好的说法来表达这些相似性的特征；因为家族成员之间的各式各样的相似性就是这样盘根错节的：身材、面相、眼睛的颜色、步态、脾性，等等，等等。——我要说：各种"游戏"构成了一个家族。②

语言的相似性是语际转换得以实现的基础，也对可译的现实性做出解释。同时，语言之间的非相似性又决定了可译性的限度，在某种程度上，这种限度表现为"不可译性"。

在《新编当代翻译理论》中，刘宓庆指出，可译性的理论依据有四点：认识所指的基本同一性及语义系统的"基本同构原理"、思维形式的同一性、语法差异的规律性及语义系统的对应、文化的相互渗透性。③ 我们不难看出，可译性归根结底来自对客观经验与内在精神的认同，来自对不同语言背后的经验与现实以及造成种种现象的总和的认同。

如何理解古诗的可译性呢？

诗学视域下的古诗不仅仅是一种语言艺术。诗要表达怎样的经验与情感，诉诸怎样的想象，展现怎样的艺术创构与意境，又或者蕴含怎样的生活情趣、道德意蕴、人生哲理都是可译性的不同层面，或言之衡测等值程

---

① 李国庆：《中国古典及当代作品翻译概述》，载张海惠主编《北美中国学——研究概述与文献资源》，中华书局 2010 年版，第 853—861 页。

② ［英］路德维希·维特根斯坦：《哲学研究》，陈嘉映译，上海人民出版社 2005 年版，第 38 页。

③ 刘宓庆：《新编当代翻译理论》，中国对外翻译出版有限公司 2012 年版，第 68—72 页。

度的角度。

首先，人们面对的同一个纷繁复杂的世界，万物投射在我们大脑中形成的概念是同一的，其内涵不因语言符号之任意性而相悖。且人类逻辑思维活动的基本形式是概念、判断和推理，故人对于同一事物会产生相似感受。情感的相似性是相互理解的基础。情感意蕴的相通是古诗在目的语中被理解的必要条件。

其次，人们抒情言志所依赖的语言的性质是一致的，都具有创新性和能产性，具有表现和描述世间万物的能力与本质。

> 创造性指语言的能产性，这来源于语言的二层性和递归性。①

语言是"音"与"义"的结合体。记忆的有限性与思维的无限性促使人们不断利用现存事物表达新事物，利用现有表达创造新的表达。这种特性在语言中具体体现为新词的产生。任何一种语言都具备描述现实的能力，且这种描述可以被其语言操持者理解、使用。即言之，我们可以通过现有语言去描述新事物，也可以创造新语言符号去表示新事物。

最后，逻辑思维活动的同一性决定逻辑程式的本体的同一性。即便语言符号具有任意性，其所表达出的叙述方式和风格等依然具有相似性。作为思维载体的语言都是对于外部世界的反映，故而人脑中的内部语言以及发之于外的日常语言与外部世界形成了同构的作用链。基于此，人类虽然使用着不同的语言，但其语法所呈现出的差异具有规律性：第一，语法的基本成分和功能具有相似性，其成分相似——都有主、谓、宾、定、状、补等成分，且发挥着大体相同的作用；第二，语法成分的形态结构或形式虽可能各不相同，但它们之间的排列呈现出一定的规律性；第三，语法成分配列所表达的语义内涵同构。

如果说我们需要依靠相似的语言形式表达来自形式本身的意义，那么在翻译中文体的选择就成了一件重要而困难的事。不同的文体有不同的语法要求，而语法差异的规律性与语义系统的基本同构原理无疑为这一行为

---

① 胡壮麟主编：《语言学教程》，北京大学出版社 2007 年版，第 5 页。

提供了发生的必要条件。

如上观点都在提示我们紧密关涉可译性与不可译的"可译性的限度"问题才是解决疑惑之关键。可译性限度本质上是在翻译的语际转换过程中，可译与不可译的成分相互制衡所呈现的最终结果。同构的相对性和语言的模糊性，以及语际转换中存在的障碍①，都是造成可译性障碍的元素。

同构作为人类意识相同的基本的思维结构机制，是人类思维结构的基本性质。但是，既然外部世界通过大脑得以表象，那么在其加工的终端，人们得到的所谓言语与表达、所谓现实与客观，都不可能摆脱主观局限性，也就是"我"的色彩。可译性始于语言又超脱语言，最终必须接受诗学传统检验。

且语言的模糊性易造成所指的不确定性。即便表达内涵的语言符号有千百种姿态，其指向的概念亦具有相对一致性，然而，客体与现实依然无法摆脱被语言疏略描述的命运。

> 语言的模糊性指词义本身界限不明，无法用分类逻辑（class logic）对之划出泾渭分明的界限。而且这种"不明确性"也不能用上下文的联立关系来加以限制或排除。②

如上所述恰恰切合了本雅明对人类语言的描述，且后者更为精准。本雅明是上帝虔诚的信徒，他笃信《圣经》，认为世间存在一种人类未堕落之前使用的"纯语言"（pure language），具有普世性。

> 除了在对历史的思考中，我们还能在哪儿找到两种语言间的联系呢？这种联系自然不在文学作品或词句之间。相反，任何超历史的语言间的亲族关系都依赖于每一种语言各自的整体之下的意图，不过这种意图并不是任何语言单独能够实现，而是实现于所有这些意图的互

---

① 刘宓庆：《新编当代翻译理论》，中国对外翻译出版有限公司 2012 年版，第 72—74 页。
② 刘宓庆：《新编当代翻译理论》，中国对外翻译出版有限公司 2012 年版，第 73 页。

补的总体之中。这个总体不妨叫做纯粹语言。①

本雅明认为，语言之间存在亲族关系，且这种亲族关系体现于原作与译作的相互作用之中。尽管两者之间存在一种相似性，然而，它并不是"存在亲族关系"这一事实的依据。那么"亲族关系"来自哪里呢？他大胆地作出一种假设——世间存在一个语言的本体，即纯语言。任何语言都是对于语言本体的阐释或描述。因此，原作与译作的关系不在于两者间的相似性（虽然这种相似性确实存在，且易于被读者感知），而在于原作、译作分别与作为语言本体的"纯语言"的关系。换言之，两者的亲缘关系的基础是同宗同源。

本雅明的语言观具有浓郁的宗教色彩，但却为我们准确描述各种语言关系提供了一种现实的维度。在本雅明心中，纯语言就像各种语言与意义的终极原型。它与表达日常生活的语言并非同义词，而是享有对于其他一切语言的最终阐释权，是绝无仅有的完备语言。只有纯语言不仅与世界绝对同构，而且包含于每一种具体语言之中。且纯语言不像人类语言那样多义，而是具有明确所指并实现充分表达的理想语言。

既然古诗具有可译性，那么如何在正确认识其可译限度的前提下进行古诗翻译的研究与批评呢？如前言所述，可译性是所谓语际转换中实现"对等"的基础。绝对对等是不存在的。正像本雅明所说，不同语言对于同一事物的描述相互补充，在一定程度上实现对"纯语言"的还原。"本雅明认为，救赎语言的'诺亚方舟'是翻译，因为只有翻译才能在不同实体语言之间进行不断的转换，并在转换的过程中去除意义，重拾思想，最终洗练出语言只表达思想的纯净的原始面目。"② 不同语言之间互补互成。倘若理想中的"纯语言"可以将所有意义尽现，那么我们所依托的不同语言都具备表达至少一重意义的能力。而翻译归根结底，是将理想中的完整意义尽可能全面地还原，古诗翻译亦是如此。若将翻译视为一种相互补充

---

① ［德］汉娜·阿伦特编：《启迪：本雅明文选》，张旭东、王斑译，生活·读书·新知三联书店 2008 年版，第 85—86 页。

② 李宏鸿：《多声部的和谐：解构主义翻译观研究》，南开大学出版社 2015 年版，第 85 页。

的阐释，则每一种阐释至少有利于一层意义的还原。就此而言，可译性连接着意义的不同维度。对可译性进行批评辨析时，还需要诉诸古诗意义层次的厘定与划分。

二　翻译视域下的古诗意义层次还原

翻译归根结底是将作为各种层面内涵总和而存在的意义，尽最大可能传递。翻译研究则是对于传递的过程与结果进行评定的再阐释。而古诗翻译研究作为对于古诗这种具体文体的阐释，是对其语境转换之对等实现状况的界定与鉴断。意义的分层攸关可译性之限度与对等的实现程度。

何为意义？粗浅释之，即是指"意义"的含义。只是其同义词与外延甚多，而它们皆可用"意义"一词来概括，所以，"意义的意义"便成了最为简洁且具包容性的表达。

"意义"一词"包罗万象"，因为其拥有展现不同层次内涵的能力。除却语言经济原则，如何理解意义的不同层次才是我们应该驻足思考之处。美国环境与行为学家阿摩斯·拉普卜特（Amos Rapoport）曾提出一种非语言的表达方式。他认为，"意义"概念应该从高、中、低三个层次中探讨之：高层次意义，与宇宙观、文化模式、世界观、哲学体系、宗教信仰和偏好等有关；中层次意义，与身份、地位、健康状况、权利等有关；低层次意义，即日常中起作用的意义。① 低层次意义是最直观、最常接触到的意义，也是中层与高层意义的基础。意义的层次为识别环境与人类居住关系提供了一个概念性空间，也为我们理解意义的层次提供了一个新的维度——从人与环境的关系角度重新认识了"意义"。

再看奥格登与瑞恰兹在《意义的意义》中从语言符号角度对"意义"作出的解释，共十六种，具体如下：

1. 一种内在品质；

---

① 参见 ［美］阿摩斯·拉普卜特《建成环境的意义——非言语表达方法》，黄兰谷等译，中国建筑工业出版社 2003 年版。

2. 一种与其他事物之间无法分析的关联；

3. 词典中该词条下列出的词；

4. 该词的内涵；

5. 一种本质；

6. 投射到对象上的一种活动；

7. a. 一个意向中的事件；

   b. 一种意向；

8. 系统中任何物所占的地位；

9. 一个事物在我们未来经验中的实际后果；

10. 一个声音卷入或隐含的理论后果；

11. 任何事物引发的感情；

12. 一个符号由于某种被选择好的关系而实际上联系着的东西；

13. a. 一个刺激引发的记忆，获得的联想；

   b. 任何事件的记忆启动（appropriate）的其他事件；

   c. 一个符号被解释为即是的某种东西；

   d. 任何事物提示的东西；

   （如果是符号，则是）

14. 符号使用者应当在指称的东西；

15. 符号使用者相信自己在指称的东西；

16. a. 或是符号解释者所指称的东西；

   b. 符号解释者相信他在指称的东西；

   c. 符号解释者相信符号使用者在指称的东西。[1]

奥格登和瑞恰兹认为，符号多义与词语的多义可以被视为区分开的若干个符号，即若干个同形异义的符号。不存在多义的符号，因为看似多义的现象，只是指向不同指称的假象，即指称落在一组外在的或心理的语境之中。或言之，符号的指称意义没有变，变的是具体使用情况，也就是瑞

---

① 赵毅衡：《意义的意义之意义：论符号学与现象学的结合部》，《学习与探索》2015年第1期。

恰兹所言之语境论。符号的真正意义仅显现于其使用意义，词汇、语言亦然。正如维特根斯坦所言："一个词的意义就是他在语言中的使用。"

回归到"意义"一词本身，其在《现代汉语词典》中解释如下：语言文字或其他信号所表示的内容；价值、作用。然而，在现实应用中，"意义"的意义，或言之含义却远比这复杂。

现实对话和作品中的"意义"的意义大致有如下 15 种：内容、价值、意思、意图、内涵、目的、用处、所指物、兴趣、益处、影响、层面、程度、制约性、必要性。

在西方，表达意义的词也有很多，比如 sense, meaning, significance, reference 等。sense 侧重字面含义，不涉及认识论上的真假、道德论上的善恶以及审美层的美丑问题；meaning 则处于比 sense 更高的层次，涉及真假、善恶与美丑；significance 强调重要性，而这种重要性来自其对于某个情境或对某事物有影响；reference 言此物而指彼物。

意义的意义在不同环境中的不同会显示出不同的含义，经过仔细观察会发现，在具体语境中，"意义"一词总可以被其他词汇代替，而且使用其他词汇反而更易于被读者接受。这是由汉语作为一种成熟的语言的现实决定的。成熟的语言，其词汇具备更强表现力，通常可用较少的词汇来表示较多含义。正如一个人的外文水平高低，不仅在于其词汇量大小，更彰显于其是否能传神地使用简单的词语，是否能熟练使用常用词表达该词不常使用的含义。这些特性与现象皆取决于语言的特质——一个静态词汇一旦进入语用，其所表达的信息会比自身抽象出的信息更多。语用意义基于语义意义，却不能在语义框架下得到相对完备的解释。

明确而言，语义学认为将一个词的意义降格为单纯的语境值不妥。一个词自有其恒常之意义以指称某些事物，且这种恒常的意义不因语境变化而更改。这是人们学会事物的名称，一步步深入理解、学习的基础。而一词多义现象是出于语言的经济与交际原则的双重考量。一方面，我们需要与人类经历和经验对象相对等的表达来传递情感、描绘体验；另一方面，人类记忆不堪负荷如此之多的词汇。故只需要选择对语境敏感的词汇来描写人类体验与心理认知，利用语境筛选合适义的变量，设计出意义灵活的话语即可。

语用学则持指称论的意义观，即意义视语境与意向而定，意义和指称是两回事，意义取决于指称，而指称不取于意义。英国语言学家迈克尔·霍伊（Michael Hoey）认为，语篇的词汇模式中，音位和实体包含在能指中，语境和情境包含在所指中，语境对语义呈现出或隐性或显性的制约。而赖斯提出的"意向性"概念，既包含其所承载的观念，又包含说话者本人可能有意而发的观念。它不仅是语境的一种具体化，更是语境包含的某些因素共同作用的结果。

虽然语用学与语义学就此观点侧重各有不同，前者侧重指称意义，后者侧重内涵意义，然其皆关心语言和外部世界的联系。语义学强调符号和所指事物之间的关系，关注语言和世界之间的关系。而语用学一直关心的语境和意向性，认为语言只有在使用中才具备真正的意义，两者在这一点上是重叠的。厘清意义的语用层与语义层是正确认识意义层次乃至古诗意义层次的基础。

杰弗里·利奇（Geoffrey Leech）将意义分为七种：概念意义（conceptual meaning）、内涵意义（connotative meaning）、交际意义（social meaning）、感情意义（affective meaning）、回应意义（reflected meaning）、搭配意义（collocative meaning）、主题意义（thematic meaning①）。内涵意义、交际意义、感情意义、回应意义、搭配意义合在一起又被称为"联想意义"（associative meaning）。②

刘宓庆在分析翻译意义时将之归结为概念意义、语境意义、形式意义、风格意义、形象意义、文化意义。③

这种划分方式对于我们理清古诗意义分层具有巨大的启示作用，为我们划分古诗意义的层次提供了一种思路。自接受美学为人们提供了审观意义的新维度——接受者，人们在考虑意义的完整性时，便不能把接受者的期待与阐释排除在意义体系之外。刘宓庆的划分方式虽然完备，但在考虑

① 注：刘宓庆译作"强调意义"，参见刘宓庆《新编当代翻译理论》，中国对外翻译出版有限公司 2012 年版，第 50 页。

② Geoffrey Leech, *Semantics*, London：Penguin Books, 1990, pp. 9-23.

③ 刘宓庆：《新编当代翻译理论》，中国对外翻译出版有限公司 2012 年版，第 34—39 页。

文本自足性时并未充分考虑作者与译者、读者——双重接受者，对于意义的补充。故而在进行古诗意义分层时不能照搬之。

那么，应如何对古诗意义的层次划分呢？

首先，为了便于表达且避免歧义，应先区分表达"意义"的四个词——含义、含意、涵义与涵意：

> 含义，（词句等）所包含的意义。也作涵义。
> 涵义，同"含义"。
> 含意，（诗文、说话等）含有的意思。
> 涵意，未见收录于本词典。①

在日常表达中，"含义"一词广泛使用，"词句本身的意义"是其核心意义，但由于不同场合的普遍使用赋予其更多外延意义，故而"含义"的意义超出了词句意义本身，成为一个广义上的"意义"概念。"涵义"与"含义"同义。"含意"则多就诗文、话语之意蕴而言。而"涵意"并未被收入词典，但日常中时有使用。比如，欧阳山《三家巷》十九："你每一个微笑都包含着一千种的涵意。"

语言进行意义单位划分，其由小到大分别是语素、词、词组、句、语篇。词与词素的最大区别是词始终是可以在句法中独立自由运用的具有最小具有意义的语言单位，而词素则常常是不能单独自由运用却具有意义的最小语言单位，是词的构成成分。我们平常所说的词的一般含义实际上是表达的常规意义，即词典涵义。但是，词典涵义是怎样产生的呢？

事实上，每个人在大脑中都有其自我指称的意象，即客体在人的头脑中的倒映，是一种主观意象。尽管各人经验不同、感知、判断力、理解力各不相同，其对于同一客体的认识角度不同，由此产生的主观意象也必然因人而异。但人对于世界的认识具有同一性，这使得个人含义的指称抽象成为统一、一致的词典指称。我们平时所说的具有规约意义的"意象"也是由主观意象抽象、固定而来的。词组、句、语篇的意义也与此类似。

---

① 参见中国社会科学院语言研究所词典编辑室编《现代汉语词典》第7版，商务印书馆2016年，第511—512页。

分析古诗意义层次，从宏观上分为两部分——基于文本本身的意义和超出文本本身的意义。我们在此将前者称之为"概念意义"，后者进一步厘定为"联想意义"与"文化意义"。

概念意义是关于文本本身的涵义，主要是字词句的意义场相互作用的结果，联想意义包括诗学传统的影响、文体、语法、叙事方式等因素。文化意义是超脱于文本涵义的含意，包括参与者阐释与期待视域、文化时空因素等。概念意义与联想意义、文化意义三者之间相互作用、相互影响，前两者是后者的基础，后者则是其万变不离之宗。文化意义为前两重意义的生成与发展作出了基于语境的阐释。

为什么不直接用语用意义和语义意义来表示意义分层呢？中国古诗是一种洋溢生命灵性的文体。中国文字从起源传说起就带有神性传奇色彩。每一个汉字的内核，包括名词在内，都不是一种静态的描述，而是一种动态的对生命状态的模拟。语义是一种字典似的缺乏生机与活力的，对于文本内涵的表达。语用的关键词是"语境"与"意向性"，强调一帧一帧的情景与情境中的语言使用，但缺乏对于参与者本身的关注。换言之，语用意义是"联想意义"的一种情形，包孕其中，"概念意义"与"联想意义"更能贴近前文所述之状态。

是故，在具体古诗翻译研究中，我们把古诗意义从宏观上分为三层：概念意义、联想意义和文化意义。概念意义，指基于文本语言本身的意义，包括字、词、句等语言意义单位本身以及相互作用而形成的基本意义、语法意义和常识，或言之基本认知意义。概念意义是古诗的表层意义。联想意义，按中国文学的实情重新具体地划分为语境意义、文体意义、修辞意义、叙事意义。文化意义，包括社会意义、阐释意义等。

各种意义都有自己的意义场，一如磁场一般，它们不仅具有自身的意义，向其他场域辐射"意义"，也接受其他场域对于自身的辐射。各种意义相互影响，相互干预。故而，一种意义与另一种意义的界限是模糊的，彼此难以截然分开。在进行古诗翻译探析的过程中，不仅应对各意义层次的等值情况分别评估，还应当综合考虑各层次之间的关系。正是不同意义层所呼应、延展出的意义，使整个意义体系，或者说对等体系，呈现出系统性与有机整体性。

厘清古诗意义层次对于评估古诗可译性，评估译文对等实现状况具有重要意义。在厘定古诗意义层次的基础上，作为意义综合体之体现的"等值"对翻译研究才具备可能性与现实意义。在实际操作中，翻译研究的基本问题与翻译实践的基本问题同源并流。各层意义的生成要从一些十分具体的因素讲起。这些具体的因素构成了古诗翻译的基本问题。

三　诗学视域下古诗翻译研究的基本问题

古诗翻译研究是翻译问题的具体化。什么是翻译研究的基本问题呢？众所周知，翻译不仅是一种再创造，也是一种跨文化的阐释行为。

根据艾布拉姆斯的文学理论四要素，我们可以将翻译研究归纳为八个研究基点，即源语言文本、作者、源语言读者、源语言文化系统、译者、目的语文本（即译文文本）、目的语读者、目的语文化系统。这八个基点分属于两大系统，即源语言系统和目的语系统。过去，每一种研究都会重点关注其中一个要素或者两个要素之间的关系。文化转向之后，研究者开始重点关注文本、语言文化系统的互文性，尤其是目的语文本与目的语文化环境的关系，以及两对"文本与文化系统关系"之间的区别与联系。

传统的翻译研究通常以源语言文本为中心，认为译学是包含于诗学之中的翻译理论，将翻译视为研究诗学的一种手段，而文化转向极大地扩展了翻译研究的视域与维度。也正因此，学者认识到作品与文化语境千丝万缕的有机联系，更加注重从具体的文化语境中阐释翻译本身，故现代翻译学注重以译文文本为中心的探究，尤其关注文化视角。现代的翻译研究意味着将翻译置于新语境中进行新的价值评估与厘定。当意义层次的划分遇到实际中的各种翻译要素，我们首先要对其有一个关于"类"的认识。正是这些具体要素解释了各层意义的生成。于是如何对翻译要素分类成为我们新的任务。

文化学派的学者认为，文化转向把翻译置于一个更为广阔的文化背景中进行研究，强调历史意识和文化语境。勒菲弗尔（Andre Lefevere）曾提出，正是一些十分具体的因素系统地支配着对于翻译文本的接受与拒绝，诸如权力、意识形态、机构或操纵①。这些因素产生的巨大影响，既操纵、干预着译者的翻译行为，又决定着读者对文本的接受与拒绝。他认为，翻译是一种重写（rewriting）。而这种重写，清晰呈现在翻译、史学编撰、批评与编辑中。

> 然而，在翻译过程的各个层面上，可以发现，如果对于语言因素的考量与意识形态或是诗学性质发生冲突，往往是后者占上风。②

芒迪（Jeremy Munday）将勒菲弗尔这些十分具体的因素，总结为决定翻译功用的三种主要因素，即文学系统内的专业人员、文学系统外的赞助者和处于主流地位的诗学。意识形态至关重要，诗学也受意识形态支配。译者的意识形态、赞助者的意识形态以及受赞助者影响的译者的意识形态都会对翻译结果产生直接影响。

文学系统内的专业人员，包含文集编撰者、批评家、译者、教师等等。换言之，文学系统内的因素，直接参与译文文本的生成、传播与阐释。而文学系统外的赞助者，包括那些能够促进或阻碍文学的阅读、写作和重写的有影响力的个人或机构。其不直接参与文本的产生，却对文本的流传产生极大的影响。政治、宗教、出版机构、媒体、院校、学术期刊、极具影响力的个人等都是典型的赞助者。赞助者也会受到意识形态、经济、地位等因素的影响。

主流诗学，包含文学方法和文学作用的范畴。前者包括整个文学体裁、符号、主题以及典型境况与特征，后者指文学与其所处的社会制度的关系。不同的文学形式之间存在矛盾，是多元系统论的一个特征。机构组织在诗学中也扮演着重要角色，其常常把是否符合主流诗学作为衡量文学作品的标准。故而，一些作品也许在很短的时间内被提升至"经典"地位；另一些作品则需要等作为主流的诗学发生变化之后，才能获得"崇

---

① Jeremy Munday, *Introducing Translation Studies: Theories and Applications*, Shanghai: Shanghai Foreign Language Education Press, 2010, pp. 127–128.

② Andre Lefevere, *Translation, Rewriting, and the Manipulation of Literary Fame*, London and New York: Routledge, 1992, p. 39.

"高"地位。需要说明的是，勒菲弗尔所说的"主流诗学"特指目的语文化的主流诗学①。而本书所说的诗学视域，是包含源语言与目的语双重语境中的诗学传统，包含文学系统内、外的各种与文本生成相关的诗学因素。

勒菲弗尔认为，在翻译的每一个阶段，如果语言学方面的考虑与意识形态或诗学的本质发生冲突，后者往往占上风。所以，意识形态至关重要。因为诗学也受意识形态支配。译者的意识形态、赞助者的意识形态及受赞助者影响的译者的意识形态都会对翻译结果产生直接影响。

无论文学系统内的专业人员，文学系统外的赞助者，还是目的语中的主流诗学，都是诗学致力于还原的语境的重要构成，是历史的、辩证的。任何一种翻译理论都离不开对翻译研究各要素的讨论。它们若非专注于一个或几个要素，便会以两种以上要素之间的相互关系为研究对象。

故而，除却传统批评中延伸的译文诗性特征与审美体认、目的语读者对于译文的接受、译文的批评与品鉴等命题之外，作为翻译研究的具体化，诗学视域下的古诗翻译研究应更关注古诗在双重语境中的显现状态与缺失成分，以及古诗可译性的限度、新视域中的翻译批评等问题。

本书尝试以译文的诗歌精神为切入点，对于古诗翻译研究的一些基本问题作出回应与解答。

---

① Jeremy Munday, *Introducing Translation Studies*: *Theories and Applications*, Shanghai: Shanghai Foreign Language Education Press, 2010, p. 130.

第一章 到不了的乌托邦：古诗译文诗歌精神的阙如

每一首古诗的英译都不得不面对一个现实的问题，即诗歌精神的阙如。翻译就像一场从源语言到目的语的远足。当意义启程，憧憬着新语境中的美好，却发现无论怎样倾尽心血，都无法实现译者心念所系的"对等"。无论是尤金·奈达（Eugene Nida）的"功能对等"①，纽马克（Peter Newmark）的"交际翻译"②，科勒（Werner Koller）的"对等"说③，还

① 注：功能对等（functional equivalence）是美国翻译家尤金·奈达（Eugene Nida）翻译理论的重要范畴。奈达认为，一直以来备受翻译界推崇的"对应"（correspondence）有两种形式——形式对等（formal equivalence）和动态对等（dynamic equivalence）。前者指翻译过程中，原文的内容和形式都要忠实被传达。后者寻求与源语言信息一样的、最贴切的自然对等。翻译的关注点从对于信息的形式转移到源语言的意图和意义上。到了70年代，奈达将动态对等发展为功能对等，以期强调翻译的交际功能——语言之间、文化之间能通过寻找翻译对等语，以恰当方式重新组织信息的形式和语义结构而进行交际（参见刘军平《西方翻译理论通史》，武汉大学出版社 2009 年版，第 143—147 页）。

② 注：交际翻译是英国翻译家纽马克（Peter Newmark）的重要翻译理论范畴。他认为，奈达所提倡的"对等效应"只是空中楼阁，于是提出语义翻译和交际翻译。"交际翻译试图使读者阅读译文所产生的效果尽可能地接近原语读者阅读原文所产生的效果。语义翻译则试图在合乎第二语言的语义和句法结构下，将原文的准确语境意义尽可能贴切地译出。"（参见 ［英］杰里米·芒迪《翻译学导论——理论与实践》，李德凤等译，商务印书馆 2007 年版，第 65—68 页。）

③ 注：德国翻译家科勒（W. Koller）在区分"对等"与"对应"的基础上提出五种不同类型的"对等"，即外延对等、内涵对等、语篇规约对等、语用对等、形式对等，以此尝试解决在语际转换中什么应该保持对等。（参见 ［英］杰里米·芒迪《翻译学导论——理论与实践》，李德凤等译，商务印书馆 2007 年版，第 68—71 页。）

是弗米尔（Hans Vermeer）的"目的论"①等，与其说是一种高明的翻译方法论，毋宁说是一种双重语境下的诗学传统在翻译场博弈后的妥协。所谓的意义间的"完全对等"，就好像是凝聚着我们无限向往的乌托邦，是永远不可能到达的意义的彼岸世界。我们竭尽全力实现的也仅仅是基于某一层面的相对对等。而古诗翻译所呈现的"意义位移"则集中表现为神韵的悬乏，即诗歌精神的阙如。

所谓的"意义"，并非仅指我们日常中常言之"涵义"或"价值"，而是一个涉及各种层面本质、特征与效应的综合体。是故，其分则呈现为不同层面之含蕴，合则表现为一种总体的风度。对于古诗这一文体而言，不含同层面之含蕴即基于构词、语法、修辞、叙事、阐释、文化语境等因素生成的意义，总体的风度则体现为诗歌的精神。

古诗译文与原作的意义位移，集中表现为这种诗歌精神的阙如。所谓阙如，即并非所有的诗歌精神都消弭于翻译这种语际转换机制中，而是有失有得，有补充，亦有削减。译文诗歌精神阙如作为一种普遍存在于古诗翻译中的现象，主要有两种显现形态：其一，相较于原诗的抒情色彩，译文呈现出一种叙事化倾向；其二，诗歌归根结底是一种诗性的审美活动，而受到两种诗学语境制约与影响的译文凝结着双重语境中的审美特征，体现了两种语境中审美诉求的不同。

是故，本章主要从诗歌精神的生成与表现，译文诗歌精神的阙如之呈现两大视角展开论述。其共分为三节，即诗歌精神的隐与现、译文的叙述化倾向、双重语境中审美诉求的呈现。

---

①　注：翻译目的论建立于20世纪六七十年代，是一种对翻译的外部研究。其认为，为适应译文文本功能、新的交际环境和译文读者的要求，译者在翻译过程中应将自己放在译文读者的位置上，根据译文的预期功能来决定自己的翻译策略，使译文既能连贯自如地传达原作内容又符合目的语规范和文化标准（参见张伟平《图解翻译学》，世界图书出版公司2010年版，第64页）。

第一节 意义的面纱：诗歌精神的隐与现

杜勃罗留波夫曾说过："每一个灵魂里都有诗的感情。"① 这种来自灵魂深处的诗化的感情，是人类共有的对于现实世界所激涌的生命冲动。我们欣赏"何缘交颈为鸳鸯，胡颉颃兮共翱翔"的深情，也赞许"O my love's like a red, red rose that's newly sprung in June"的痴恋；向往"时竟夕澄霁，云归日西驰"的灵秀，也醉心"I wandered lonely as a cloud"的清恬；恻隐"落叶他乡树，寒灯独夜人"的衰飒，也悸震"Sweet is boldness, shyness pain"的醇懿；悲叹"一去紫台连朔漠，独留青冢向黄昏"的凄美，也感慨"Beauty is truth, truth beauty—that is all you know on earth, and all you need to know"的真萃。无论中西诗学包蕴着怎样殊异的审美特征，涵容着如何悬邈的诗性品格，诗中所描绘的生活图景与情感体验都令我们恻然怵惕、忻悦动容。如果说诗是人类灵魂中涵濡的共同的情感或炽烈或含蓄的表达，那么人类情感的共通性就是我们理解不同民族诗歌的前提，而其在各种文化语境中的显现与存续方式则为各种诗学传统的精神气质写下重要注释。一方水土滋育一方诗情，蓄毓一方传统。"诗的情感"作为主体之禀性，逐渐炼格成为一种共同的民族诗学语境下的精神气质。无论是物感与摹仿、抒情与叙事、意境与典型、文道与理念，还是神思与想象、妙悟与迷狂，等等，都是中西不同诗学气质的流溢，彰施于诗歌之中，融聚为整体的境界与精神风貌，即为诗歌之精神。

一 作为诗歌精神底色的生命诗学

传统的中国诗学，作为一种生命论的诗学，始终洋溢着一种源自生命本体的生机，即为"情志"。

---

① ［俄］杜勃罗留波夫：《杜勃罗留波夫选集》第一卷，辛未艾译，新文艺出版社1954年版，第428页。

"情志"起于心物交感，由于人与外在世界的交流感通，这才形成人自身的种种感受（包括感知、理解、情绪、意向等心理活动在内，而以情感体验为主）。①

陈伯海认为，正是这种独特的心物交感所蕴含的物我关系昭示着诗歌的首要任务。这种凝结着主体独特生命体验的情志，在诗歌当中被转换为独特的审美范畴——神、理、气、味、格、律、声、色等。换言之，诗歌的种种审美范畴与人的生命体验一一呼应，也正是在这种呼应中，诗成为一种更接近情感体认、更具有灵性的存在。

诗言志与诗缘情，是中国诗学两大传统。《说文解字》中说：志，意也。其指人或事物流露的情态。在传统的诗学中，"志"与政教、人伦相和，特指与之相关的人的情态。而"情"指事物本来的面貌，后又增加了"人对于与其建立联系的事物之关心与挂念"这一层含义。"置身于古代宗法式社会政治关系下的中国人，其生活领域受政教伦常的覆盖面实在是很宽广的，加以'志'的内涵在历史演化中又不断得到扩展，于是'情''志'相混的状况愈来愈普遍，终于整合成了一个范畴。"② 虽说本是两种不同的诗歌起源论，但我们习惯用广义的"抒情"来描述这两种创作，即抒情传统。抒情传统的本源建基于鲜活的生命体验。陈伯海曾在《中国诗学之现代观》的序言中将中国诗学阐释为"一个生命论诗学范例"。"情志"是为生命的本根，这种本根的萌发与成长在于"因物兴感"，成诗则依靠含蕴着生命灵动的适切表达，即"立象尽意"，而基于生命体验又超越现实的审美体认则诉诸"境生象外"。

作为中国诗学生命本根的"情志"或"情性"，原本就是一个复合概念，它来自心物交感，经过意象浑融，最终到达"俱道适往"的超越境界，可以说自始至终不离乎天人、群己、情理诸方面的交会。③

---

① 陈伯海：《中国诗学之现代观》，上海古籍出版社 2019 年版，第 59 页。
② 陈伯海：《中国诗学之现代观》，上海古籍出版社 2019 年版，总论第 2 页。
③ 陈伯海：《中国诗学之现代观》，上海古籍出版社 2019 年版，第 16 页。

正是在这种生命本体论与传统文化的共同作用之下，中国诗学完成了它的逻辑建构。无论是哪种旺盛强烈的生命张力在诗学中所呈现出的强健姿态，还是诗学所凝结的先人智慧与活力，都在回应着中国诗学中的生命本位的观念。而与之相对的西方语境中，以摹仿论为核心的诗学传统也在回衬着来自灵魂的诗的情感。

古希腊文化艺术是西方文化的基础与源头。其丰富的神话，恢宏的史诗，绚烂的悲剧等艺术都为西方诗学的发展奠定了深厚基础。古代西方注重本体论的哲学反思，这种哲思深深投映在诗学理论中。哲学本体论决定了文学本质论。柏拉图提出理念说，认为理念是万物的本源，是唯一真实的存在。世界是理念的流溢，物质世界只是理念的影子，文学艺术是对客观世界的摹仿，也就是"影子的影子"。诗人或艺术家，凭借"神灵凭附"回忆起理念世界进行艺术创作。据此诗可分为两类：单纯模仿性的诗和分享了理念的诗。前者"摹仿事物的表象来满足人的情欲从而妨碍人的理性"①，后者是赞颂神明与好人。这是西方世界最早的"摹仿说"。这种"物我分离"的观物传统，割裂了理念与事物、可见世界与理念世界的联系。作为一种唯心主义的"摹仿说"，它一直影响着西方诗学的发展。而柏拉图的学生亚里士多德则恢复了"摹仿说"的唯物主义内涵，认为存在三种摹仿，即"按照事物已有的样子摹仿它；按照事物应有的样子摹仿它；按照事物传说的样子摹仿它"②。文艺的本质在于对现实的摹仿，而摹仿的具体对象是现实中具有普遍性的事物，现实中人的行动。诗人的职责是描述可能发生的事情，故而诗所描述事物也带有普遍性的色彩。亚里士多德创立了文艺独立的体系，而摹仿论作为西方诗学源头，开始在历史的时空中流传延续。

中世纪的狄奥尼修斯和奥古斯丁等人主张艺术在可见的世界中探迹永恒之美，这本身就是在基督教神学语境下倡导模仿超验精神。而托马斯·阿奎那则直接提出"艺术模仿自然"。"随着文艺复兴时期的来临，模仿又变成了艺术论中的一项基本的概念，并且也只有在那之后，才达到它的顶

---

① 汪涛：《中西诗学源头辨》，人民出版社 2009 年版，第 37 页。
② 参见伍蠡甫等编《西方文论选》（上卷），上海译文出版社 1979 年版，第 80—83 页。

峰。除了免于埋没之外，它更像是一种启示，并且使大部分的特权被新的观念所享受。"① 16 世纪时，摹仿的名词、概念和学说逐渐被接受而进入当时的诗学体系。到了 17 世纪，受笛卡尔唯理主义的影响，文艺复兴的理论受到新古典主义的挑战。布瓦罗将"三一律"（一地、一天内完成的一个故事）作为古典主义的特质，强调文学艺术的创作要模仿古代，尤其是摹仿古希腊罗马的经典。直到 18 世纪末，摹仿说一直是西方诗学的中心。浪漫主义兴起之后，西方诗学才开始将重点从外在现实转到内心的情感表现。在反叛柏拉图与亚里士多德的基础上，强调美与艺术是情感表现的表现理论逐步在历史舞台崭露头角。华兹华斯等浪漫主义诗人强调诗是情感的流露。尼采继承了柏拉图的"迷狂说"，提出艺术特征分为"日神精神"和"酒神精神"两种。酒神精神是诗的根本。随着现实主义的兴起，"再现说"以新的姿态与内涵继承并发展了"摹仿说"的精神气质。"19 世纪法国自然主义诗学在本质上是对古希腊'摹仿说'传统诗学的一种继承。"②

20 世纪以来，现代主义兴起。象征主义、表现主义、超现实主义等都试图从艺术的高度给予生活以新的秩序与意义。尽管现实主义在不断否定与批判传统的诗学与艺术形式，而其所强调的自洽而完美的艺术世界却恰恰印证了其与传统诗学对于现实的看法的殊无二致，区别在于如何表现现实。至 20 世纪七八十年代，后现代主义"刻意在文本世界里制造了众多经久不息的话语喧哗，它们试图通过对语言的颠覆去消解一切权力关系的意旨，最终表现在渴望解放人自身的主体意志的'人本'思想里。"③ 无论是现代主义还是后现代主义，其实质都是在批判传统诗学的基础上发展演变而来。

中西诗学传统不同，而源自人类灵魂中为人生、为世间万物激越的情感是共同的。"人类最原始的思维就是'诗学'的或诗性的。'诗学'是

---

① ［波］瓦迪斯瓦夫·塔塔尔凯维奇：《西方六大美学观念史》，刘文潭译，上海译文出版社 2006 年版，第 278 页。

② 汪涛：《中西诗学源头辨》，人民出版社 2009 年版，第 50—51 页。

③ 汪涛：《中西诗学源头辨》，人民出版社 2009 年版，第 62 页。

人类有别于动物的特有的一种生存和思维方式。"① 由此可见，诗学思维或言之诗性思维，是中西方共有的特征。诗性思维与我们前文所言之"诗的情感"紧密相连。既然这是我们在对中西差异求同存异的基础上深入进行各种研究的基础，那么应如何理解这种诗学的或诗性的生存与思维方式呢？对于其原始性，我们又该如何看待呢？也许，维柯的"诗性智慧"为我们指明了方向。

二　诗性智慧：诗歌精神的生成

1725 年，意大利人维柯在他出版的《新科学》一书中提出，"相对于逻辑推理的智慧，人类还有一种智慧，它比逻辑推理的智慧要更原始、更根本也更重要，这是一种'诗性的智慧'"。② 有趣的是，关于诗性智慧的种种阐释与论述颇多，但维柯在《新科学》中却并未对何为"诗性智慧"作出具体界定，只是从不同维度，如玄学的、逻辑的、伦理的等等来描述它的功能。

维柯坚信，真正的科学必须建立在通晓事实的基础之上，即"创造即真理"，于是在提出诗性智慧之前，他首先借鉴了埃及人对于历史的划分方法对于历史事实进行了梳理，认为全世界所有民族依次经历过神的时代、英雄时代和人的时代。

人在原始蒙昧状态中的时候，面对山川大地、电闪雷鸣、云蒸霞蔚、草长莺飞都不具备推理与判断的能力，只能依循本能对万事万物做出最基本的体认。这种体认表现为对环境与自身变化做出的一种神话似的解读与阐释。由于心灵的不确定性，每当遇见无法解释、难以理解的情形，人会自然地把自己当做参照物，用自己的感官去衡量，把自己作为评鉴的尺度。一切讹见与虚妄的所谓事实，都来自这种以己度物的"自负"。而"人对于辽远的未知的事物，都根据已熟悉的近在手边的事物去进行判

---

① 汪涛：《中西诗学源头辨》，人民出版社 2009 年版，第 11 页。
② 牛宏宝：《美学概论》，中国人民大学出版社 2012 年版，第 8 页。

断"① 无疑又加深了这种"自负"之下的执念。这种以己度物的特征，正是原始人类基于其强大感知力与想象力而对世界所做的最初建构。也许这正解释了为何"一切野蛮民族的历史都从寓言故事开始"②。不过，很显然，这种先祖的真实，仅仅是一种诗性的真实。它的存在与流传恰恰证实了"人类心灵按本性就喜爱一致性"③ 的特征，即依靠想象性的类概念来统摄他所遇到的一切相似物。所以，何为诗性的真实呢？它与诗性智慧、诗的情感又有何关系呢？

　　一切艺术都只能起于诗，最初的诗人们都凭自然本性才成为诗人（而不是凭技艺）。④

　　诗不同于技艺，技艺可以诉诸勤奋弥补自然才能的缺失，而诗需要天赋。

　　显然，维柯将诗看作一切艺术形式的起源，而作诗需要天赋异禀的才能。这种与生俱来的天分，不似技艺一般须诉诸技巧与练习，甚至没有规律可循。它只能依凭自然本性来进行。自然本性就成了作诗的关键。而维柯所说的自然本性是什么呢？在接下来的论述中，他提到诗性语句的原则，即"起初只感触而不感觉，接着用一种迷惑而激动的精神去感觉，最后才以一颗清醒的心灵去反思"⑤。不同于哲学建基于推理与逻辑之上的理性的自省，并以此描绘世间共相，诗的语句依据情欲与感觉，奉殊相为尊，这种特征的语句就表现为一种诗性的语言。更具体地说，维柯所谓的自然本性就是人类原始的对于事物的兴奋、激情与冲动；而诗性就是原始人凭借强大的感受力与想象力，即自然本性，去创作的作品中所表现出的凝结着人类情感的特征。

　　我们不难发现，神话是先人共有的对人类历史起源作出的解读形式。

---

① ［意］维柯：《新科学》，朱光潜译，人民文学出版社1997年版，第83页。
② ［意］维柯：《新科学》，朱光潜译，人民文学出版社1997年版，第102页。
③ ［意］维柯：《新科学》，朱光潜译，人民文学出版社1997年版，第102页。
④ ［意］维柯：《新科学》，朱光潜译，人民文学出版社1997年版，第104页。
⑤ ［意］维柯：《新科学》，朱光潜译，人民文学出版社1997年版，第105页。

北欧神话体系中关于世界起源的巨人始祖伊米尔、中国神话中的盘古、巴比伦神话中的蒂马特、墨西哥神话中的科由尔齐圭，等等，不仅都具有人的特征，且与我们现在所处的世界的物理样貌的生成都具有直接的关联。例如伊米尔的头发变成树林，骨骼隆起为山脉，头骨上升为天空；盘古左眼化为太阳，右眼演为月亮，血液幻化成江河，汗毛萌生作花草树木；科由尔齐圭的头颅升腾为太阳，等等。世界上已知的民族几乎都有一段传奇的起源，比如契丹族的白马青牛、朝鲜族的朱蒙、日本的神世七代、希腊神话中的普诺米修斯和埃庇米修斯造人，等等。而神话传说并非无稽之谈，古人征服自然、改造自然的能力有限，与之相应的对于世界的认识能力决定了他们无法做出科学的描述与判断。

> 维科系指：可感的具体性和实体性、因理性的匮乏而产生的感情之冲动和想象之丰富（前逻辑论？）、把自身的属性移于周围世界的事物（乃至将宇宙与人体等同看待）、将氏族范畴人格化、未从主体抽绎属性和形式、以"细节"替代本质，即叙事性。①

维柯认为，荷马式的英雄史诗源于神话。它主要依托于一种与儿童的心灵相似的特殊思维方式。先人依托强烈的感情与炽盛的幻想，用以己度物的象征似的隐喻似的语言作为记录其亲历的"历史"。这种记录方式，常常以神话传说的形式留存，视为诗性的真实。换言之，神话传说或者带着神迹、灵异色彩的史话都包含着一种诗化的真实。诗性的真实都包含着生命的灵性，而这种诗性的真实背后是先人的独特的思维方式。

> 诗性的智慧，这种异教世界的最初的智慧，一开始就要用的玄学就不是现在学者们所用的那种理性的抽象的玄学，而是一种感觉到的想象出的玄学，象这些原始人所用的。这些原始人没有推理的能力，却浑身是强旺的感觉力和生动的想象力。②

---

① ［俄］叶·莫·梅列金斯基：《神话的诗学》，魏庆征译，商务印书馆 2009 年版，第 9 页。

② ［意］维柯：《新科学》，朱光潜译，人民文学出版社 1997 年版，第 161—162 页。

　　这种玄学就是原始人的诗。换言之，诗对于他们而言，与其说是一种文体，毋宁说是一种与生俱来的能力，通过感官与想象力发挥作用。于是智慧化身为一种功能，支配着构成人类的一切所必要的经历，它的功能就在于完成和实现人的理智和意志。"一切事物在起源时一定都是粗糙的"，从原始玄学中派生出逻辑学、伦理学、经济学、政治学、物理学、天文学以及地理学。诗性的智慧起源于一种粗糙的玄学，由其所衍生出的一切附属学科都无可避免地浸润了此般诗性。

　　在我们依靠逻辑与理性的智慧来描述和钻研世界之前，首先诉诸热情与悸动的感知活动。换言之，诗性智慧的运行并非依靠现在的我们所熟知的理性与概念，而是独立于知性的"以己度物的隐喻"和"想象性的类概念"。所谓以己度物的隐喻，即将自己作为衡量万物的尺度，用自己对于事物的直观体认，以自己作为本体设喻，按照主体的观念去创造事物，如此描绘的万物必然沾染着浓厚的"人"的色彩。而想象性的类概念是什么呢？

　　　　顾名思义，各种神话必然就用各种神话故事所特有的语言；神话故事，如我们已经指出的，既然就是想象的类概念，神话就必然是与想象的类概念相应的一些寓言故事。①

　　维柯在阐释诗性的逻辑时提出了"想象性的类概念"。神学诗人们在无法运用理解力，转而诉诸赋予一般物体以感觉与情欲的方式来认知世界。由于他们的抽象能力有限，在具体操作时，只能借助于自我感官，就如他们把实体都赋意成为有生命、有意志的神，并执着地相信这些神的意识都可以被人的感官感知，一切描述与传说都流露出人格化特征。随着人类社会与其相应的思维之各种发展，抽象力逐渐成长起来，人类不再仅仅以一个特征鲜明的具体事物来指代同一类事物。所谓类概念，即在种类层面可以被归属于"同类"的事物所表现出的共同属性。

　　　　原始人仿佛是些人类的儿童，由于还不会形成关于事物的通过理

---

　　① ［意］维柯：《新科学》，朱光潜译，人民文学出版社1997年版，第179页。

解的类概念，就有一种自然的需要，要创造出诗的人物性格，这就是形成想象性的类概念或普遍性相，把它作为一种范型或理想的肖象，以后遇到和它相类似的一切个别事物，就把它们都统摄到它（想象性的类概念）里去。①

如果说智慧也可依据理性的"含量"而被划分，那么早在人类社会早期，理性尚未萌生时，在通过触感与世界建立联系的基础之后，我们都必须依托于这种原始而有效的诗性智慧来认识世界。以己度物的隐喻和想象性的类概念都是诗性智慧的运行方式，或者说显现形态。而这种显现形态需要一种载体，诸如神话传说、诗性真实的历史记述等。如此创作出的"作品"，就具备了一种诗的精神。当然，诗的精神并非如字面一般仅仅指诗作为一种文体存在时展现的精神面貌，它还涉及其他各种艺术形式，以及艺术主体的问题。

> 由于把诗归原到想象，把原始民族的一切想象的产品都看成带有诗的性质，维柯对于诗的理解是取"诗"这一词的最广泛的意义。②

早在古希腊时期，亚里士多德已在《诗学》中用"诗"来概括所有的艺术形式，如悲剧、喜剧、抒情诗，用"诗学"来界定一切有关文学艺术的研究。于是"诗"就被置于一个极其广阔的艺术语境中以指代艺术本身。而将诗学概念引入艺术时，美学哲思也已成为诗之精神的题中之义。

> 对"美"的概念的追寻和在"诗学"的名义下对"诗性形式"的艺术活动的研究就结伴而行，构成了对"美"的现象进行哲学思考的主要方面，直到"美学"被提出。③

审美与诗性具有天然的联系。诗性与审美并存共生。提及一方都不可回避另一方的存在。只有两者合二为一，才能完成一段完整的审美历程。

---

① 伍蠡甫等编：《西方文论选》（上卷），上海译文出版社 1979 年版，第 537 页。
② 朱光潜：《西方美学史》，人民文学出版社 2004 年版，第 328 页。
③ 牛宏宝：《美学概论》，中国人民大学出版社 2012 年版，第 6 页。

诗性的存在有赖于主体的诗性智慧，所以，创作主体的诗性精神亦涵括于诗的精神。那么诗性精神是什么呢？

> 所谓"诗性精神"，就是指主体所具有的诗的素质、艺术创造的素质。一个人只有具备这样一种素质，才有可能创作出真正的诗歌艺术，才有可能成为诗人。对一个群体来讲，我们说某个群体有无诗性精神，主要是指这个群体有没有向其个体提供发展诗性精神的可能性。①

翻阅文献资料可见"诗性精神"一词大量充斥于各种研究著述。但是，鲜少有人对诗性精神作出明确界定，似乎这是一个不言自明的概念。而钱志熙在《魏晋诗歌艺术原论》中为"诗性精神"作出相对明确的界定，将其判为主体具备的一种与诗和艺术有关的素质。其科学性与严谨性在于这种界定方式看到诗性与诗性智慧之间的关系，而诗性智慧归根结底是指主体的一种思维。所以，把诗性精神视为主体的一种特质，比含混其用，以诗性精神指代文本之精神境界更为允洽妥帖。

钱志熙在阐释诗性精神时为其作注，并指出"诗性"二字借用了朱光潜所译的维柯之《新科学》。"维柯'诗性'一词的原意是指原始民族所具有的特殊的、惊人的文化创造能力，它具有诗的精神。本文的'诗性精神'是指主体所具有的诗的素质、艺术创造的素质。"② 所谓的诗性精神，主要是就创作主体而言的。"他们就以惊人的崇高气魄去创造，这种崇高气魄伟大到使那些用想象来创造的本人也感到非常惶惑。因为能凭想象来创造，他们就叫做'诗人'。"③ 而"诗人"在汉语中就是作者④。诗性精神依靠作者表达而体现于创作中。

综而述之，诗性是原始人依靠强大感受力与想象力的自然本性将原始而激昂的生命力呈现的特征。其塑造了人类的诗性智慧，并通过以己度人

---

① 钱志熙：《魏晋诗歌艺术原论》，北京大学出版社 2005 年版，第 2 页。

② 钱志熙：《魏晋诗歌艺术原论》，北京大学出版社 2005 年版，第 1 页下作者注。注：本文，即指《魏晋诗歌艺术原论》。

③ ［意］维柯：《新科学》，朱光潜译，人民文学出版社 1997 年版，第 162 页。

④ 注：汉语中就是"作者"，是原文中朱光潜所做的中译注。

的隐喻与想象性的类概念将先人认识世界、改造世界、征服世界以及被世界所驯服的种种历史以神话、传奇似的形式呈现，是为一种诗性的真实。在人类理性觉醒前的岁月里，诗性智慧，或言之诗性思维是我们理解自身与世界关系的主要凭借。一切与人类认识相关的事实都流溢着此般恢宏而崇高的想象色彩。是故，发挥诗性智慧进行的一切活动都盈溢着诗的精神。

诗的精神作为一种"艺术之所以为艺术"的本质特征与精神气质，在创作主体身上表现为一种艺术的素质，即诗性精神。具备诗性精神的主体运用诗性智慧去创作文学作品时，作品则会流露出文学性与艺术性，即诗性品质。两者的统一之处在于诗的精神本身所含蕴的审美性以及接受者对于审美的体认。

当诗的精神作为一种广义的艺术的精神，投射于诗歌这一种特定的文学形式时，即化身为诗歌精神。简而言之，诗歌精神作为诗的精神之具体化，其内涵包括两方面内容：其一，其指来自诗歌主体，即创作者的诗性精神；其二，其指文本中凝聚和展现的境界与精神风貌。诗歌精神正是在这种诗性的直观与审美的体认中展现其灵韵。

诗歌精神是诗之元神所在。若失去诗歌精神，诗也就不成其为诗了。诗歌精神不仅仅与诗之为诗的诗性密不可分，译文作为不同于原文与目的语中相应文体的第三种存在，一旦生成就具有不可忽视的独立性，同时又受到双重诗学传统的制约。古诗的译文亦是如此。

三 隐身的诗歌精神

倘若我们直接阅读古诗的译文，可曾体会出古诗原文的韵致？倘若回译古诗的译文，我们是否倾向于选择熟知的意象？如果品读译文，抒情性多一些还是叙事性多一些？在不被告知诗歌体裁的前提下，我们是否会强烈感应到其中的诗元素？

以许渊冲英译的《凤求凰》来尝试回答上述问题。在其文本中，译者为其配名为《琴歌》，且省去了后六句。

琴歌二首（其一）

司马相如

凤兮凤兮归故乡，遨游四海求其皇。

时未遇兮无所将，何悟今兮升斯堂！

有艳淑女在闺房，室迩人遐毒我肠。

何缘交颈为鸳鸯，胡颉颃兮共翱翔！

Songs of the Lute

Si-ma Xiang-ru（179-118BC）

O phoenix, O phoenix! I come to my homeland

After roaming over the four seas for a mate.

How can I help it, oh! when none is near at hand!

Now I come to this hall, oh! can I anticipate?

There is in the boudoir a maiden nice and fair;

Though near, she is beyond my reach, which breaks my heart.

How can we lie together like lovebirds in pair?

Can we go up and down, oh! and never fly apart?[①]

音韵上，《琴歌》全诗押"ang"韵，译文虽然未能实现这一层面的完全对等，但也以押尾韵的方式作出最大限度的回应。其押尾韵的方式，1与3、2与4、5与7、6与8的韵律一致。而有趣的是英诗"押尾韵"时，两行或以上的诗句的最后一个词的元音与结尾的辅音（相当于汉语的声母），均可入韵。原作一韵到底，译文则是多元韵式。

形式上，古诗句齐工整，而译文参差不一。译文中为寻求与原文相应的意义的分层依靠两种手段：分行与大写。"O phoenix, O phoenix! I come to my homeland"对应"凤兮凤兮归故乡"。译文中对应原文一整联的两句有时可连接成为一个完整的句子，比如"I come to my homeland after roaming over the four seas for a mate."和"There is in the boudoir a maiden

---

① 许渊冲译：《汉魏六朝诗》，中国对外翻译出版公司 2009 年版，第 8—9 页。

nice and fair; Though near, she is beyond my reach, which breaks my heart. "均属此类。而为寻求形式的对等，"遨游四海求其皇"作为"归故乡"的下一意义层，其所对应的"After roaming over the four seas for a mate. "被置于新的一行，且首字母大写，以示本句在结构上的相对独立性。下面诗句亦是如此。而这种形式层面表达方式也符合英文诗歌的传统。此外，我们可以发现，第三、第四句"oh"后为感叹号，而其后的单词并未大写，这不符合我们的常识。为何呢？"oh"是为了回应"兮"这一语气词，而"！"是为了加重"oh"的感叹色彩，而其后单词的首字母小写是为了取消感叹号作为标点符号标注句意完结的作用，以求形式上与原文最大限度的对等。尽管"自从五四时的白话新诗人将西洋诗的分行排列法引入到汉诗创作中来之后，中国的古典诗词曲这才多半以分行的形式排印，这不能不说是一个进步"①，中国古诗中的语形视象②的美自此显露无遗。然而，这种形式上的代偿却远不及句式上的参差形态直观可感。

语意视象上，"琴歌"被译作"Songs of the Lute"。原文中，"琴"特指古琴，而"lute"在西方指"鲁特琴"，一种中世纪到巴洛克时期使用的曲颈拨弦的乐器。在广义的乐器分类中，中国的琵琶、西方的吉他都可算作此类。从功能对等的角度而言，这种译法可以被接受。"凤凰""淑女""鸳鸯"分别被译作"Phoenix and mate""a maiden nice and fair"和"lovebirds"。值得注意的是"凤凰""鸳鸯"虽是完整的词语，却是阴阳对称而生的合成词。"凤"表示雄性，"凰"表示雌性；"鸳"表示雄性，"鸯"表示雌性。两者均是代表爱情圆满、吉祥幸福的灵物。"Phoenix"一词现在普遍被当作"凤凰"的对应翻译，其意义是否对等暂且先不议，前者被当做一个独立的存在，而"凰"作为伴侣而存在的一层意味本是暗示出来的，而"phoenix"无法通过自身表达"凤"与"凰"的双重含义，只好借助一个明确表达伴侣含义的词"mate"来展现。同理，鸳鸯被译作"lovebirds"，两者是否在两种文化语言体系中对应先不辩说，"鸳鸯"表达的"爱情"意味是隐在背后的，而后者直接将"love"一词昭然纸上，一

---

① 辜正坤：《中西诗比较鉴赏与翻译理论》，清华大学出版社 2003 年版，第 14 页。
② 注：语形视象，即诗歌本身外部形式的视象。

隐一现，诗味得失也彰于言表。

语形视象上，以"how can I help it"来表示"时未遇兮无所将"未免流于浅表。前者更多充斥着无可奈何的意味，时之不遇一层意义则被完全省略。而后者则以一个"将"字牵引出漂泊而无所依归的心情。"升斯堂"中的"升"之意味则被抹去，"anticipate"实在无法倾诉那种邂逅佳人倍深欣忭、诚惶诚恐的感情。"室迩人远"中，"迩""远"互为反义，反衬不可近前的焦虑无奈心情。"near"与"beyond my research"虽在逻辑上颇为融洽，却失了这一层意味。

义象上，原文讲凤凰、鸳鸯这些意象都是为了暗示自己的爱慕之心。凤凰不独舞，鸳鸯不独宿，"我"遨游四海便是为了寻找伴侣，终于在此得遇佳人，故云"胡颉颃兮共翱翔"，以含蓄表达自己对佳人的执着与情义。译文的倾瞩之情则是透过"mate""in pair""can we"这些字眼较为直接表达的。前者婉转而缱绻，后者直率而浅露。

味象上，原文情感炽热而表述含蓄，译文则大胆而直白。

视象、义象、音象、味象，四种层面所蕴含的美都无法直接在译文中得到传达。视象之美消弭，则情思枯陋；义象之美贫靡，则意蕴疏淡；音象之美乏阙，则韵致沉钝；味象之美黯漠，则境界肤屑。诗歌的精神由是靡碎而寡淡。

由此可见，诗歌精神作为诗之元神所在，在原文中圆溢丰沛，阐之不尽，而移驾于译文中则淹没于行文之中，时隐时现。诗歌精神之阙如虽分属不同类别，然而都可以统摄于中西诗学的差异之中，集中表现为古诗译文呈现的叙事化倾向和中西不同的审美诉求在译文中的投射。

第二节　殊途与同归：古诗译文的叙事化倾向

我们常常用"抒情"与"叙事"从宏观层面界定写作方式。两者既相互区别又彼此渗透。中西诗学的创作传统不同，前者重抒情，后者重叙事。然而，在我们描述客观世界与个人体验的过程中，抒情与叙事从来都相生相伴，表现为叙事中藏蕴着抒情的成分，抒情中又隐匿着叙事的迹象。故而，在对诗歌的剖析与阐释中，以剔析抒情与叙事元素多寡为务多为迂妄，而应悉力于两者如何浑融一体以尽情尽事。古诗译文，作为不同于原作与目标语相应文体的第三种存在，其抒情成分与叙事成分在目的语语境下需诉诸重组方能通递情志。而重组的结果势必会使抒情色彩相对泯却，叙事程度随之强劲。那么，为何说叙事性在译文中更为显著呢？

一 现身的叙述者：译文叙事化的呈现

上一节中，我们提到许渊冲英译的《凤求凰》片段。回译译文，我们会发现，相较于诗，其更似于一个故事："啊，凤凰啊凤凰，遨游四海之后回归故乡只为寻找一个伴侣。哎，可叹我身边无法觅得芳踪，该如何是好？如今我何德何能来登此厅堂？有一位美好贤良的女子在闺房，她近在咫尺，却仅可远观，这令我心碎神伤。如何让我们如爱情之鸟一般不论高低，比翼齐飞，永不分离？"

一个痴情立于堂上，驻足凝望不远处的绰约身姿的男子形象跃然而生。情节的转换催生叙事的生成。我们仔细研读可以发现，译文为原文补充了一个明确而清晰的主语"I"。比如，"I come to my homeland"，"I anticipate"，"breaks my heart"。而行文后期"I"的抒意变为了一种"we"的高唤，即"can we lie together"，"can we go up and down"。"I"与"we"恰恰都是作为叙述者的"我"的直接显现。译文正是以"我"的视角来展开叙述。

其次，原文说凤归故乡，却并未明言"归"这一行为是发生在"遨游四海"之后，而译文"after"则为这两种行为补充了一个明确的先后关系。换言之，译者将"归"与"游"置于一个时间序列中加以描述。而随即出现的另一个具有明确时间意义的词"now"，则无疑延伸了先前的时间链条。明确的叙述者之到场，时间序列下的事件安排，以及情节的变换都意味着译文叙事性的增强。

如果《琴歌》译文叙事性的增强只是许渊冲在译《凤求凰》时的个例，又岂可说古诗译文有叙事化倾向？且以许渊冲英译苏武的一首诗为例继续分析。

苏武诗四首（其三）

苏武

结发为夫妻，恩爱两不疑。

欢娱在今夕，嬿婉及良时。

征夫怀往路，起视夜何其。

参辰皆已没，去去从此辞。

行役在战场，相见未有期。

握手一长叹，泪为生别滋。

努力爱春华，莫忘欢乐时。

生当复来归，死当长相思。

Su Wu to His Wife

Su Wu（140~60BC）

As man and wife we ever unite；

We never doubt about our love.

Let us enjoy our fill tonight

As tender as a cooing dove！

Thinking of the way I should go，

I rise to see if time is due.

The stars appear dim high and low；

Adieu！I must bid you adieu.

Away to battlefield I'll hie；

I know not if we'll meet again.

Holding you hand，I give a sigh；

My tears of farewell fall like rain.

Enjoy the spring flowers in view！

Do not forget our time in glee！

Safe and sound，I'll come back to you；

Even killed, my love won't die with me. [①]

　　同《琴歌》一样，苏武这首诗的译文中也有一个清晰的主语显现，即"I"。"I"的复数形式"we"也三次出现。首先，"I"的反复出现是出于直抒胸臆的需要。"他者"的视角有利于以客观公正的情绪描述客观存在，而"我"——第一人称的叙述视角更利于情感的倾诉。苏武临行前对妻子依依不舍，一方面鹣鲽情深不忍分离，另一方面面对未知的前途、虚无缥缈的未来中的种种未知又难以抑制深深的焦虑与不安。两种情绪的叠加，衍生为一种对自己与对妻子的双重忧悒。这种情感不断增加，"I"就会以"we"的形式重现。第一人称复数，不仅仅指叙述者"I"，也包含了作为"受述者"的妻子。

　　有趣的是，"we"在译文中最主要的功能既不是情感的表达，也不是视角的呈现，而是情节生成与场景再现的重要标示。与此同时，时间性也含蕴其中。译文开头，"As man and wife we ever unite"更像是对于一种普遍性的状态与事理的说明，紧接着"We never doubt about our love"中"never"与前一句的"ever"相连，暗示了一条与"从来（不）"有关的时间轴。这条时间轴帮助我们重现了一对恩爱夫妻，自结发至今美满幸福的场景。随之而来的"Let us enjoy our fill tonight"中，"tonight"是一个明确的时间词。与"ever""never"不同，"tonight"把我们的视线从一个相对宏阔的时空中拉回当下，让我们暂停思索"从来"与"过去"，聚焦于"今夕"这样一方不知是不是最后的可共处的时空。这也是译文的高明之处。

　　自译文的中间往后，标注与将来有关的一系列时间提示出现了。"I'll hie"，"we'll meet again"，"I'll come back to you"，"my love won't die"三处将来时态，又将时间延展至明天之后，在一种舒缓的节奏中从容地将时间推向未来。至此，过去生活的安妥与雍恬，而今暌别之夕的留恋与离怆，未来的缥缈与微茫，呈现为一个个被编织进时间链条的情节，叙事之效由此而现。

---

① 许渊冲译：《汉魏六朝诗》，中国对外翻译出版公司2009年版，第18—19页。

再者，第二人称"you"也出现了三次："I must bid you adieu"，"holding you hands"以及"I'll come back to you"。第二人称是叙述者直接面对的对象，与"I"相和，强化了叙述者的存在感与价值。译文的叙事性随即尽显。

此外，诸如刘邦的《大风歌》——"威加海内兮归故乡"被译为"I come to my native land, oh! Now the world is under my sway"；项羽之《垓下歌》——"力拔山兮气盖世"被译为"I could pull mountains down, oh! with main and might"；曹丕《燕歌行》——"贱妾茕茕守空房"是为"I remain sad and lonely in empty chamber only"；曹植《赠白马王彪》——"引领情内伤"是为"I crane my neck while sorrow gnaws my heart"，等等，几乎每首诗都被明确加上了一个清晰的叙述者。有些诗即便叙述者不是以"I"的形式直接现身，其在译文行文过程中也留下了清晰的有关叙述者的痕迹。

比如郭璞的《游仙诗十四首（其一）》：

游仙诗十四首（其一）

郭璞

京华游侠窟，山林隐遁栖。

朱门何足荣？未若托蓬莱。

临源挹清波，陵冈掇丹荑。

灵溪可潜盘，安事登云梯。

漆园有傲吏，莱氏有逸妻。

进则保龙见，退为触藩羝。

高蹈风尘外，长揖谢夷齐。

Song of Immortals

Guo Pu（276~324）

The gallants live in capital;

The hermits' huts in forest stand.

Why should you envy lordly hall

Not lasting as the fairy land?

Drink water clear by riverside;

Pluck herbs divine on mountains proud!

Dragons in water deep may hide.

Why should you climb up floating cloud?

Zhuang Zhou declined an office high;

Lai's wife retired to mountains deep.

The dragon might go up the sky;

You'd sink and be caught like a sheep.

Better soar o'er the world in breeze

And o'erdo the hermits with ease!①

　　这首诗的译文中，从头至尾并未出现"I"或"we"这样第一人称的叙述者。前两句"The gallants live in capital;"与"The hermits' huts in forest stand.", 主语一为"gallants"，一为"hermits"，其叙述的视角，颇像来自场景之外的他者。换言之，此时读者感到叙述者与受述者是距离较远。而第三句"Why should you envy lordly hall"，以及第八句"Why should you climb up floating cloud?"，第十二句"You'd sink and be caught like a sheep."三处中，"you"的现身提示我们"I"的存在，只是其行迹被隐没。

　　任何并不（专）指某个人物，也并不被人物谈及（或"念及"）的第二人称代词，必定是指叙述者进话面向的某个对象，于是这成为叙述者在叙述中出场之痕迹。②

　　尽管叙述者"I"并未以明确的形式出现于译文中，然而，当"why should you"责备受述者"荣朱门""登云梯"的同时就已经道出"you"

---

① 许渊冲译：《汉魏六朝诗》，中国对外翻译出版公司 2009 年版，第 236—239 页。
② ［美］杰拉德·普林斯：《叙事学：叙事的形式与功能》，徐强译，中国人民大学出版社 2013 年版，第 9 页。

就是那个叙述者面向的对象，而这个对象所面对的恰恰就是隐身的叙述者"I"。"should"作为一个情态动词，真切地表达了叙述者责备劝诫的态度，也对暗示叙述者的存在具有重要意义。

> 还有一种情态词（modal terms）（"也许"、"不幸的是"、"显而易见"等），指示了说话者对他说的话之态度。同样，如果它不是人物说的话的一部分，那它描述的就是叙述者的境况。①

那么叙事性增强，是许渊冲个人的翻译风格，还是一种普遍存在于古诗翻译中的现象？中西译者之间都是如此，还是各有不同？我们尝试以艾略特的《审观王维诗的十九种方式》（*Nineteen Ways of Looking at Wang Wei*）为例进行分析。书中包含对《鹿柴》的十三种英译。

鹿柴

空山不见人，但闻人语响。
返景入深林，复照青苔上。

The Form of the Deer

So lone seem the hills; there is no one in sight there.
　　But whence is the echo of voices I hear?
The rays of the sunset pierce slanting the forest,
　　And in their reflection green mosses appear.

——W. J. B. Fletcher, 1919②

弗莱彻（William John Bainbrigge Fletcher，1879-1933）是一位 20 世纪初的英国外交官，退休后执教于中山大学，病逝于广州。他一生译介了大量的唐诗，对中国唐诗西传功不可没，代表作《英译唐诗选》（*Gems of*

---

① ［美］杰拉德·普林斯：《叙事学：叙事的形式与功能》，徐强译，中国人民大学出版社 2013 年版，第 10 页。
② Eliot Weinberger, *Nineteen Ways of Looking at Wang Wei*, New York：Moyer Bell Limited, 1987, p. 8.

Chinese Verse：Translated into English Verse）和《英译唐诗选续集》（*More Gems of Chinese Verse：Translated into English Verse*）。

正如早期，以及许多后来的译者一样，弗莱彻坚信应该对原诗进行解释与"提升"。王维的阳光照入森林，弗莱彻的光线则倾斜刺入。王维之人语轻浅，弗氏则创造了一个第一人称叙述者，也恰是此人就声音之源发问。（如果山丘矗立于此，那么叙述者在哪里呢？）①

弗莱彻在译文中也创造出一个叙述者"I"。正是在"I"的视野中无人在场，"no one"的所谓真实与"voice"的客观存在形成一种冲突，增加了译文的故事性。第四句中"they"指代不明确，用艾略特的评述即"是什么在照，又照向了哪里"。原作倾向于一种戏剧式视角，属于外视角；而弗莱彻的译文则由于补充了一个明确叙述者作为主语而变为"第一人称叙述中的体验视角"，属于内视角。这种内视角的呈现，必须诉诸"I"这一有着参与者身份的人来实现。

The Deer Park

An empty hill, and no one in sight
But I hear the echo of voices.
The slanting sun at evening penetrates the deep woods
And shines reflected on the blue lichens.

——Soame Jenyns, 1944②

索姆·詹宁斯（Roger Soame Jenyns, 1904—1976），是一位英国艺术史学家，也是有名的东亚瓷器专家。他的译文不仅形似于弗莱彻的版本，而且也神似之。同样是补充了第一人称叙述者"I"，且"I"遭遇了不见其人但闻其声的一幕。阳光皆斜照入森林，詹宁斯的"penetrate"与弗莱

---

① Eliot Weinberger, *Nineteen Ways of Looking at Wang Wei*, New York：Moyer Bell Limited, 1987, p. 9.

② Eliot Weinberger, *Nineteen Ways of Looking at Wang Wei*, New York：Moyer Bell Limited, 1987, p. 12.

彻的 "pierce" 都包含刺入之意。所不同的是，前者明确指出 "照" 这个
动作的施为者是阳光，照的承担者是 "蓝色的地衣"。在这一点上，其优
于后者。

Deer-Park Hermitage

There seems to be no one on the empty mountain...

And yet I think I hear a voice,

Where sunlight, entering a grove,

Shines back to me from the green moss.

——Witter Bynner & Kiang Kang-hu 1929[1]

威特·宾纳（Witter Bynner, 1881—1968），美国诗人、学者。宾纳与
他人合译《唐诗英译三百首》。这一版译文的前两句与弗莱彻、索姆斯的
译文都出现了 "no one" 与 "I heard" 之间的矛盾，突出了叙事的特征，
且尾句说 "Shines back to me from the green moss"，是一种优美的体验式视
角的呈现。其高明之处在于突出了 "I" 与自然之间的互动交流，是一种
动静结合的美。

此外，迈克尔·布洛克（Michael Bullock）[2]、罗宾逊（G. W. Robinson）
的译文都是通过补充第一人称展开叙述的。

既然古诗译文叙事化倾向普遍存在于诗歌翻译中的现象，那么我们应
该如何认识这种文本发展倾向呢？

二　消长之间：抒情与叙事

乔纳森·卡勒认为，叙事和呼语是诗歌的两极，而抒情正是呼语的成
功的典范。[3] 换言之，叙事与抒情是为诗歌的两极。可每当我们看到这种

---

① Eliot Weinberger, *Nineteen Ways of Looking at Wang Wei*, New York: Moyer Bell Limited, 1987, p. 10.

② 注：迈克尔·布洛克（Michael Bullock, 1918—2008），英国诗人、翻译家。

③ 参见 Jonathan Culler, *The Pursuit of Signs*: *Semiotics*, *Literature*, *Deconstruction*, London and New York: Routledge, 1981。

带有二分色彩的说法时，都会在潜意识中将两种原本相互渗透的存在对立起来，强化其作为一种具有独立署名的个体的特性，而泯去其在更大范围内与并存范畴相别相生的性质。诗歌中的抒情与叙事元素即是如此。如果说"叙事诗重述一个事件，而抒情诗则是努力要成为一个事件"①，那么对于"事件"的处理便成为我们区分抒情诗与叙事诗的规绳，更是解决抒情与叙事作为建构诗的元素如何建构古诗意义这一问题的关键。那么，在中国的古诗中我们是如何处理"事件"的呢？

> 中国作为一个有着悠久历史文化的泱泱大国，自然有其独特的文学传统——包括独特的创作传统和批评传统。沿用先辈们的研究成果，我们把这种独特的创作传统称之为"抒情传统"，但这里的"抒情"意义较为宽泛，不仅是浪漫主义意义上的"抒情"——自然而然地流露诗人强烈的感情；而且还包括表达志向和描写意境两个因素——某种意义上后两者的比重可能要更大一些。简言之，抒情至少包括三个方面的因素：抒情、达志、写境。②

抒情传统中，叙事的特征黯然于抒情的光晕之下。即便是叙事诗，也必然统摄于抒情性之下。抒情性是为诗的本质特征，叙事诗作为一种诗文体，无法抛弃抒情性而区别于其他叙事作品。当然，抒情也必然依托于叙事方可推进情感倾诉的进程，否则情之抒发也必流于澹味庸蔽，甚至无法尽诉。归根结底，我们在谈及诗歌，终究是痴于情、感于志、寻一个超然物外的境。诗歌中叙述的事件，也只是我们抒发情志的依凭。

布莱恩·麦克黑尔（Brian McHale）曾引用詹姆斯·费伦（James Phelan）为抒情性定义："抒情性是在某种场合下，A出于某种目的，向B讲述某事是怎样的（与'某事发生了'相对，后者属于叙事性）；或者A基于某种立场，出于某种目的，向B讲述其对于某事的想法。"③故而，在中

---

① [美]乔纳森·卡勒：《文学理论入门》，李平译，译林出版社2008年版，第81页。
② 季广茂：《隐喻视野中的诗性传统》，高等教育出版社1998年版，第53页。
③ Brian McHale, "Beginning to Think about Narrative in Poetry", *Narrative*, Vol. 17, No. 1, 2009, p. 12.

国抒情的常用手法有托物言志、借景抒情、融情入境、直抒胸臆，等等，皆以"情志"为归旨。而其所借、所托、所融、所抒的方式都是"成为事件"的具体化手段。剔除所有限定语，我们不难发现，费伦将抒情本质归结为一种"讲述"行为，讲述某事或讲述与某事有关的看法。很显然，麦克黑尔赞同这一看法。无论中国诗学传统中的"抒情"抑或是西方语境中的"lyric"，都不囿于自抒膺臆，亦不绝缘于叙事。那么，叙事又是什么呢？为何叙事可与抒情并列而谈？

> 叙事是对于时间序列中至少两个真实或虚构的事件与状态的讲述，其中任何一个都不预设或包含另一个。[1]

"叙事必须涉及两个或两个以上的事件或状态。"[2] 而这些事件与状态，是被编织在时间序列中的，时间上有先后，逻辑上有关联。比如，"我去吃饭之前顺道去了一趟图书馆"中，"吃饭"与"去图书馆"是两个并列事件，后者发生在前者之先，基于某种原因先去图书馆再去吃饭。又如，"去了丽江，我很开心"，这是一个由事件导致的状态，两者间存在一种直接的因果关系。

事件归根结底是需要诉诸"被呈现"，来完成与"叙述"这一行为的关联。所谓"被呈现"就是指事件如何被描述、被表达。这就涉及一个表达方式的问题。在区分表达对象和表达方式时，叙事学家托多罗夫以"故事"和"话语"来指代这两个层次。所谓故事，是指"作品叙述的按实际时间、因果关系排列的事件"[3]，即为抒情与叙事致力于"处理"的事件。而话语是对这些素材的艺术处理或形式上的加工。无论是故事还是话语，其指向的都是事件本身。

就此层面而言，抒情与叙事都是对于事件的说明。所不同的是，抒情

---

[1] ［美］杰拉德·普林斯：《叙事学：叙事的形式与功能》，徐强译，中国人民大学出版社 2014 年版，第 4 页。

[2] 申丹、王丽亚：《西方叙事学：经典与后经典》，北京大学出版社 2010 年版，第 2 页。

[3] 申丹、王丽亚：《西方叙事学：经典与后经典》，北京大学出版社 2010 年版，第 14 页。

之所以为抒情，起决定作用的是"讲述"这一行为所基于的立场与目的。换言之，抒情的自洽在于其基于叙事的对于事物本身的情感、态度等的表达。"立场"与"目的"才是抒情有别于叙事而存在的根本原因。如若不然，其与叙事的区别被事件本身所消弭的命运则无可避免。

而上文我们提到对于"事件"的处理是区分抒情与叙事的关键。那么，"重述事件"与"成为事件"的距离究竟有多远呢？话语标志着对于事件的加工与表达，是否就意味着所谓的"事件的处理"，就是"成为话语"这一过程本身呢？欲厘定这一问题，我们不得不引出"情节"的概念。

是什么使一个故事成为一个故事？亚里士多德认为，情节是叙述最根本的特征。好故事必须具备开头、中间和结局。① 情节就是对事件的安排。通过情节的变换，一系列的事件开始以一种时间的、逻辑的形式相连，呈现出故事的形态。"在每一个具体故事中，我们都可以看到在事件层次上的发展与在主题层次上的转变之间的结合。仅仅是一系列事件不能形成一个故事。必须要有一个与开头相关联的结局——根据某些理论家的观点，这个结局要能够说明引出故事中一系列事件的最初欲望的结果。"② 这就是情节的作用。

话语包含顺序、时距、频率、语式、语态五个方面。③ 换言之，话语偏重于如何将事件呈现为处理后的文本故事，而不是作为事实事件的故事。情节也参与了文本故事的生成，主要表现在如何将作为事实的事件中的哪些内容提炼、延展、加工为文本。前者侧重形式层面，后者则为内容。两者合为一体才是完整的对于事件的处理，也是所谓的"重述事件"。情节是故事（事件）与话语之间的桥梁。

综述之，事件大于故事（当然，有时候我们也可以通过虚构增加"新事件"来扩充故事），只有可以被编织在时间链条下的，具有逻辑关系的事件才有资格被练择，进而连接成为故事。练择的标准是符合情节的设

---

① ［美］乔纳森·卡勒：《文学理论入门》，李平译，译林出版社2008年版，第88页。
② ［美］乔纳森·卡勒：《文学理论入门》，李平译，译林出版社2008年版，第88页。
③ 注：热奈特在《叙述话语》中对于话语探讨从此五方面进行。

定，呈现设定的方法是为话语。情节与话语共同构成对于事件的处理，重述事件是三者的总和。自此，叙事生成。而成为事件需要引发"声"的事件。

那么当我们听到了一段吸引了我们的注意力的话语，我们所做的典型反应就是想象出，或者建构出一个说话人和一个语境：通过辨别声音的语气，我们推测出说话人的心境和处境、他关心的事物，以及他的态度（有时这些会与我们对作者的了解巧合，但大多数情况下不会）。①

成为一个事件的方法就是建构一个发声者，想象他发声的场所或其描述的场所。这就构成了一系列事件。对于事件的认识并不是为了获得知识或认识本身，而是推测其心境、境遇以及情态。成为事件是选择事件以促使情节生成，进而表达立场与情志的过程。重述事件则更多的侧重情节呈现本身。

三　情节的传递：译文的叙事化倾向

抒情与叙事密切相关、相伴相生，共同促成了原文的生成。而古诗译文在语际转化过程中呈现出的叙事化倾向，则预示着两种元素在新语境下的此消彼长。所谓古诗译文的叙事化倾向，就是在翻译过程中其原本诗中所具备的叙事元素的增强与显露，相应地，抒情元素在一定程度被遮蔽隐藏。为什么我们一直以来在面对译文的时候虽感到某种诗歌精神的阙如，却甚少以此为切入点探析原因呢？

当代叙事理论视野中存在诗歌研究的盲区，部分原因可以从专业层面加以解释，这是专业不同造成的。有些学者专攻叙事学，有些精通诗歌，很少有人两者兼通。然而实际上，这两个领域并非完全独立，它们相互交叉：毕竟，许多诗歌本身就是叙事的，而许多叙事作

① ［美］乔纳森·卡勒：《文学理论入门》，李平译，译林出版社 2008 年版，第 79 页。

品又具有诗歌的特质。①

诚然，一直以来我们并未对诗歌中的叙事倾注足够心力。由于相关学者甚少兼通叙事学与诗学，导致诗歌叙事的相关研究发展缓慢。布莱恩·麦克黑尔的话不仅揭示了诗歌叙事学未有蓬勃之势的原因，也启示我们叙事与诗性本身就具有天然的联系。这种联系表现在诗性、抒情性与叙事性在文本中的合作与共生。

诗性不等于抒情性。诗性的生成并不以抒情性的存在为必然条件。

相反，几乎近期所有论述诗性问题的人都默认"诗性即抒情性"的观点，甚至有些人明确表示如此（例如，沃尔夫23）。但在我看来，这显然是不对的：抒情性并不等同于诗性。正如费伦所提出，并且秉承现代主义传统的作家们力证的那样：抒情性可以以散文形式表现；反之，并非所有的诗歌都是抒情诗。事实上，在19世纪之前，大部分诗歌可以说都不是抒情的，而是叙事的或论述性的（论说性的、辩证性的、教诲性的、诗学的，等等）。诗中融入抒情元素是近年来的新发展，即从19世纪后才开始。当时所有的诗歌体裁（以及散文体裁）都经历了文学历史学家阿拉斯泰尔·福勒所称的"抒情转变"（250-661）。在此之前，抒情只是一种特殊情况，仅仅是众多选项之一，甚至不是最可能的选项。自那时以来，抒情已成为诗歌的默认模式；但这并不意味着所有的诗歌现在都是抒情诗，更不意味着早期的诗歌主要是抒情的；显然，事实也并非如此。②

19世纪之前的诗歌，抒情性并不是一种必然选择。"抒情转换"（lyric

---

① Brian McHale, "Beginning to Think about Narrative in Poetry", *Narrative*, Vol. 17, No. 1, 2009, p. 12.

② Brian McHale, "Beginning to Think about Narrative in Poetry", *Narrative*, Vol. 17, No. 1, 2009, pp. 13-14.

注：Werner Wolf, "The Lyric: Problems of Definition and a Proposal for Reconceptualizations", in Eva Müller-Zettelman and Margarete Rubik eds., *Theory into Poetry: New Approaches to Poetry*, New York: Rodopi, 2005: 21-56.

transformation)① 之后，抒情性才与诗歌紧密相连，作为一种必然的显性特征呈现在诗歌之中，与诗性相融。在早期的诗歌中，叙事性等因素才是最为明显的特征。抒情既不是其目的也不是接受者的诉求。但我们不能否认，抒情性与诗性的渊源决定了其作为诗歌构成的不可或缺的因素。既然诗性并不仅仅由抒情性所涵括，那么抒情性就不是诗歌的决定因素。这也解释了为何即便叙事性增强，抒情性削弱，诗歌精神寡淡却不会消弭。既然抒情性不是使诗成为诗的必然条件，那么诗的诗性是如何产生的？

麦克黑尔曾提到杜普莱西斯（Rachel Blau DuPlessis）对于诗性的界定："诗是具有着严格分节与留白的，并产生意义语篇形式。"她认为，诗的意义产生于各种各样的空间与间隙，比如换行、分节以及页面的留白。对此她提出"段位性"（segmentivity）一词来概括诗的这种特质。段位性，即"一种通过选择、运用、组合各片段的方式而发声且生产意义的能力"②，"是诗歌作为一种体裁而具备的潜在特征"③。正如，叙事性是叙事的本质特征，表演性是表演的本质特征，段位性也是诗歌的本质特征。那么判定段位性就是诗性产生的根本原因的依据是什么？约翰·肖普托（John Shoptaw）④ 的观点恰好可以为杜普莱斯特的论断作出较为信服的解释。

正是在意义的建构被中断或停滞之处，文本豁裂出间隙（即使只是微小的间隙），这时必须调动读者的意义生产机制，以填补间隙、

---

① 注：麦克黑尔在文章中所提到的"lyric transformation"在此处被译为"抒情转换"。若是"lyric turn"，则"抒情换向"更恰当。在《柯林斯高阶英汉双解学习词典》中，"transformation"，被解释为"To transform something into something else means to change or convert it into that thing."，即"转换、改造、改变"。所谓"lyric transformation"并不是指"lyric"在发展过程中自身发生了方向转变，而是其在某种程度上与叙事性之间发生了相互关系。所以，不是转向而是转换。

② Brian McHale, "Beginning to Think about Narrative in Poetry", *Narrative*, Vol. 17, No. 1, 2009, p. 14.

③ Brian McHale, "Beginning to Think about Narrative in Poetry", *Narrative*, Vol. 17, No. 1, 2009, p. 14.

④ 注：约翰·肖普托（John Shoptaw），诗人、作家，任职于美国加利福尼亚大学伯克利分校英语系。

修补裂痕。意义的间隙是对意义建构的一种挑战；也正是在现有意义的失效之处，我们介入了意义的再生产。[1]

每一首作为语篇的诗歌，其意义都是一个流畅而自洽的体系，如同一个完整而表意明确的语流。当一部分语意缺失，或者被隐藏，我们不得不通过自己的意义生产机制将语意还原。缺失的或被掩藏的意义，都是通过分行列节留白（即段位性）实现的。这部分还原的信息必须符合两个条件：其一，逻辑上与前后语意部分相通；其二，对于整个体系而言，它的补入必须能使语意作为一个总和而高效运转。然而，这个完整的意义是什么样的，作者、译者、接受者都不清楚，他们既不知道自己补足的意义是否与真实的完整的语篇意义一致，又不得不按照一定的原则去推理缺失的部分。在何种范畴内进行阐释没有定论，所以，任何关于对错的评判都是欠缺严谨的。接受与否，则有赖于接受者对于事物共同的体验与相似的认知。这种过程极类似于完形填空。总之，诗歌的段位性与其距离正是诗歌意义产生的主要驱动。

如果说诗歌是可以分节或反分节的，那么叙事也是如此。尽管段位性并不是叙事的主要特征，但就定义而言，叙事在很多层面、很大程度上确然是分段的。在故事层面上，"事件流"被分割成许多不同层面的序列——"行动"、次情节、插曲，最终分解为不相关联的事件。在话语层面上，叙述被分割成多个不断变化的声音——引用、释义和假托，它们在同一平面上并列或相互嵌套——而"视角"则通过连续的微小的焦点转移而被分割。叙事中的时间也被分割；空间如此；意识亦然。[2]

如同诗歌依靠段位性产生成为诗，叙事性也产生于与叙事相关的段

① Brian McHale, "Beginning to Think about Narrative in Poetry", *Narrative*, Vol. 17, No. 1, 2009, p. 16.

② Brian McHale, "Beginning to Think about Narrative in Poetry", *Narrative*, Vol. 17, No. 1, 2009, p. 17.

位。叙事是把事件按照逻辑归置在时间序列中呈现。每一个事件都可以看作是一个独立而完整的单位。两个事件的相连就是弥合它们之间由于相对独立性而产生的距离。这种弥合依托于符合我们体验与认知的常识，以及严密精准的逻辑，来启动我们大脑中的意义生产机制。无论是故事层面还是话语层面，不同单位间的距离都是我们在连接中需要面对的现实，也是意义生成的第一现场。叙事视角、叙事时间、叙事空间以及观念都具有段位性。段位性包括反段位性，是叙事性与诗性相通之所在。古诗中，诗性的段位与叙事的段位有时相互重合。

厘清抒情性、叙事性与诗性的关系，古诗的译文为何会出现叙事化倾向的答案就逐渐浮现于我们的研究视野中。

尽管抒情性不是诗性，但却与诗性紧密相连，故而当叙事性增强，抒情性减弱时，我们会有诗歌精神阙如的感觉。也正是因为抒情性并不是诗性的本质，故而我们在翻译过程中尽管在一定程度上放大了叙事性而压制了抒情性，却依然有增加译文诗性特质的可能性。叙事性与抒情性融合于一体，既然无法截然分离，我们不妨在厘清两者概念的基础上从两者的联系入手尝试探析古诗意义的产生，即情志的生成。

> 如果要证明段位性与反段位性在诗歌叙事中的应用，那么剖析对"相同"叙事材料的不同处理方法是有效的。为此，没有什么比对同一文本展开不同翻译更便捷，也没有什么英语诗的翻译传统比从17世纪横亘至今的荷马史诗的系列翻译更丰富详实。[1]

我们不否认叙事与抒情的既存在分别又无法判然分离的事实。叙事化倾向，并非指译文完全消弭了抒情性，其尽数为叙事性所替代，而是指在译文中其叙事性的特征越发清晰，故事性以更为强劲的姿态为我们所感知，话语则充斥时间层面的逻辑。而这种故事性在译文中的清晰呈现源于我们对于同一系列事件的处理，即情节。

"读者能够分辨出两部作品实际上是关于同一个故事的不同的讲述形

---

① Brian McHale, "Beginning to Think about Narrative in Poetry", *Narrative*, Vol. 17, No. 1, 2009, p. 18.

式；他们能够概括总结故事的情节，并且能够对情节概要的恰当与否进行讨论。"① 这就是情节的识别能力。译者依靠情节的识别能力，断定哪些内容在语际转换中应该被传递。

> 叙述的理论假设存在一个结构层面——我们常说的"情节"，这个结构层面独立于任何一种语言或者表现手法之外。叙述与诗歌不同，诗歌在翻译过程中会走样，而情节不论从一种语言转换成另一种语言，还是从一种表现手法转换成另一种表现手法都能更完整地保留下来：一部无声影片或是一本滑稽连环画册都可以与一部短篇小说具有同样的情节。②

这段论述极有意思。乍看把叙事与诗歌对立了起来加以阐述，其实恰恰是在这种表层化的对立中，卡勒强调了情节的独立性与相对稳定性。在翻译中，我们常常将稳定元素挑拣出，置于传递的首位，然后着眼于变量。通常情况下，稳定元素在不同语境下的适应力较强，变量则因语境的变化而表现出不同状态。

对于一个较为完整的语篇而言，结构的完整度是译者最基本的任务，也是读者最基本的诉求。作为独立于语言或者表现手法的存在，情节的着眼点就是事件，在不同目的下对事件的选择、加工与处理。俄国形式主义的学者认为，情节并不是叙事作品的内容，而是对故事事件进行重新编排的方法。正如什克洛夫斯基秉信的——故事仅仅是情节结构的素材而已，它构成了作品的潜在结构，而情节则是作家从审美角度对素材进行重新安排，以体现情节结构的文学性。是故，情节最重要的作用在于，在审美体认的终极目标下，选取最能表达主题的素材进行传情达意。回到最初的问题，译文叙事化为何可呈现，又为何呈现出如此样貌？

我们在翻译古诗过程中首先寻找一个不变的情节结构，这个结构与识别情节的能力有关。这个稳定的情节结构在翻译过程中享有优先传达的殊

---

① ［美］乔纳森·卡勒：《文学理论入门》，李平译，译林出版社 2008 年版，第 88 页。
② ［美］乔纳森·卡勒：《文学理论入门》，李平译，译林出版社 2008 年版，第 88—89 页。

荣。抒情与叙事都与处理事件有关，也都与情节结构有关。两者的意义产生与传递都依靠情节机制的运转。当传递过程中，叙述事件的立场与情感无法传达或者难以传达时，抒情性就被叙事性的光彩所掩盖了。与抒情性紧密相关的诗性也大大削弱。

是故，古诗的译文正是依靠情节机制，保留了抒情与叙事都致力于"处理"的事件，从而实现语际转换。

翻译是我们传播民族文化的重要手段，也是保存世界文化遗产的重要方式。古诗译文的诗歌精神的阙如作为普遍存在于翻译中的现象，主要体现在其展现出的叙事化倾向之中。译文中常常有一个明确而清晰的叙述者现身，事件被依据一个时间序列排列，情节性、故事性被凸显，抒情性相对减弱。而原文与译文的联结主要依托于情节机制的运行与变化。又恰恰是情节的延续，导致我们虽有感于诗歌精神的阙如，却在辨识相同或相似情节的过程中忽视了这一问题，鲜少驻足深思。正确认识古诗译文的叙事化倾向问题，既增益于翻译实践本身与翻译策略的调整、改进，也非常有助于加深我们对双重诗学传统的理解，并为我们审观文学、文化现象提供了新的阐释视角。

第三节　双重语境中的审美诉求

审美诉求，即对于审美的需要。

人的需要有层次之分，其对于环境与自我的诉求也因时而变。"一个基本需要的满足，就会出现另一'更高级'需要占统治地位的意识。就他所关心的范围来说，这个与生活本身同义的、绝对的、最终的价值，就是在特定时期内支配他的、需要阶梯上的任何一种需要。因此，这些基本需要或基本价值既可以看作目的，又可以看作是达到一个终极目的的手段。"① 一方面，在满足我们衣食住行这些最基本的生存需要的基础上，才会有食而求美、衣而求丽、居而求乐的更高诉求；另一方面，当低层次的需求被满足，我们内

---

① ［美］A·H·马斯洛：《存在心理学探索》，李文湉译，林方校，云南人民出版社1987年版，第137—138页。

心对于更高层次价值的诉求就会被激发，低层诉求宛如通向高层诉求的基石。当所有诉求连在一起组成一个自下而上、相互贯通、彼此联系的体系时，一个囊括了人一生所有与追求相关的意识体系，或言之一套与人生全部行为评判有关的价值标准随即生成。正如马斯洛所说："的确，有一个单独的、终极的价值，或者说人生的目的。然而，这也是同样确实的，即我们有一个有层次的、发展着的、综合地相互联系起来的价值体系。"① 这个体系的顶层是"自我实现"。自我实现，是不需要诉诸外界条件而维持自身存在，而机体内已经存在的一种成长性需要。审美需要在这一价值体系中仅次于自我实现。在这一体系中，位置越高，其对于外部条件的诉求就越小。

是故，审美诉求（审美需要）是"人类在共同社会生活的过程中，在漫长的与外部环境相交流的过程中发展起来的一种证明自身能力的精神性的需要，是人类能够'摆脱外部条件依赖性的结果'"②。低层诉求需要从外界的条件中获得满足，而高级诉求，诸如审美诉求，则是从内部使人类自身得到满足。

当个体在特定的环境中，通过与环境相互作用，其审美诉求会受到其所处文化语境的浸染；相应地，审美个体在接受社会化审美影响的同时，也在以"润物细无声"的方式影响着社会审美的走向。这种整体的社会化的审美诉求，不仅表现为个体在衣食所安、宫室营建的选择之上，还渗透在其对诗词歌赋、园林景观的品鉴之中。

古诗凝结着中国人独特的生命体验、文化心态、思维习惯与人生志趣，也体现着中国人特有的审美特征。按照传统的翻译思路，我们似乎理应在语际转换中尽力于将此美学层面的意义传递。然而，译文并不是一国专美于前、以艳冠群芳为归旨的竞技场，而是可以供各方以平等身份呈现其民族文化特性的多元化舞台。译文凝结着双重语境中的主体，追求美的美好理想。换言之，两种迥异文化语境分别滋养而生的美学意愿，在译文

---

① ［美］A·H·马斯洛：《存在心理学探索》，李文湉译，林方校，云南人民出版社1987年版，第138页。

② 潘志彪：《审美心理研究》，中山大学出版社2007年版，第17—18页。

代表的翻译场中共同寻求一个"我在"的发声，一个永不匿迹的表达。透过译文，我们可以窥见两种不同的履痕，谛听到两种迥别的声音。

中西审美诉求之差异，归根结底，在于两种语境孕育的思维方式之分殊，故其所涵濡的审美理想亦相径庭，览观在此之下衍生的审美形态便逸趣横生了。

一 悟与识的博弈

我们常用情景交融、寓情于景、托物言志等词汇来描述古诗的创作过程，而说到审美范畴，则气、味、趣、韵、神、境等字眼不一而足。提及西方的相关概念，崇高、陶冶、自由、快感、酒神精神等范畴便会跃于脑中。其实，无需细思我们便可感受两组范畴的殊异。从感性层面说，前者是一种体验式的总结，而后者则为相对明晰之界定。从理性层面说，中国的美学范畴凝聚着一种物我交融、天人合一的宏观的圆道思维，而西方的美学范畴则斥溢着思辨、理性与实证色彩的分析性思维。前者体现为体悟似的观照方式，后者则显现为认识与定性。"中国的审美最后是要体悟出韵外之致；西方的审美最后是要认清对象的性质意义，其向纵深发展的倾向是认识型的。"① 如何理解这两种思维方式呢？

> 从《周易》《老子》《庄子》到《吕氏春秋》等历史文献中，可以看出中国古代的先贤对宇宙运动的特点、规律的认识上，殊途同归，在圓——圆字上取得了某种共识，即普遍把宇宙万物的运动看作是一种圆周旋转、生生不己的运动。②

这种所谓的圆道观表现在我们普遍具有一种整体性的、综合性的思维模式。比如，我们采用以文拟人、近取诸身的描述方法。刘勰在《文心雕龙》中常常以身体各部位作喻讲述文之各元素的关系。如"辞为肤根，志实骨髓"，"文章之无体，譬之无耳目口鼻，不能成人"等。

---

① 张法：《中西美学与文化精神》，中国人民大学出版社 2010 年版，第 240 页。
② 夏之放、李衍柱等：《当代中西审美文化研究》，山东教育出版社 2005 年版，第 346 页。

在我们根深蒂固的观念里，人与自然交融一体，密不可分。当脱离了原始的状态，伴随教化的滋育，人实现了与动物性的自己的分离，成为社会化的人，完成了"自然的人化"。然而当人类创造了文化，制定了秩序，遵循着社会规约的同时，我们自身也无法摆脱被其统治的命运。一方面，在人与自然的关系上文化使人类摆脱了自然的野蛮状态，实现了人的"人化"；另一方面，在人与文化、社会的关系上，我们又陷入了被自己创造之物"奴役"的宿命，走向了自我的"异化"。人性被压抑，精神也不得自由。我们渴望从这种被压抑的状态中抽离，希冀在这种异化的状态中找到自我救赎的方法。于是，在精神层面我们不断寻求着一种自我超越，尝试返回自然的状态，获得意志暂时的舒展与自由。由此，我们审观世界的当儿，并不是以主客体分离的状态在境外瞻瞩，而是超脱当下的自我，精神与物合二为一，物我两忘，天人合一。"这种对异化的心理超越就是审美。"① 是故，我们提倡法贵天真的文艺宗旨，赞许道不可言的文艺境界，推崇天机天籁的自然之美。而这一切都有赖于涤除玄览的思维方式，即"以无意识的自然心态，进入事物之中，自然而然地去感受和体会"②。其是为一种"悟"的思维方式。

> 具体而论，中国古代美学家大都具体地、形象地、整体地把握审美活动的特质与功能。他们以大量具体生动的艺术形象或意境作为感性材料，由此生发出丰富的审美感受，并且在这种审美感受中直接进行形象的类比、提炼和概括。③

我们在对审美活动的本质进行总结与描述时，通常离不开感性形象的介入。通过想象力，主体对感性形象进行塑造与加工。这样创造出的感性形象既凝结着"我"的审美经验，又生动可感，且利于情志的传达。

这实际描绘的是我们中国人在审观艺术作品时所诉诸的独特的方式，即体悟。体悟是审美思维机制的直接显现。在我们体验事物，在与事物发

---

① 成复旺：《新编中国文学理论史》，中国人民大学出版社2010年版，第25页。
② 成复旺：《新编中国文学理论史》，中国人民大学出版社2010年版，第31页。
③ 潘知常：《中西比较美学论稿》，百花洲文艺出版社2000年版，第43页。

生关联的一瞬间，总是从自我的直接感受出发，以意念去体贴事物的本质与特征，进而在这种观照的所得中将所思所感融入其中。故而，我们总是可以把理论思辨与情感体验结合起来。"这就使得中国古典美学一方面在内容上表现为认识的，另一方面又在形式上表现为心理的（情感的、想象的），是认识的内容与心理的形式的结合。"① 而这一切都是以情感体验为中介进行的。

与此不同，西方人则以一种分析式的、微观的、思辨的思维方式呈现于我们的视野。

> 西方分析型的思维方式，一般都把知性的分析作为理性认识的重要环节。康德曾把认识过程划分为感性——知性——理性三个阶段，黑格尔进一步坚持和发挥了康德的这一观点。中国传统的思维方式习惯把认识分为感性认识和理性认识，强调知与行、认识与实践的统一，但又往往忽视知性这一认识环节。②

西方以一种求知的、逻辑的思维方式站在事物之外，在有意识的状态下尝试从感性到理性去认识事物，而这种认识常常不离获取知识这一目的。

这种思维根源上的差异真实地藏匿于译文中。

山中

王维

荆溪白石出，天寒红叶稀。

山路元无雨，空翠湿人衣。

In the Hills

Wang Wei

White pebbles hear a blue stream glide;

---

① 潘知常：《中西比较美学论稿》，百花洲文艺出版社 2000 年版，第 43 页。

② 夏之放、李衍柱等：《当代中西审美文化研究》，山东教育出版社 2005 年版，第 374 页。

Red leaves are strewn on cold hillside.

Along the path no rain is seen,

My gown is moist with drizzling green. ①

首先，就古诗本身而言，作者选取了白石、红叶、山路作为明确的意象，并暗示还有一个未直接现身的语意视象②，即苍翠欲滴的植被，或者说被漫山遍野的植被装点的山色。"空翠"这一表达极有趣，它以空间与色彩暗示所指。空间而言，其指此物整体呈现出的延展性极为引人注目；色彩而言，其为"翠"，而非"绿"。殊不知，"绿"是为一个整体性的色彩概念，而"翠"则偏重清透而莹润的感觉。其言"翠"，实则是点明了这极目所视的色彩是一种鲜艳的、满溢着勃勃生机的点睛之色。与白石之"白"，红叶之"红"相衬映。也正是这"翠"字赋予了全诗以灵动之神韵。

音韵上，诗句较短但仍是一韵到底。事象③上，"空翠"二字并非独为王维所用。谢灵运在《过白岸亭》有言："空翠难强名，鱼钓易为曲"。杜甫也有"石苔凌几杖，空翠扑肌肤"的诗句。无论是谢诗还是杜诗，在我们读起"空翠湿人衣"时，都会以微弱而真实的声音提醒我们两个相似的意境，从而对王诗之境形成意义的补偿。就味象④而言之，其澄澹精致，冲淡自然，颇得韵外之致。

---

① 许渊冲译：《唐诗三百首》，中国对外翻译出版公司 2007 年版，第 14 页。

② 注：辜正坤提出诗歌鉴赏五象美论——视象、音象、义象、事象、味象。"视象"分为内视象与外视象：诗歌的具体内容借助审美主体的呈象能力而显示为主体想象世界中看得见的具体物象，谓之内视象；诗歌的本身的外部形式如诗行排列、特殊的字、词书写形式等物象，谓之外视象。前者即语意视象，后者为语形视象。语意视象又分为"蘗生簇状型""通感互根性""时空杂糅性""阴阳对称性""点铁成金型"五种（参见辜正坤《中西诗比较鉴赏与翻译理论》，清华大学出版社 2003 年版，第 6—12 页）。

③ 注："事象"，即诗歌中的典故、情节和篇章结构之类在读者头脑中产生的美感（参见《中西诗比较鉴赏与翻译理论》第 33—36 页）。

④ 注："味象"，所谓诗歌的味象美指的是诗歌的音象、视象、事象、义象等诸象在读者头脑中造成的综合性审美感受，其分为画味、韵味、气味、情味（参见《中西诗比较鉴赏与翻译理论》第 36—42 页）。此外，"音象"指诗歌中的韵律、节奏等在审美主体中唤起的特定的音美快感模式。"义象"指诗歌的单词、诗行或整首诗的含义结构。分为小义象和大义象。前者指诗的单个的词、句唤起的意义结构，后者指整首诗的含义结构（参见《中西诗比较鉴赏与翻译理论》第 42 页）。

其次，就时间关系而言，时间的线索是通过有代表性的事物来暗示的，而这种暗示与一个事象有关。"白石出"即为冬天。为什么呢？欧阳修在《醉翁亭记》有言："野芳发而幽香，佳木秀而繁阴，风霜高洁，水落而石出者，山间之四时也。"冬季，水位降低，水中之石逐渐露出水面。孟浩然尝言："水落鱼梁浅，天寒梦泽深"，与此处讲述的是同一种自然现象。而后面的"天寒"与"红叶稀"又在逻辑上印证了之前的界定。

空间上，"荆溪"从宏观视角为地点定下坐标，"山路"则将我们的视线聚焦于近景，随即"空翠"又将这一聚焦由近及远拉向远方，将空间延展。这种以色彩辅助展现空间位置关系的表现手法疏野而清奇。至此，王维完美呈现了"山中"的时空语境以及其赋予人的心灵体验。

在整首诗中，并没有一个明确的主体现身，也让我们忘却有无"叙述者"的问题。此般冲灵的意蕴正是涤除玄览后的神与物游之写照。

反观译文，"石"被具化为"pebbles"，即鹅卵石；"红叶"被转换为"red leaves"。后者看似对等，实则有意义的偏差。"红叶"指枫叶，这在汉语语境中是不言自明的事实，而"red leaves"在英文语境中却没有枫叶的含义，相对于表达枫叶的"maple leaves"，它更像是一个上位词。地点被落实在"hillside"，即小山的山坡。原文中"红叶稀"，是仰观树梢；译文"strewn on hillside"是俯察于地。俯仰之间，视角已变。最后一句的"my gown"标志着作为叙述者的"我"的现身。

译文有两处极为出彩。其一，"荆溪白石出"被以一种拟人化的表达道出——"white pebbles hear a blue stream glide"，即白色的鹅卵石聆听着蓝溪静静流淌。红与白的象征着"天之寒"与"人之热情"的对立统一，在译文中其变为了白与蓝的协调。其二，"湿人衣"是一种通感似的表达，以视觉写触觉，且这种触觉——雨落在衣衫，不是真实发生在现实中的，而是作者的情感真实。"空翠湿人衣"是一种夸张的表达。而译文"my gown is moist with drizzling green"中，"drizzling"一词形象地描述了一种感官，即极目视去苍翠欲滴的叶子漫山遍野，似乎莹润于我们每一寸感官，似乎满溢的要化作雨露，从天而降。与此同时，"moist"表示沁润的含义，与"drizzling"相互补充，并协助"green"完成"苍翠欲滴"的意义的倾诉。

分析译文，我们可以清晰地提挈出两种不同的思维方式在译场的博弈，时而相互包容，时而各自为政。当译文中一些上位词被具体表述为下位词，如"石"——"pebbles"、"溪"——"blue stream"，又或是叙述地点明确为"hillside"，叙述者被明确为"我"等的时候，一种求知求是的认知方式已然显露无遗。西方语境中的思维方式，强调认识的主体需要对于认识的对象做出一种界定，即定性，以此完成认识的过程。

众所周知，逻格斯中心主义影响下，西方常常是从作品出发探寻本质，依据"证据"得出结论，故而不同于中国的体悟式认识方式。他们需要得到一种"最后本质"来确保认识的价值与意义。

正如译文所显示，一定要弄清"石"究竟是什么"石"，一定要明确"我"与"山路"的位置关系，一定要表达视角是如何呈现在叙述者和接受者眼前。相较于中国审美所重视的整体呈现感，其更在意如何呈现的问题。此外，还有一个不可忽视的问题似与前言之"上位词"的具体化相悖，即"red leaves"对应"红叶"，为何不直接译作"maple leaves"，岂不是更加对应。

其实，这昭示着两种操控着审美诉求的思维方式在译文中的妥协与相互包容。原文中"白""红""翠"三者相互映衬，共同渲染出一幅中国山水画，清逸而不乏灵动之感。这灵动之感从何而现？"红叶"之"红"。红代表生机，预示着与热情有关的勃勃生命之力。而若译作"maple leaves"，从 leaves 出发，再联想到"红"（且未必会实现），到底多了一层转念，浑不似"red leaves"本身的质感。且如是一来，译文中"blue""red"和"green"也以三种色彩，尝试模拟再现原文之韵，亦不失为一种对等。

此外，"moist"与"drizzling green"并用，以表达"翠""湿"之意，同样是为两种审美诉求的相互包容之举。

二 境界形态与实体形态

"境界形态"与"实体形态"，语出自潘知常的《中西比较美学论稿》，是其对于中西方审美形态的界定。

　　自古至今，美之本质的界定被反复研讨论证。有人主张美学范畴下应该研究艺术中的美，有人主张研究美和美的规律，有人认为人与现实的审美关系才是研究的中心，还有人把美当作表现活动来探讨。对于美的本质的不同看法，也决定着我们对于审美对象的选择。"美的本质存在于各种具体的审美对象中，具有丰富的、生动的形态。人们在经验中所接触到的美便是多种多样的，有社会生活中的美，自然中的美，艺术作品的美等等。"① 美的形态通过审美对象得以表达。"美的形态的多样性和复杂性，使美学家作过各种区别和分类的研究。"② 比如，现实美和艺术美。

　　当我们对审美对象所表现出的美的形态进行感性接收、直观体验并在此基础上进行逻辑分类时，便有了审美形态。"不同的审美文化由于社会环境、文化传统、价值取向、最终关切的不同而形成自己的独特的审美形态。"③ 沉郁、飘逸、空灵等作为中国的审美范畴，都是审美形态的显现形态。审美形态，并不完全等同于我们所说的"美的形态"，也有别于常言之"美感经验"。

　　"所谓美感或美感经验，从心理感受上说，就是审美活动（包括艺术创造和艺术鉴赏）发生时所产生的一种独特的心醉神迷的瞬间经验状态。"④ 换言之，美感经验是一种审美的经验。这种经验不同于日常所说的经验，即过往所经历之事，而是通过自己切身参与其中才会使事件发生的事情。它是一种生命事件。这些事件，只有与"我"的生命发生联系才会有实际意义。而美感经验的形态在人类有了独立的审美和艺术活动之后逐步呈现。尽管在最初的时候，人们并没有对这些形态进行划分的清晰意识，然而随着美感经验各种形态之间的差异越发明朗，我们逐步开始关注美感经验的形态问题。"悲剧""崇高""优美"等标志着审美形态的范畴之描述越发精准、阐释越发丰富。

　　审美形态的相关阐述虽多，却很少有人对"审美形态"本身作出明确界定。叶朗在《中国审美范畴》中曾经如是总结：

① 王朝闻主编：《美学概论》，人民出版社 2005 年版，第 39 页。
② 王朝闻主编：《美学概论》，人民出版社 2005 年版，第 39 页。
③ 叶朗：《中国的审美范畴》，《艺术百家》2009 年第 5 期。
④ 牛宏宝：《美学概论》，中国人民大学出版社 2012 年版，第 78 页。

　　　　审美形态就是在特定的社会文化环境中产生的某一类型审美意象（往往带有时代特色或在一定时期占主流地位的审美意象）的"大风格"（Great Style）。而审美范畴则是这种"大风格"（即审美形态）的概括和结晶。[1]

　　审美形态被定义为某一类审美意象的大风格，而与之相关的审美范畴则被归结为一种对于"审美形态"的概括和结晶。换言之，我们平日所说的诸如飘逸、清奇、崇高等范畴，实则都是对于审美形态的概括与总结。审美范畴本身就标志着审美形态。

　　由是可知，美的形态是对那些能够引起审美诉求、产生审美活动的事物的一种样貌展现。美感经验是指这种美的形态与"我"发生感应的一瞬间，"我"的生命参与了这样一种事件的生成之时，心灵产生的状态。而美感经验的形态，作为对这种美感经验的划分，其面对的主体是美感经验，是一瞬间的心灵状态，并不是审美形态所指的那种稳定的"大风格"。更不会是审美范畴。不可否认的是，由于美感经验形态与审美形态都与审美意象有关，故而常常在研究中由此及彼。区分这两种概念是我们进一步理清中西审美形态的前提。

　　当面对同一个世界同一种审美意象，我们之所以会产生不同的美感经验，归结出不同的审美形态，进而表述为不同的审美范畴，与我们生存、成长的语境有关。

　　　　自诞生伊始，中国美学就自觉地在自由生命活动的基点上构筑自身（西方美学则是在认识活动的基点上构筑自身）。在中国美学看来，审美活动并非认识活动，而是自由的生命活动，是生命的超越、生命的提升、生命的协调、生命的安顿。[2]

　　在西方，美学是知识性学科，在中国其为存在性学科。潘知常曾将西方的审美形态归结为"实体形态"，而在中国语境，其为"境界形态"。所

---

① 叶朗：《中国美学范畴》，《艺术百家》2009 年版第 5 期。
② 潘知常：《中西比较美学论稿》，百花洲文艺出版社 2000 年版，第 69 页。

谓实体形态，是指西方美学总是将其美的形态与美感经验置于认识对象位置去审视。境界形态则与之相反，其并不把这两者置于我们面前以一种旁观对立的态度去认识他们，而是着力于探讨其如何产生。故而，中国的审美形态常常呈现出"……是何种样貌"，而西方审美形态则表现为"……是什么存在"。当然，这也印证了我们在上一个问题中所提到的为何我们诉诸体悟，而西方借力于"认识"。

就选取的审美意象而言，我们也有很大差别。张法在《中西美学与文化精神》中将中西审美对象归结为"文"与"形式"的不同。虽然两者皆表示与内里相对的外观，但还存在较大差别。

> 文与形式都是事物的外观，认识从现象始，审美从外观始，这是人类认识的普遍规律，也是审美认识的普遍规律。中国从原始社会到西周以及古代希腊，文与质、形式与内容契合无间，文就是质，形式就是本体。这既与当时的社会实践有关，又与当时的认识水平一致。然而由于文化的特殊性，中国的文深扎在政治的基础上，古希腊的形式却沐浴在数学的阳光中。①

我们以曹丕《燕歌行》为例尝试说明。

燕歌行二首（其一）
曹丕
秋风萧瑟天气凉，
草木摇落露为霜。
群燕辞归鹄南翔，
念君客游思断肠。
慊慊思归恋故乡，
君何淹留寄他方？
贱妾茕茕守空房，
忧来思君不敢忘，

---

① 张法：《中西美学与文化精神》，中国人民大学出版社 2010 年版，第 135 页。

不觉泪下沾衣裳。

援琴鸣弦发清商。

短歌微吟不能长。

明月皎皎照我床，

星汉西流夜未央。

牵牛织女遥相望，

尔独何辜限河梁。

Song of a Lonely Wife

Cao Pi (187-226)

The weather turns cold when bleak blows the autumn breeze；

The leaves shiver and fall into frost dew-drops freeze；

Swallows in group fly south together with wild geese.

I miss you far apart till broken is my heart.

A traveler may roam but he'll yearn for his home.

Why so long should you stay in a land far away?

I remain sad and lonely in empty chamber only.

Though grieved, I dare not my dear lord to forget.

　　yet

I do not know my gown wet with tears streaming down.

I take my lute and ring its melancholy string.

I sing low a short song. Oh how can it be long?

The bright moon overhead sheds its light on my bed.

The River of Stars peep westward when night is deep.

The Cowherd from afar gazes on Weaving Star.

What is wrong on their part to be kept far apart！[①]

---

①　许渊冲译：《汉魏六朝诗》，中国对外翻译出版公司 2009 年版，第 160—163 页。
　　注：关于《燕歌行》的分句方式学界有不同意见，其并非本书讨论重点，故此处依照许
渊冲《汉魏六朝诗：汉英对照》中的分句方式排列之。

在曹丕的这首《燕歌行》的译文与前文中所列译文的最显著区别在于前者的省译。而省译恰恰反映了语际转换中的一些难以触及的"角落"。

原诗中的选取的语意视象，或者说审美意象，并非没有在译文中得到再现，但是其再现的形式已经殊异于原文。比如首句中，"秋风萧瑟天气凉"，"秋风"对应译文中"autumn breeze"，看似对等，然而，由于"萧瑟"一词对于"秋风"语意的巨大修饰、限定与补偿作用，使得秋风背后还隐藏了与秋风有关的"草木"的意象。更准确地说，"秋风"这一意象的完整含义，并不仅仅在于秋风本身，而是与草木的凋零，与草木现在呈现的稀稀疏疏的状态有关的"秋风"。这样的秋风并不仅仅是作为泛指的风。为什么呢？"萧瑟"一词有三个基本的含义：其一，其指稀疏；其二，作为拟声词时，指风吹树木的声音；其三，作为形容词时，它有两层意义——凄凉、零落的样貌，以及稀稀疏疏的样貌。这双重词性，三种意义相互联系、彼此呼应。"萧瑟"与"秋风"相连，便使之有了一层"音象"的意蕴。且风吹叶落，使枝头稀稀疏疏，落叶飘零无依随风飘散，四处飞舞，整体呈现出一种凄凉悲切的画之味象。故而，"秋风"不再是关乎季节的一种自然现象本身，而是有声有情，牵引藄生簇类词组与之共同完成一部分意义的"秋风情境"。反观译文，其以倒装形式"when bleak blows the autumn breeze"，强调"blow"的结果是"bleak"。相较于原文浑然一体的表达，译文中更多反映的是一种存在的事实，一种与秋风"blow"方式及结果有关的认识。

紧接着，"摇落"在汉语中是一个词，指凋残、零落。这个词的构成极有趣。"摇"与"落"其实是两个独立又相互连接的动作，前者为因后者为果，因摇而落，"落"既是动作又是最后呈现的状态。由是，整个词虽然看似指一个最终的呈现样貌，实则暗含了一个动态的变化过程，由动及静，动为静因。译文以两个动词相连"shiver and fall"对应"摇落"，就构词而言极为精准，却失了一个动态变化最终归于平静状态的过程。诗味由是而阙如。我们的审美意象看似被忠实传递，却恰恰在这要素的模拟间失了精髓。

接下来，"辞归"有拟人的意味，北雁南翔也是一个经典的审美意象。"辞归"与后面之"思"相互照应，共同突出"客"这一意象。译文中

"辞归"，"辞"与"归"的双重省译，极大地削弱了"客"的形象与诗中叙述者"我"的情感意味。北雁南飞而羁客不归是一个完整浑融的景别，应和境界形态的审美特征。在译文中燕子向南飞，大雁与之一起是作为一种事实性意味的形象现身的。且"wild"一词又符合西方一直以来推重的主体之自由的范畴。"念君客游思断肠"的主体被落实在以叙述者身份出场的"我"身上，而"我"即"思妇"。这里有一个引人深思的想象。念君客游，故而愁思情切这种情绪与感情并未直接点明其承担者，换言之，本句并无一个明确的主语作为念与思的直接承担者。这一切与其说是一种动作，不如称其为一种情绪。这种情绪又恰与萧瑟秋风渲染的离情相和。

从原文中起兴之方式与情与景物的相互渗透可以看出，中国在审美上并不专注于审美的对象究竟是什么，又以怎样的样态呈现于我们的感官之中，进而如何激发起美感经验，而是致力于一种整体的来自"境"的感受。这种感受与自由的生命活动息息相关，却不必须关涉认识活动。相较于站在"境"外，以某种对立的方式审观境中之物，并在此基础上探究其如何引发我们的感官以及对于审美的诉求，中国的美学更乐于超脱出某种构筑于"认识"与"定性"层面的知识，去追寻无关逻辑的诗意体验，进而进入生命的最高境界。

"慊慊"是一个"音象"，音义同构，表示"心里不满的样子"。译文略译之。而"思"的妙处在于有双重意味：其一，思念故乡；其二，想要返回故乡。合在一起，即因思念而欲归。"yearn"一词表达"思归"是较为妥帖的，但是，"思念"意味稍弱，"想要做成某事"的意味比较强烈。同时，"yearn"含有饱含着某种温柔的情绪故而难以处理的意味，颇能拟效"苦思"之意。

"淹留"表示"久留"于某处，而译文中"久"的含义是直接借助"so long"这一表述完成的。"何"所包孕的淡淡埋怨意味，则是通过"should"（相当于"竟"）表达的。紧接着的"寄"则又被略译。"寄"有寄身、寄居、委托之意。"寄"既应和了"淹留"之"留"，又强调了"何"的情绪。"stay"表停留，失了一层"寄身于此"的意味，同时弱化了叙述者"我"的情绪，与"客"羁旅他乡的含义。

"茕茕"也是一个音象，音象的最大贡献就是以音和义。译文以

"lonely"的孤独之意去拟合"茕茕"蕴含的孤独与无依靠相生相长的状态，也极大地削弱了这一帧情境的诗味。虽然译文尝试以结尾的"only"来补偿意义的缺失，但是，"only"更多强调的是"alone"的含义，"alone"和"lonely"到底并非对等关系。最有意思的是下一句中，"不敢忘"译作"I dare not"，而"思君"作为中国诗学史上最著名的意象之一，以"my dear lord"来译，则离愁别恨的情思瞬间转为一种俏皮。感情色彩大打折扣。

"Yet"的出现意味着一种情感的补偿。在情节被置于首位，在语际转换中享受着优先保留权和完整保留权的现实下，情感似乎是作为一种附加的成分而寻求传递与转换的。"不觉"译为"I do not know"显得口语色彩稍重。

"清商"可以看作一个抽象的视象。一方面，它作为一首名曲，可闻其声不见其形；另一方面，它又真实存在。且"商"在古代五音中属于声调悲凉凄切一型，"melancholy"洽和其意。但"清商"又指"肃杀凄清的秋风"，在此层面其与首句"秋风萧瑟"相呼应。

"夜未央"是一个以现象喻时间的表达，指"夜已深而未尽"。这是古人独特的测定时间的方法，即观星。"night is deep"却不含"夜未央"背后的文化韵味。尤其是"夜未央"暗含了一个时间的流变过程，而"deep"则是最终呈现的状态。前者是一种诗情画意的表达，后者仅仅作为一种事实呈现。

"牵牛""织女"在我们的诗词里更多指代的是具体的神话传说中的人物，其作为星宿而存在的事实被隐去，存而不谈。因为大多数古人都相信，真的存在"牛郎""织女"，真的有七夕"鹊桥相会"。故而提及之，必使诗文沾染一层神话色彩。译文则秉承着"求实精神"，将之直接在译文中阐释为"star"。少了几分传奇，倒是流露出实证的意味。

最后一句包含了一个视角的转化。"尔"指牛郎织女，是把其当作"受述者"来进行一场对话，而译文则第三人称称之"their"。"何辜"挑明了叙述者的立场，支持其在一起，而同情其有情人被分开的遭遇。"what is wrong"则平淡了语气，一如日常中的对话。"限河梁"是一个事象，借用了牛郎织女神话的典故，"be kept apart"是出于功能对等的一种译法，表示被分开，失了原文的神韵。

译文总是在尝试把审美意象置于认识对象的位置去考究事实究竟是什么。这与其美的概念及传统有关。而原文浑然天成，圆融一体的特征被极大消弭。此外，我们不难发现，古诗中的审美对象常常现身于日常生活之中，或者说其体现了中国人日常生活的审美化倾向。"秋风""草木""燕""鹊""琴""月光"，甚至"独守空房""泪下沾衣"都成了一种审美的对象，被用来获取人生的诗意体验。而译文中这些都变成了客观的事物与生活状态本身，并未凝结着一种诗意的情结。与其说他们是一种意象，不如说他们是接受者认识的诗所描述的生活对象。

审美活动与日常活动的界限在西方极为明确，主要体现为艺术的职业化倾向。诚然，"作为社会中人与世界的一种精神关系，审美活动具有非现实性的特征。审美活动着眼于现实的人生，寻求理想的实现与愿望的达成，从中提升和超越自我。"① 然而，我们却不能否认，审美活动离不开主体对于审美对象的深层想象。审美本身就是超越所谓日常生活而产生的独特心灵状态。

又如：

子夜四时歌·春歌

春林花多媚，春鸟意多哀。
春风复多情，吹我罗裳开。

Spring Song

How vernal flowers fascinate!

How vernal birds sing desolate!

How vernal wind brings love to my heart!

It blows my silken skirt apart. ②

在明媚春光中，有艳丽的春花，有啼叫的鸟儿，有暖暖的春风，还有

---

① 朱志荣：《中西美学之间》，上海三联书店 2006 年版，第 230 页。
② 许渊冲译：《汉魏六朝诗》，中国对外翻译出版公司 2009 年版，第 333 页。

一个身着罗裳的"我"。"我"在干什么呢？似乎没有人关心。为何呢？"花媚"与"鸟哀"相辉衬映。鸟如何有意，又如何意哀，不过都是"我"的心情写照。春风习习，如何多情？不过是"我"多情，"我"的愁思沾染了这春风，似乎风含情诉意。关于客观存在的事件被无限淡化，瞩目焦点在于"我"到底满怀着怎样的情思，以致鸟有意风含情？换言之，原味的出发点是情，而花、鸟、风都是审美对象。而译文中，"how"既有"如何""多么"之意，又有"方式"之意。与情有关的"境"则变成了一种和"如何这样呈现"，以及"方式如何"的存在性事实。

第二章　意义的起点与归宿：
本土语境中的中西诗歌

鲍斯威尔在《约翰生》传中记录了这样一件事。他说，自己曾与约翰生谈译诗，约翰生说：

> 说实话，诗是不能翻译的。因此，是诗人在保留语言；因为如果人们通过翻译能照样地获得所写出的一切东西，那么他们就不肯费心去学习一种语言了。但是诗的美只能在原作中保留，而不能在任何其他语言中保留，因此我们就得去学习写诗的那种语言。①

诗，不像科学书，不像历史书，可以被精确地翻译。约翰生的观点代表着译学界对于诗歌翻译的普遍观点，即诗歌不可译。不过，与此同时，他又隐蔽地提出一种解决方案，即在描绘诗的语言上着力用心。然而，我们却无法否认，恰恰是透过翻译方可照见诗之本体，意义也因此得以细细剥离，逐层而观。就译文本身而言，其体现两种翻译策略：一种贴近原文，或者说源语言语境，即异化（foreignization）；另一种贴近目的语语境，即归化（domestication）。在归化与异化的博弈中，渗透并进一步滋生着一个关于文化认同与伦理的问题。

首先，翻译作为一种语际转换行为，不单单是对于语言的变更和语义的传递，更是一个"去语境"和"重构语境"的过程。所谓去语境，即"破坏或消除原文文本的一些因素，原作的意义根植于原文的文学传统及

---

① 丰华瞻：《中西诗歌比较》，生活·读书·新知三联书店 1987 年版，第 6—7 页。

互文网络中，翻译就是将文本从这一网络中截取出来，再移入另一语言"①。而重构语境，即"在目的语文化中重建语义的过程，译文以目的语语境为原作进行再创作"②。在源语言语境中，将原文文本从其根植的诗学传统与互文阐释中剥离出来，提炼其意义，并在目的语语境中，利用其诗学与文化提供的各种质素重新将意义表达出。

其次，对于不同的文体，这种意义的重塑各有不同侧重。比如科技文本，信息的准确性是优先考量的因素。而对于古诗这种极具审美价值的文体而言，与诗歌精神、审美价值相关的文本因子是传递的核心所在。翻译如改写，在脱离了源语言时空语境与互文阐释的意义网络之后，如何在目的语中产生较为理想的审美效应，是我们必须直面的问题。

再者，当深深烙印着源语言语境中意识形态、政治策略、文明程度、宗教习俗等各种特征的文本，遭遇目的语的相关因素的操控与制约时，译者与读者都必须在两种文化中做出一种靠谁更近一些的选择。

　　这些影响有可能上升到民族的意义层面：翻译能够制造出异国他乡的固定形象，这些定式反映的是本土的政治与文化价值，从而把那些看上去无助于解决本土关怀的争论与分歧排斥出去。翻译有助于塑造本土对待异域国度的态度，对特定族裔、种族和国家或尊重或蔑视，能够孕育出对文化差异的尊重或者基于我族中心主义、种族歧视或者爱国主义之上的尊重或者仇恨。③

翻译具有特殊的塑造功能，主要表现为建构"他者"的固定形象。而这种建构必然会受到本土语境下政治取向、价值观念、文化传统等诸方面的影响。建构过程也会本能地对一些无助于"本土关怀"的因素进行特殊处理，或删除或解构。这无疑是一种隐形的归化策略。于是，本土语境中的人们在这种"意识"的介入下被导入一种共同观念，集中表现为对于

---

① 刘军平：《西方翻译理论通史》，武汉大学出版社 2009 年版，第 447 页。
② 刘军平：《西方翻译理论通史》，武汉大学出版社 2009 年版，第 447 页。
③ ［美］劳伦斯·韦努蒂：《翻译与文化身份的塑造》，查正贤译，刘健芝校，载许宝强、袁伟选编《语言与翻译的政治》，中央编译出版社 2001 年版，第 360 页。

"异国"，对于"他者"的共同态度。

众所周知，文化认同是文化主体在强势文化与弱势文化之间进行权衡、选择以确定其集体身份的过程。在与异域文化交流的过程中，翻译是再现异域文化身份最直接的方式。操控异域形象建立的过程也是强化本土形象的过程。靠近目的语本土，即归化，对于自视甚高的强势文化是一种无需辩驳、理所应当的行为。在这一过程中，文本与源语言语境的距离被拉开，其相较于目的语语境的异质性特征在不同程度上被消弭。在增加译文可读性的同时，译文本身的"异国风味"也在被遮掩，强势文化希冀的一个生长在异域文化中的"我"正在被建构。而被韦努蒂斥责为"翻译丑闻"的排斥异质性的翻译方式，正是背离了基本伦理的种族中心主义在翻译中的现身。

是故，在我们针对古诗翻译展开具体研究时，首先要对源语言与目的语所生存的基本空间与依循的诗学传统进行尽可能全面的了解，从而确定归化与异化策略的实施，或者说，在何种层面进行何种选择。且由于古诗翻译必然以文学文本的形式为载体，所以，译文要接受双重语境中的诗学传统的规约与评鉴。

第一节　归化与异化：翻译诗学的品鉴

一　归化与异化的基本概念

早期的翻译理论大都囿于语言学的窠臼，强调从文本本身出发对译文进行阐释。所以，"字对字"还是"意对意"的争论持续了千年。当代西方文艺理论的研究重点发生了两次转向——由作者转向文本，又由文本转向读者，翻译研究也不可避免地受到了这种转向的影响。20世纪之初，占据主流地位的象征主义、意象派、直觉主义以及精神分析批评等都将探究的重点放在作者这一因素上。到了二三十年代，随着语义学、英美新批评思潮的兴起，文学研究的重点由关注作者转向文本本身。这种对于文本的关注也离不开语言学的发展。这一阶段，奠基于索绪尔语言学基础之上的结构主义语言学兴起。到了 60 年代，其与布拉格学派、伦敦学派、交际理论学派一起，共同为西方翻译理论的语言学派的发展注入了新的活力。

20 世纪之前的翻译理论并没有系统的理论体系，其大都以规约性为显现形态，即基于"成功的翻译为实践本身提供指导"这一原则。比如，文艺复兴时期的法国翻译家艾蒂安·多雷（Étienne Dolet）在《如何出色的翻译》中提出"翻译五原则"，以及后来的英国翻译家泰特勒（Alexander Fraser Tytler）在《论翻译的原则》中提出的"翻译三原则"，等等。

20 世纪 50 年代之后，不少翻译家开始从语言学的观点出发尝试解读翻译学中的一系列问题。无论是奈达的"形式对等"与"动态对等"（后发展为"功能对等"）、纽马克的"语义翻译"与"交际翻译"，还是科勒所归纳的五种不同的"对等"、卡特福德的"文本等值"与"形式对应"，等等，都反映了"对等"是翻译的中心问题。到了 60 年代以后，随着解释学、接受美学等思潮的兴盛，我们对于文本的关注逐渐转向对读者的重视。投射于翻译研究之上，我们更加注重从更广阔的视角对翻译行为进行诠释，比如 60—80 年代兴起的"目的论"与"功能派"。如果说，与其大约处于同一时代的"多元系统论"之诞生预示着我们开始综合考虑文本内部因素与对结果造成影响的外部因素，那么 90 年代的文化转向则促使我们将关注的目光更多地留驻于外围因素，或者说，文化转向之后基于文化语境视角对翻译文本进行阐释已经成为一种自觉。

作为一种 80 年代后的翻译理论，文化学派的科学性主要表现在为将翻译置于两种息息相关的生长语境来考量。

> 20 世纪 80 年代以后的翻译研究，试图走出翻译学科本身的局限，朝着跨学科方向发展，而文化研究的跨学科性质，又给翻译研究提供了结合点和契机。①

文化转向赋予翻译新的发展契机。翻译逐渐超越语言层面的文本限

---

① 刘军平：《西方翻译理论通史》，武汉大学出版社 2009 年版，第 397 页。

制，走向更广阔的文化语境，通过研究对翻译产生影响的文化元素，更加深入地探析意义生产机制。同时，充分利用各个相关学科的成果对翻译现象进行剖析、阐释，从不同维度对翻译展开透视。

文化学派的代表人物苏珊·巴斯内特（Susan Bassnett）与安德烈·勒菲弗尔（Andre Lefevere）曾指出，无论是古代译论还是现代译论，"对等"或者说"等值"都是实践的终极理想，亦是研究的核心所在。两人在其合著的《文化建构——文学翻译论集》（*Constructing Cultures：Essays on Literary Transletion*）中，将各时期的翻译归类为三种模式，即杰罗姆模式（The Jerome Model），贺拉斯模式（The Horace Model）和施莱尔马赫模式（The Schleiermacher Model）。① 杰罗姆模式，以《通俗本圣经》的翻译家圣·杰罗姆命名，指将"忠实"提高到核心地位的翻译模式。由于《圣经》的崇高地位，其权威性与神圣性必须通过完全忠实来体现。贺拉斯模式以古罗马诗人兼翻译家贺拉斯命名。"在贺拉斯看来，译者的职责是赢得客户的信任，满意地完成客户交给的任务。为此，译者需要在客户之间、两种语言之间以及赞助人和译者之间进行谈判、沟通和调停。"② 可见，由于《圣经》在西方世界的崇高地位，其翻译始终以"忠实"为首要原则，是一种靠近原文的翻译方式。而贺拉斯的翻译主张则明确显示翻译应该更靠近读者。

18 世纪末 19 世纪初的翻译理论家施莱尔马赫（Friedrich Schleiermacher）则将这两种倾向，明确为顺化（naturalizing）与异化（alienating）。

> 译者要么尽最大可能保持作者不动，而使读者不断接近作者，要么使读者不动，而使作者向读者靠拢。③

---

① 参见 Susan Bassnett and Andre Lefevere, *Constructing Cultures：Essays on Literary Translation*, Shanghai：Shanghai Foreign Language Education Press, 2001, pp. 1–10.

② 刘军平：《西方翻译理论通史》，武汉大学出版社 2009 年版，第 12 页。

③ Friedrich Schleiermacher, "On the different methods of translating", in Jeremy Munday, *Introducing Translation Studies：Theories and Applications*, Shanghai：Shanghai Foreign Language Education Press, 2010, p. 28.

　　施莱尔马赫推崇第一种翻译方式，即使作者安居不动，译者努力使读者向作者靠拢的"异化"翻译方式。其"顺化"（naturalizing）与"异化"（alienating）这一对表述后来被韦努蒂（Lawrence Venuti）变为"归化"（domestication）与"异化"（foreignization）。

　　文化转向带给翻译的不仅仅是一个新的阐释维度，更多的是使我们拥有一种自觉的意识，即把翻译这一行为，以及与此行为相关的一切置于一个更为广阔的时空语境去审观。从这一视角而言，古往今来的翻译可以分为两种：一种靠近作者，另一种靠近读者。前者是为"异化"。后者是为"归化"。

　　　　翻译是对外语文本中的语言和文化差异展开的强制性替换，从而为目的语读者提供一种易于理解的文本。①

　　归化翻译，是用明白晓畅的语言表述，努力贴近读者。流畅性是归化译文的最大特点。作为长期以来置顶英美文学界的翻译标准，"流畅"的代价并不仅仅是语言的通俗化，意象的本土化，更深层的则是价值观的趋同化。"Translatorese"，即翻译腔，是一种明显具有贬义色彩的表述。任何带有源语言色彩的表述，如俚语、谚语，或是源语言语境中的典型意象，都会被视为翻译腔。翻译腔响起的刹那，译者本应藏匿的身影已现身。

　　韦努蒂认为，"归化"和"异化"并不是单纯的翻译策略选择问题。两者并不是非此即彼的二元对立关系。在具体的翻译过程中，我们甚至很难辨别究竟是"归化"还是"异化"。两者常常杂糅一体。故而，欲厘清这一问题，我们需要将之置于更广阔语境之中，充分考察文化、政治、历史等因素。

　　由是而言，译者的隐身与归化翻译，都是被强势文化的话语体系所提倡的翻译方式。归化与异化，绝非单纯的是为一种语际转换层面的选择。从意识形态角度看，其深深根植于文化霸权主义、身份认同与伦理道德。所以，无论是施莱尔马赫还是韦努蒂，当然，还有介于二人之间起着承前

---

① Lawrence Venuti, *The Translator's Invisibility*：*A History of Translation*, London and New York：Routledge, 1995, p. 18.

启后作用的法国翻译理论家贝尔曼（Antoine Berman），都提倡以"异化"抵抗文化的入侵，捍卫本民族语言与精神独立性。

> 韦努蒂（Venuti，1995：20）把异化方法视为"一种对'目的语文化'价值观种族偏离性的压力，显示外语文本的语言及文化异质性，把读者推到国外。"他说，"为了限制翻译的种族中心主义暴力"，这种方法"极为可取"；换言之，异化方法可以限制英语世界"暴力性"的文化价值观。异化策略也被韦努蒂称作"抵抗"（resistancy）（pp. 305-306），是一种不流畅或疏远的翻译风格，意在通过突显原文的异质性身份，并保护其不受译入文化的支配，显示译者的存在。①

韦努蒂有时被划归为翻译理论的解构学派，有时被划归为文学学派。不可否认的是，归化异化问题是一个超越了学派、流派的，从更为广阔的背景、更加具体的语境出发去体认翻译文本、审观翻译行为的，甚至超越了翻译策略本身的译学问题。其为我们从实践出发，立足于理论高度探究古诗翻译问题提供了科学的阐释维度。异化的翻译策略，对于我们保持古诗特色、弘扬民族文化，增强人民认同感具有不可忽视的作用。那么，如何进行古诗的异化翻译呢？

古诗翻译作为典型的文化翻译，其异质性首先体现在语言形式上。

二 因循与创新：中西诗歌的形式差别

1. 音韵之别

音韵是古诗最突出的特点之一。辜正坤曾把古诗的音韵特征称为"音

---

① Jeremy Munday, *Introducing Translation Studies：Theories and Applications*, Shanghai：Shanghai Foreign Language Education Press, 2010, p. 147.

注1：其中所涉及文献出自 Lawrence Venuti, *The Translator's Invisibility：A History of Translation*, London and New York：Routledge, 1995.

注2：该译文参考本书中译本，［英］杰里米·芒迪：《翻译学导论——理论与实践》，李德凤等译，商务印书馆 2007 年出版，第 208 页，所选内容具体译者为韩子满。

象"，与视象、义象、事象、味象并列为"五象"。中国古诗的音节韵律有一套十分严整的规则。

首先，在体裁上，古诗分为古体诗和近体诗。两者的区别主要体现在格律上，前者有韵无律，后者有韵有律。古体诗全诗可以只有一个韵，也可以换韵，平声韵、仄声韵均可，且韵字可以重复使用，比如古诗十九首。而近体诗除了押韵之外，还有严格的格律限制。一般情况下，一首诗用同一个平声韵，首句可押可不押，其余句子偶数句用韵，且韵字不可重复使用。近体诗又可依据诗句数量与每句字数分为：绝句（每句五字，分五言绝句、七言绝句）、律诗（每句七字，分五言律诗、七言律诗）、排律（十句以上）。

近体诗讲究格律，格律包括五种特征，除了上述与分类有关的"字数""句数""押韵"之外，还包括平仄与对仗。就平仄而言，句内相间，联内相对，联间相粘。就对仗而言，除首尾二句，中间各联一般也要对仗。

英文诗的韵律则是依托于音步与重音而实现的。

> 汉语诗的每个词并不是一个单纯的音节。实际上，它相当于对应语言中的音步。如已证的那样，有相当一部分汉语词是双音节，而在吟诵时，它们需要重读和拖长，这与我们在非重读音节上匆匆念过的方式截然不同。[1]

汉语属于表意体系文字，一个汉字的读音是一个音节，其与英语语言文字上的差异决定了诗歌节奏的不同。"律句的节奏，是以每两个音节（即两个字）作为一个节奏单位的。如果是三字句、五字句和七字句，则最后一个字单独成为一个节奏单位。"[2] 这个节奏被称为"顿"。古诗的节奏与其语句的结构密切相关，比如五言律诗常有三顿、七言律诗常有四顿。而英语是一种多音节的文字，所以其韵律殊异于汉语依托于单音节音

---

[1]　John Davis, "On the Poetry of the Chinese", *Transactions of the Royal Asiatic Society of Great Britain and Ireland*, Vol. 2, No. 1, 1829. pp. 393–461.

[2]　王力：《诗词格律》，中华书局 1977 年版，第 117 页。

象组建的音韵规则。有趣的是，在英语中有两个表示韵律的词，即 metre 和 rhythm。尽管这两个单词都被译作"韵律"，二者也常被当作同义词使用，但是，它们的内涵并不完全一致。

> 事实上，就诗歌这种文体而言，"rhythm"和"metre"难以区别，有很多评论家把它们当作同义词或可以互换的术语。然而，在整体文学语境中，我们不否认这两个概念是可以区分的："metre"通常是就诗歌研究而言的用词，而"rhythm"则是一个宽泛的概念，其意义不限于诗歌这种文体。你可以分析诗歌的 rhythm，也可以谈散文、随笔的 rhythm，演讲的 rhythm，rhythm 甚至可以指移动的蒸汽机发出的有节奏的声音。诗歌是一种特殊的语言形式，所有语言都有韵律；区别就在于诗歌具有可辨识的韵律规律，当然无韵诗不在此列。①

故就诗歌研究本身而言，metre 与 rhythm 可谓殊无二致。然而，rhythm 还有"节奏"的意思，metre 则没有。不过，它们并不同于中文中的"格律"。从宏观上看，metre（rhythm）与格律都指作诗的格式与规则，就此层面而言，两者互译有科学之处。而从微观处细思之，"格律"包含字数、句数、平仄、押韵、对仗等多重因素，而 metre 的核心单位则是音节、音步与重音。

> 所谓音节，是指口腔器官通过一次发声所形成的一个单词，或者词的一部分。它可以构成一个完整的词，也可以是较长词的音节元素。②

比如，"a""are""meet"都是单音节词；"portion""table"都是双音节；"population""telephone"则是多音节。英语中有 20 个元音，一个元音可构成一个音节，一个元音音素和一个或几个辅音音素结合也可以构成

---

① John Strachan and Richard Terry, *Poetry*, Edinburgh：Edinburgh Vniversity Press, 2011, p. 72.

② John Strachan and Richard Terry, *Poetry*, Edinburgh：Edinburgh Vniversity Press, 2011, p. 74.

一个音节。辅音音素是不能构成音节的，但是其中［l］、［m］、［n］、［ng］是响音，其与辅音音素结合也可构成音节。这四个辅音构成的音节多出现在词尾，一般是非重读音节。

音节是最小的语音单位，一个重读音节与一个或两个轻读音节则组成了一个音步。

音节可以被描述为一种自然发生的生理事件，音步则是基于纯韵律学目的而生的概念（正如语言本身，韵律学是一种传统的描述体系）。两个或三个音节组合在一起形成一个韵律单位，即音步。音步并不拘泥于单词的限制，它可以包含两到三个单词，又或者不足一个单词。需要明确的是，音步才是分析英文韵律的基本单位，不是单词，也不是音节。①

音节与音步的关系主要表现在——最少两个，至多三个音节方能组成一个音步。而音步仅仅以"音节"为单位计算，并不囿于单词本身的界限。"英诗中的一个音步有一个重读音节，此外还有一个或两个轻读音节。"② 换言之，一个重音节与一个轻音节（或者两个轻音节）组成一个音步。单音节词单独读时都重读，而不必标重音符号；两个或两个以上的音节才有重音。有重读有轻读就会产生声音的起伏，即节奏。根据重读与轻读的组合，我们可以把音步分为四种类型：抑扬格、扬抑格、抑抑扬格和扬抑抑格。一个诗行由若干音步构成，根据音步的数量，每诗行的音步数由一到九不等，分别被称作：一音步、二音步直到九音步。那么，我们平时经常说的诸如"抑扬格五音步""扬抑格六音步"等是什么呢？其实，这些都被称作"音步律"（metre），是对于一行诗的音步类型和数量的统称。抑扬格五音步，就是 iambic pentameter。

诗的格律包含节奏与韵律，那么英诗的"metre"（rhythm）之外的韵律，即 rhyme，又是什么样的呢？

---

① John Strachan and Richard Terry, *Poetry*, Edinburgh：Edinburgh Vniversity Press, 2011, pp. 74-75.

② 吴翔林：《英诗格律及自由诗》，商务印书馆 1993 年版，第 14 页。

英语中的韵有三种：头韵（alliteration）、腹韵（assonance）和韵脚（rhyme proper）。所谓押头韵，就是两个或几个相邻或相隔不远的词以相同的一个或几个辅音音素开头，比如 waving-want，like-light，wind-wish。这种相同仅仅是就发音而言的相同，字母不足为意。比如，kind 和 keen 是押头韵，但 knight 不是，因为后者的辅音是［n］，而不是［k］。头韵比较类似与汉语的双声，比如蹉跎、冷落、慷慨、流利等。"如果两个或几个词的重读元音音素相同，而头尾的辅音音素不同，则构成腹韵。"① 比如，hat-man，fish-swim 等。但由于在现在汉语中腹韵的功能已经被韵脚所包含，所以甚少论及。

诗的尾韵被称作韵脚，分为单音节韵（monosyllabic rhyme）、双音节韵（disyllabic rhyme）、三音节韵（trisyllabic rhyme）。若押韵的重读音节的元音相同，则是单音节韵，比如 fight-height，wake-take；若押韵的重读音节后还有一个轻读音节，则其为双音节韵，比如 time-mime，wrong-long；若押韵的重读音节后有两个发音相同的轻读音节，则其为三音节韵，比如 scornfully-mournfully，humanly-womanly。

格律意味着节奏（或者说顿）与韵的双重特征，所以，严格说来，无论是 metre 还是 rhythm 都更侧重节奏，rhyme 表示韵律，两者所代表的双重特征才是完整的格律，即 versification（或者说 prosody），其与汉语中的"格律"才是更加对应的表达。

2. 形式之辨：比兴与隐喻

如第一章所言，"隐喻"和"类概念"提高了我们认识世界和表达情感的效率。在超脱于修辞范畴的广阔视域中，表现手法总是连通着人类的思维，反映着我们对于世界的认知。诗歌中的表现手法，不仅仅是提高艺术表现力的主要手段，更是我们探析中西思维之差别、观与识之歧异的重要依据。就诗歌这一文体而言，其集中体现在"比兴"与"隐喻"的殊异。

"比兴"是古诗中最常用的表现手法。朱熹曾作如是解释，"比者，以

---

① 吴翔林：《英诗格律及自由诗》，商务印书馆 1993 年版，第 103 页。

彼物比此物也"，"兴者，先言他物以引起所咏之词也"。比如，"桃之夭夭，其叶蓁蓁，之子于归，宜其家人"之中，"桃之夭夭，其叶蓁蓁"与"之子于归"也没有必然的逻辑关系；又如"绵绵葛藟，在河之浒。终远兄弟，谓他人父。谓他人父，亦莫我顾"，本讲骨肉离散之痛，却以"绵绵葛藟，在河之浒"开端，两者之间的关联也似乎需要读者发挥一番想象力。

比兴是我们创作的重要手段。自从《毛诗序》将之归为"六义"起，后人多有论述。东汉郑玄将之阐释为："赋之言铺，直铺陈今之政教善恶；比，见今之失，不敢斥言，取比类以言之；兴，见今之美，嫌于媚谀，取善事以喻劝之。"西晋的挚虞在《文章流别集》中言："比者，喻类之言也；兴者，有感之辞也。"南北朝时期，刘勰在《文心雕龙》中专门列篇论述比兴。又如唐初，陈子昂将其发展为"兴寄说"。对于"比兴"的探讨表明了其在中国古诗研究中，乃至中国诗学中的地位。相较于一种修辞，其更应被界定为一种具有普遍性的诗歌表现法。在漫长的诗歌史中，比兴已经演化为一种独特的意义生成机制，也是意义产生的基点。

而西方之隐喻也是源远流长。早在三千多年前，早期的史诗中就大量使用了隐喻，比如《荷马史诗》。亚里士多德曾说："正是通过隐喻，我们才能最好地把握一些新鲜的事物。"[1]

隐喻与比兴都是通过事物之间的联系来表达内涵的表现方法，但是两者并不一致。这种殊异就类似于再现与表现一般微妙而深刻。比兴是因物起兴，触发内心的情感而进行创作。

3. 意象之殊：意象与 image

意象与英文中的 image 对应，但是，由于两者生成于不同语境，其内涵归根结底自洽于各自的文化体系。意象是一种艺术化的形象，是寄托着主观情感的客观物象。在中国，刘勰最早在《文心雕龙·神思》中提出"意象"一词。而西方关于意象的论述主要来自庞德和他的意象主义。中西诗歌意象的不同并不主要体现于具体诗歌中所选取的具体事物，更多的

---

① ［英］泰伦斯·霍克斯：《隐喻》，穆南译，北岳文艺出版社 1990 年版，第 18 页。

是表现为选取的事物背后隐藏的物与人类情感的关系上。

> 意象派诗歌特别突出了意象和直觉的功能。实际上，意象派诗中的"意"是作为"象"表现出来并被感受到的，这与中国诗学的"意境"说相似。意象就是诗人直觉所见之象，其中融汇着诗人的"意"，包括智性与情感。这是"意"与"境"的契合，情和景的交融。①

所谓的相似，是指两者之间的联系，虽然黯化其区别，却也道明了中西之"意象"似而不同，类而相别。

从主客关系上讲，中国诗歌的意象是在心物交融的基础上选取的。王昌龄在《诗格》中提到关于意象的具体运作过程："搜求于象，心入于境；神会于物，因心而得。"而西方对于意象的界定则以一种物我对立的形态呈现。庞德将之阐释为一种"一刹那时间里呈现理智和情感的复合物的东西"②。

从意象的呈现上讲看，中国意象"语不接而意接"而西方的意象则"意象叠加并置"。比如，"枯藤老树昏鸦，小桥流水人家"通过一组意象的叠加，增强了诗歌的美学表现力，而六个实词彼此之间并不存在传统语法上的关联。他们之所以并没有带给读者一种语意上的生硬感，是因为其所蕴含的意义的浑融。在西方，庞德与其意象派在中国诗歌中学习借鉴了意象表现方式而创作出一系列西方语境下的意象，其使用方式被庞德称之为"意象叠加"和"意象并置"。意象的并置就是将一系列诗歌的意象以蒙太奇似的手法展现为一个"浑融的整体"，有机统一的审美对象。比如"道由白云尽，春与青溪长，时有落花至，远随流水香"。意象的叠加则是一种类似隐喻运行机制的艺术技巧。"与一般隐喻不同的是它的喻体和喻本之间没有联系词，而是由两个具体意象叠在一起，由读者进行想象，找

---

① 黄宗英：《缪斯的旋律——欧美诗歌史话》，海南出版社1993年版，第111页。注：本书出自吴元迈主编《世界文学评介丛书》，海南出版社1993年版。

② ［英］彼得·琼斯编：《意象派诗选》，裘小龙译，重庆大学出版社2015年版，第305页。

出两个意象相比的微妙之处。但读者不能按常规的方式进行想象，而应在想象中进行跳跃，找出两个意象之间的无形的桥梁。"[1]

从意象的表达上看，古诗中的意象以简洁的语言抒发隽永的情思，选取一种形而上的意象，而西方的诗歌则不然。"象外之象"[2]与"韵外之致"[3]可谓是中国诗歌美学的最高境界。换言之，"言不尽意"与"意在言外"正是古诗的玄妙所在。只有神会于物，象方可"因心而得"。西方的象则是主观对于客观的直观反映，只要如实的记录下那一刹那的心理状态，不要任何阐释与修饰，直觉地认知让我们产生"悸动"的象，以及象与大脑、心灵产生的"感应"的显现状态，就是意象的终极归旨。是也，中国的意象强调由意而象，西方则相反。这些生成于不同语境的形态特点，是诗学传统的直接体现。

第二节　中西诗歌的传统与趋向

正如人在成长过程中不可避免地受到传统的影响，诗歌的生成也必然依从着一定的传统规约，体现一方语境之下的诗学传统。当诗歌被置于语际转换中，译文俨然成为两种诗学博弈的翻译场。如果说译文的独立性集中体现在其一旦生成便具有独立文本的一系列特征，那么其与双重语境下诗学传统的天然联系则表露于译文所呈现的中西诗歌的主要特征之中，而支配着中西诗歌特征的正是源远流长的诗歌传统。由是而言，这至关重要的双重诗歌传统是如何在历史的时空中流变与发展的？它们又为何显现为这般不同？这一切都要从诗歌的源头说起。

---

① 李创国：《英汉诗歌意象比较》，《华南师范大学学报》（社会科学版）1995 年第 2 期。

② 语出自司空图《与极浦书》："戴容州云：'诗家之景，如蓝田日暖，良玉生烟，可望而不可置于眉睫之前也。'象外之象，景外之景，岂容易可谈哉？"

③ 语出自司空图《与李生论诗书》："近而不浮，远而不尽，然后可以言韵外之致耳。"

一 神话与现实：中西诗歌的渊源

中西诗歌都有悠久的历史，西方诗歌发端于《荷马史诗》，而中国诗歌起源于《诗经》，由此奠定了西方文学的史诗传统与中国文学的抒情传统。

> 读中国诗的人会注意到，中国诗从古到今，差不多都是抒情诗。而研究西洋文学的人，会知道：西洋诗的重点在于史诗。这是两个不同的传统。中国文学中的抒情诗传统，和西洋文学中的史诗传统，是中国与英美的诗歌的一个重要区别。①

中国诗歌从《诗经》开始，至《楚辞》、汉魏《乐府》，进而唐诗、宋词都是抒情的，元朝戏剧、散曲也多为抒情诗篇。虽有《孔雀东南飞》与《木兰诗》这样杰出的叙事诗，归根结底未成主流之势。而西方继《伊利亚特》《奥德赛》之后，又有罗马诗人维吉尔仿作的《伊尼特》问世。中世纪英国的《贝奥武甫》、德国的《尼伯龙根之歌》、法国的《罗兰之歌》以及西班牙的《熙德之歌》，文艺复兴时期但丁的《神曲》、路德维柯·阿里奥斯托的《愤怒的奥兰多》、17世纪弥尔顿的《失乐园》《复乐园》《力士参孙》，18世纪歌德的《浮士德》，19世纪拜伦的《唐·璜》、赫尔曼·梅尔维尔的《克拉瑞尔》，20世纪的 G. K. 切斯特顿的《白马之歌》等，都是各个时期史诗的卓越代表。中西诗歌传统之所以会有这样宏观的分野，离不开其生长的语境。

> 诗歌是文学的重要形式，也是文学的最初形式；诗歌发生问题的研究，就是文学发生问题的研究。独立的、成熟的诗歌如古希腊的荷马史诗、我国的《诗经》、印度的《梨俱吠陀》产生于"轴心时代"，这些已经形成的诗歌，是在原始文化的土壤里生长和发展起来的；而

---

① 丰华瞻：《中西诗歌比较》，生活·读书·新知三联书店1987年版，第13页。

诗歌在原始文化土壤中生长发展的历史，是一个一直未被注意的问题。①

原始文化土壤，就是两种诗歌传统生成的语境。《荷马史诗》作为西方文学的发轫之作，奠定了西方文学的史诗与叙事传统。究其原因在于《荷马史诗》包孕的丰富、完整又自成体系的神话系统，为后世文学创作提供了取之不尽、用之不竭的素材。

众所周知，古希腊作为一个地域概念，其指包括希腊半岛、爱琴海和爱奥尼亚海上的群岛和岛屿、土耳其西南沿岸、意大利西部和西西里岛东部沿岸地区。"这种多山、临海以及多岛屿的地理环境与阳光灿烂、冬无严寒夏无酷暑的地中海气候对希腊人的精神特性产生了深刻的影响。在他们被群山所阻隔的狭小生活空间里，土地并不十分富裕，主要只能种植葡萄和橄榄，还有少量的粮食作物。但是也无需终日面朝黄土、背朝天地辛苦耕耘。陆地上的交通因为山脉的阻隔而显得不便，但他们的国土通向广阔的大海。"② 这正是海洋文明与陆地文明的不同，也正是这种海洋文明的特征铸就了古希腊人的勇敢、刚毅、热情、机敏、勇于斗争的性格。又或者说，这些正是生存于此环境中必备的性格。

原始史诗是最早的伴随着西方早期文明的进程而产生、发展的文学形式。在理性尚未发迹，反思能力匮乏的年代，人们不得不诉诸其强大的感知力与想象力，即诗性智慧，用以己度物的方式描述现实，将其所认知的世界划归为"类概念"之中。故而，史诗以强烈的神话与感性色彩记录先人眼中的现实，其所歌颂的常常是本领卓绝超群的英雄人物。这些英雄人物不仅与神有着千丝万缕的联系，流露着"神性"与传奇的气质，且具备一种救赎般的超能力。

神话与诗，或者说与史诗天然就具有联系。

首先，发展较为完备的神话，尤其是产生了明确神谱或圣书的神

---

① 朱炳祥：《中国诗歌发生史》，武汉出版社 2000 年版，第 1 页。
② 吴晓群：《希腊思想与文化》，上海社会科学院出版社 2012 年版，前言第 2 页。

话，它为诗歌提供了一个完整的语言交流的纲络。职责、命运、意义、生命境遇以及任何可以用语言表达的内容，都能在可接受的神话中找到解释。正统的基督徒与穆斯林对待《圣经》与《古兰经》就是这样，所有的宗教也如是看待其圣书。诗人鲜少享有此般权威，但如果其有着极为恢宏的想象力，则其倾向于深入思考人生最重大的问题，并被各种纷繁流派吸引，比如史诗，他们的主要诗歌极有可能是对神话的再创造。①

神话是文学最初的资料库。它依靠相对完整的神学谱系，向人们展示了一个与人类社会相对的神的社会。此间还包括具有神性与传奇色彩的英雄人物。而神话中所勾勒的神的社会中诸种模式与其所展示的诸般关联，以及运作方式，都为人类社会提供一种模板。当诗人在描述所思所想、所见所闻时，通常能在神话构建的体系中找到对象的表达。这种表达不是照搬神话故事本身，而是以神话故事相关内容为母题，在此基础上加入新的内容，尽力实现作者理想中的叙述。

其次，神话多与神有关，而神通常与物质世界一些方面（或者所有方面，又或者与基督）有关联。关联又通常体现为身份认同，以隐喻而表达：于是，当我们提起"阿波罗"，纯隐喻看来其指"太阳神"。因此，神话足以使诗人以不同寻常的方式发挥隐喻与自然意象的最大作用，并以极具想象力的方式去识别人类情感与天性。②

隐喻与意象的使用正是诗歌诉诸语言得以表达的方式。隐喻与诗歌同质，是诗歌的生命原则，也是诗人的主要文本和荣耀。雅各布逊认为，语言有六种功能——情绪的（emotive）、指称的（referential）、诗的（poetic）、交际的（phatic）、意动的（conative）、元语言的（metalingual）。

---

① Jean O'Grady and Eva Kushner, eds. , *The Critical Path and Other Writings on Critical Theory, 1963—1975*, Toronto: University of Toronto Press: 2009, p. 136.

② Jean O'Grady and Eva Kushner, eds. , *The Critical Path and Other Writings on Critical Theory, 1963—1975*, Toronto: University of Toronto Press, 2009, p. 137.

当诗人通过改变组合轴与聚合轴关系的方式，即将选择轴上的等同原则映射到组合轴上，就实现了语言的诗歌功能。"话语段（discourse）的发展可以沿两条不同的语义路线进行；这就是说，一个主题（topic）是通过相似性关系或者毗连性关系引导出下一主题的。"① 聚合轴反映的正是相似与毗连的关系，体现为隐喻与换喻，或者说一种广义的隐喻。"在诗歌当中，有不同的原因导致对这两种比喻手法（tropes）的取舍。"②

> 最后，神话是关于人物的故事，而人物通常可以做任何他们喜欢的事，也就是说现实中讲故事的人喜欢的事。因此，神话是抽象的文学形式，而讲述的故事也不需适应现实要求、不必符合合理性与逻辑动机，又或者是满足权力限制的条件。随后，在文学中这些诉求都被满足，但仅仅是一种"位移"似的满足，即通过调整神话形式以满足现实背景的方式的实现。③

这种"位移似的满足"恰恰反映了现实中的某种诉求。比如，"希腊神话中的天神都具有超人的神力，而伦理道德水准极低甚至不及凡人。这表明，支配希腊神话的根本意识是对'力量'的崇拜，而不顾及这力量的含义与性质如何。"④ 这种对于力量的崇拜最早表现为对"自然力"的敬畏，进而发展为对于文化力的崇仰。新旧奥林匹斯神的更替，就是后者的体现。

神话的诸般特性正为作为西方文学起源的史诗提供充足的发展条件。史诗所描绘的种种传奇与现实交织的图景，正是西方社会早期发展的反映。这其中包括神、英雄、凡人的互动、战争、矛盾、和谐等。其不仅锻炼了人的想象力，也满足了先人的精神需要。史诗作为西方文学的发轫，

---

① ［美］罗曼·雅各布逊：《隐喻和换喻的两极》，张祖建译，载朱立元、李钧主编《二十世纪西方文论选》上卷，高等教育出版社 2002 年版，第 192 页。

② ［美］罗曼·雅各布逊：《隐喻和换喻的两极》，张祖建译，载朱立元、李钧主编《二十世纪西方文论选》上卷，高等教育出版社 2002 年版，第 193 页。

③ Jean O'Grady and Eva Kushner, eds., *The Critical Path and Other Writings on Critical Theory, 1963—1975*, Toronto：University of Toronto Press, 2009, p. 137.

④ 谢选骏：《神话与民族精神》，山东文艺出版社 1986 年版，第 267 页。

其指"任何大规模的历险，比如战争、跋涉、探险、社会斗争、审判、进入加时赛的足球比赛、历时极长的选举——任何与规模、长度、复杂性以及英雄行为有关的尝试"①。从神话维度而言，"史诗可以被看作集体神话与象征的表达，以使社会能够建立身份并应对最严峻的考验。"② 比如，奥维德的《变形记》就是取材于古希腊罗马神话，又根据毕达哥拉斯的"灵魂轮回"说，让人变形成为石头、植物等事物。而中国的《诗经》则有一个更加贴近现实的内容来源。

中国地处亚欧大陆东部，幅员辽阔。地势西高东低，河水自西向东流淌，在河水冲击之下形成了广阔而适宜耕种的沃土。且中国内部地形较为平坦，宜耕土地连接成片。绝大多数土地属于温带气候与季风气候，为农业发展提供了保障。东面环海，西北黄沙漫漫，西南有青藏高原宛如天然屏障，这种地形特征使中国免于外族入侵，而中国也没有向外扩充的野心，为稳定的农业生产提供了相对稳定的环境。不同于希腊人民的坚毅与乐于探索，中国人民形成了温和平易的性格。且农业生产与天关系密切，由是形成了中国人敬天爱天、崇尚天人合一的精神取向。

《诗经》按其内容，分为《风》《雅》《颂》。《风》共一百六十篇，为各地民歌；《雅》分为《大雅》和《小雅》，是朝廷正乐，西周王畿的乐调；《颂》是宗庙祭祀制约，许多为舞曲。就其题材而言，其涵括了农事、宴飨、怨刺、战争徭役、婚姻爱情等，颇具现实主义精神。③

并非中国没有丰富的神话，也并非中华民族不崇拜英雄，但中国没有产生西方一般的史诗传统、叙事传统，而逐渐形成了抒情传统。中国的神话趋于零散，不易形成西方式的神界体系，且神话本身大都被历史化。所谓历史化，即"对神话采取一种基于历史意识的理解"④。在中国，上古神话被当作历史的一部分，填补着历史记录的空缺。神话被当做历史处理。

---

① Constantine Santas, *The Epic in Film：From Myth to Blockbuster*, Lanham：Rowman & Littlefield Publishers, Inc., 2007, p. 1.

② Constantine Santas, *The Epic in Film：From Myth to Blockbuster*, Lanham：Rowman & Littlefield Publishers, Inc., 2007, p. 2.

③ 参见袁行霈主编《中国文学史》第一卷，高等教育出版社 2014 年版，第 54-64 页。

④ 谢选骏：《神话与民族精神》，山东文艺出版社 1986 年版，第 335 页。

或言之，神话各种质素在"历史化"的过程中无法摆脱"系列化"和"等级化"命运的当儿，中国神话作为神话本身的基本特性也就渐趋消弭。他们被当作一种另类的"现实"编列入历史的链条，成为历史的一部分。

朱光潜认为，中国长诗篇不发达在于五点原因：其一，在于哲学思想的平易与宗教思想的浅薄；其二，西方民族性好动，理想的人物是英雄；中国民族性好静，理想的人物是圣人；其三，西方文学侧重客观而中国文学侧重主观，故其诸如史诗、悲剧等所需要的想象力欠乏；其四，中国诗重抒情，抒情诗不能长，而西方普遍认为，长篇才有庄严感，史诗、悲剧都较长；其五，与其产生的时代有关。① 从中，我们也能窥见两种诗学传统的分歧在根源上的生成原因。

诗歌传统的不同首先表现在主题与体裁的流变之上。

二　审美与生活：中西诗歌主题比对

主题是我们在阅读诗歌时最先捕捉的信息点。而其重要的意义不仅表现在助益于迅速定位与之相关的文本内容以使接受者立足更宏观的视角，通过互文性为文本提供充足的阐释空间，更反映着不同历史语境下时人的生活方式、心灵情志、意向气质。

> 诗歌的主题是任何一首诗的主题。诗不可以指涉现实生活，它只可以指涉自己的现实，即诗性体验之现实。诗与生活没有关系，因为它无法形成离散的实在实体之世界，而恰是这离散而实在的实体构成了现实生活。诗是一种对经验之摹仿，对现实之尝试，其目标仅限于在诗歌中表达这种尝试。②

所以，诗的主题与诗所表现的主体经验有关，或者说，诗的主题就是

① 参见朱光潜《长篇诗在中国何以不发达》，载《朱光潜全集》第 8 卷，安徽教育出版社 1993 年版，第 352—357 页。

② Dwight Chambers, "Teoría del poema by Juan Ferraté（review）", *Books Abroad*, Vol. 32, No. 4, 1958, p.434.

要表现主体一瞬间所建立的物我关系。就此层面而言，诗总是与主体的行为与即时反映紧密相连，并作为一种倾向呈现于文本之中。当读者面对文本，可以感应到作者那种独特的美感经验，其自身生命中的相似体验与感受被唤起。继而经过相当时间，诗中描绘的行为与反应，与主体的感受在相互呼应中得到强化，凝铸为一种特定的模式，即为主题。

诗歌主题的对比研究是我们从整体上审观中西诗歌异同的视角。主题通常以时代为节点划分，每个时代会形成其特有的诗歌主题。诗歌主题与时代的主题有关，与作为集体不可或缺的组成部分而存在的个体之禀性有关。诗中所表现的这"至关重要的经验"，正是与作者、读者、阐释者、译者等密切相关的行为与反应。是故，诗能够映射存在于人思维中的倾向，并对人产生长久而深远的影响。"现实不再仅仅是外部的社会现实，它还包括人的内心世界。人的意识活动、内心体验和思想感情无疑也是客观存在。因此一个人的内心活动、内心世界就是他最本质、最重要的现实。外部现实的真正意义并不在其本身，而在于它对人、对人的生活、对人的内心世界所起的作用。"①

中国诗歌自《诗经》而发轫。其作为我国第一部诗歌总集，收集了周初至春秋中叶五百多年间的作品，内容包含了农事、燕飨、怨刺、战争徭役、婚姻爱情等方面。"《诗经》可以说是一轴巨幅画卷，当时的政治、经济、军事、文化以及世态人情、民俗风习等等，在其中都有形象的表现。"②

战国时期的楚辞，与《诗经》共同开启了中华民族的诗学传统。楚辞是"指以具有楚国地方特色的乐调、语言、名物而创作的诗赋，在形式上与北方诗歌有较明显的区别"③。西汉末年，刘向辑录屈原、宋玉等人的作品，如《离骚》《九歌》《天问》《九辨》《高唐赋》等。南方楚国文化特有的浪漫主义精神与审美特质深深含蕴凝结在楚辞之中。楚辞特有的浪漫主义气质，不仅体现为炽烈的感情、瑰丽奇绝的想象，还表现在主人公的

① 汪涛：《中西诗学源头辨》，人民出版社 2009 年版，第 57 页。
② 袁行霈主编：《中国文学史》（第一卷），高等教育出版社 2014 年版，第 56 页。
③ 袁行霈主编：《中国文学史》（第一卷），高等教育出版社 2014 年版，第 115 页。

抒情形象塑造以及对于理想的巨大热忱与永不止步、至死方休的追寻之上。

在两汉时期，乐府诗登上历史舞台展现出蓬勃的生命力。由于其作者涵盖了平民百姓至皇族贵胄，诗歌的内容被扩大。其"都是创作主体有感而发，具有很强的针对性。激发乐府诗作者创作热情和灵感的是日常生活中的具体事件，乐府诗所表现的也多是人们普遍关心的敏感问题，道出了那个时代的苦与乐、爱与恨，以及对于生与死的人生态度"①。既有反映两性爱情的《上邪》《孔雀东南飞》，反映下层民众苦难的《鸡鸣》《东门行》，也有反映郊祭的《练时日》、《日出入》。

东汉时期的古诗，以文人诗为代表，已得到较大发展。班固、张衡、秦嘉都是五言诗的代表。这一时期的诗歌成就主要体现在《古诗十九首》，其涉及对永恒的思索、对人生苦短的哀叹、对忧郁与欢乐的反思、对世间主要关系的探问。

三国时期，"三曹"与"七子"并出，开启了一个新的诗歌时代，创立了一个新的诗歌美学范畴，即"建安风骨"。建安诗歌的主题多为抒发政治理想、哀叹人生易逝，也有不少世积乱离、风衰俗怨之作。

两晋诗坛则出现了以"繁缛"为美的太康诗风，以及游仙诗、咏史诗、兰亭诗，还有反映东晋文人心态的玄言诗。陶渊明的田园诗则开启了一个中国古诗的新主题，为文人士子创立了一个不朽的精神家园，并对后世产生深远影响。与此同时，谢灵运与鲍照开创的山水诗，也开创了一代新诗风。

梁陈诗坛以宫廷文人为代表，他们"将民间情歌从市井引入宫廷，并进行大量的模仿创作，他们更多的是对女性的审美观照，和对宫室、器物以及服饰等方面的描写，通过艳丽的辞藻和声色的描摹来满足一种娱乐的需求。"② 所以，以描写宫廷生活，以咏物和描绘女性生活细节的宫体诗盛行于世。

"初唐的诗歌创作，主要是以唐太宗及其群臣为中心展开的，一开始

---

① 袁行霈主编：《中国文学史》（第一卷），高等教育出版社 2014 年版，第 193—194 页。
② 袁行霈主编：《中国文学史》（第二卷），高等教育出版社 2014 年版，第 101 页。

多述怀言志或咏史之作，刚健质朴。"① 从"上官体"到"初唐四杰"，诗之题材由应制咏物转向抒发一己情怀，以一种前所未有的雄阔慷慨之气，取代了郑卫淫俗。

盛唐则以其气象万千之豪迈与包容，滋育了多重主题的兴盛。有王维、孟浩然等清新明秀的山水田园诗，有高适、岑参等慷慨悲壮的边塞诗。尽显盛唐"气来、情来、神来"诗歌气质的李白，其诗不拘一格，展现了强大的人格魅力与飘逸瑰丽之境。杜甫则以其特有的写作风格，将历史事实记录于诗中，故其诗以史诗著称。且其沉郁顿挫、萧散自然的诗风，忧国忧民、心系民生的伟大情怀也为后世称颂。无论李白还是杜甫，其均兼备众体，自铸伟词。

盛唐之后，由于安史之乱引发的十年战乱，文人士人心态逐渐转变，大历诗风一改盛唐之豪迈磅礴之势，常常追求一种冷落寂寞的情调。中唐诗坛，韩孟诗派崇尚雄奇怪异之美，主张不平则鸣、笔补造化；元白诗派则重写实、尚通俗，创作了大量反映民生疾苦的诗作。

晚唐诗风则再次发生突变。社会衰败影响了士人的心理，出现了许多寄情闺阁的诗作，比如李商隐、温庭筠。此外，有清新奇僻的苦吟诗，比如贾岛、姚合；有表达隐逸淡泊情怀与闲情逸致的近俗之诗，比如皮日休、陆龟蒙；还有乱离讽世之诗，比如韦庄、罗隐。

宋初有一批模仿白居易的"白体诗人"和一群以晚唐诗为楷模的"晚唐体"诗人。前者以李昉、徐铉为代表，多以流连光景的现实生活为主题，后者以九僧为代表，主题多为幽静清冷的山林景色和枯寂淡泊的隐逸生活。而主宰文坛的"西昆体"则多以咏史、咏物、馆阁生活为主，题材极为狭窄。随后的欧阳修、梅尧臣等人则多以社会现实、日常生活琐事为主题。

北宋末南宋初的江西诗派主张点铁成金，由于北宋后期严酷的政治氛围，一种畏祸的心理驱使下，其多以书斋生活为内容。其后的中兴诗人中，陆游不仅善于从各种生活场景中发现诗材，且有诸多爱国主题的诗作。南宋后期的江湖诗派成员复杂，题材广泛。宋末则多以爱国诗歌为

---

① 袁行霈主编：《中国文学史》（第二卷），高等教育出版社 2014 年版，第 184 页。

主题。

元代诗歌处于低谷，前期受江湖诗派和元好问影响，至中期以宗唐为导向，写实倾向大大加强。

明初诗坛多为表达时代创伤、感时抚事之作，比如高启、杨基。紧随其后的台阁体多"颂圣德，歌太平"之作，继之者"茶陵派"则侧重个人生活与精神状况的表达。晚明诗歌则多以救亡、复兴传统精神为主题。

明末清初的诗作多表现民族精神与忠君思想，如顾炎武、黄宗羲、王夫之，多抒发亡国之痛。清中叶诗坛流派纷呈。"乾嘉诗坛，人才辈出，各领风骚。沈德潜、翁方纲，或主格调，或言肌理，固守儒雅复古的阵地；厉鹗扩大浙派的门户；袁枚、赵翼、郑燮标榜性灵，摆脱束缚，追求诗歌解放；黄景仁等抒写落寞穷愁，吟唱出盛世的哀音。"① 清末的诗多以爱国为主题，比如龚自珍。

由各朝诗歌主题可以看出，大都朝代之初，诗偏重于对上一代诗风之继承，且馆阁应酬之作较多，比如唐初的"上官体"，宋朝的"西昆体"，明朝的"台阁体"。朝代处于盛世之时，多慷慨激昂之作，得志者抒发政治抱负，失意者寄情山水田园。由盛转衰之时多写实之声，穷途末路则趋向恬淡隐逸。末代则多有救亡图存的爱国诗潮。

反观西方诗歌大体经历了古代、中世纪、文艺复兴、古典主义、象征主义、意象派几个阶段，20世纪之后，诗歌又呈现出新的特征。

古希腊时期，诗歌有三种形式前后相继，即公元前9世纪到公元前8世纪的史诗、公元前6世纪到公元前5世纪的抒情诗以及公元前5世纪的戏剧诗。史诗以《伊利亚特》和《奥德赛》为代表，多反映封建贵族的价值取向。而抒情诗则分为哀歌（双管歌）、琴歌和讽喻诗。抒情诗的兴起是古希腊政治生活变化在文化领域的反映，传统的价值观念受到个人主义的挑战。提耳泰俄斯、阿耳喀罗科斯、萨福、品达等都是著名的抒情诗人。

古罗马时期的诗歌分为四个阶段。其一，公元前3世纪是为萌芽时期，主要的诗人有李维乌斯·安德罗尼库斯、克温图斯·恩尼乌斯，后者以杂

---

① 袁行霈主编：《中国文学史》（第四卷），高等教育出版社2014年版，第324页。

体诗见长。其二，公元前 1 世纪是其繁荣时期，罗马出现了一群用希腊抒情诗音节写诗的年轻诗人。其三，公元前 27 年至公元前 14 年的奥古斯都时期是罗马文学的黄金时代，诗歌主题丰富多彩，农作、爱情、哀歌、酬友、历史、教谕、颂歌等尽含其中，比如维吉尔的《牧歌》《农事诗》与《伊尼德》、贺拉斯的《歌集》、奥维德的《变形记》等。就整体风格而言，其多模仿古希腊相关著作，较为注重音律。最后是被称为"白银时代"的帝国前期。这一阶段取材于古希腊神话的史诗颇为流行，比如斯泰提乌斯的《忒拜之围》、伊泰利科斯的《布匿战争》等。此外，讽喻罗马社会现实的寓言诗与揭露社会黑暗与流弊的讽喻诗也受到青睐。

西罗马帝国灭亡之后，日耳曼民族各原始部落逐渐呈现出封建化趋势，一时间诸侯割据、城堡林立。于是自中古初期至中期，欧洲文学先后出现了英雄史诗、骑士诗歌，随即又迎来游吟诗人的时代。古希腊、古罗马的诗歌至此已广泛在欧洲传播。商业的扩张造就了新兴城市的出现与发展，市民阶层不断扩充，市民生活作为一种题材也为诗歌注入了新的活力，诗人创作出大量反映商人、手工艺者等市民阶层生活的诗歌。到中世纪末期出现了但丁、乔叟与维庸三大诗人。①

这一时期，欧洲社会逐渐向封建社会过渡，既有民族社会末期的蛮悍，又不乏宗教对人的洗礼。其投映于诗歌主题之上，便有了反映原始蛮族部落生活的英雄史诗，比如英国的《贝奥武甫》；有反映宗教与世俗的关系的宗教诗，比如《农夫皮尔斯》；有反映市民阶层兴起的市民诗歌，比如法国的《列那狐的故事》；以及反映个性解放的骑士抒情诗，比如破晓歌、牧歌等。中世纪诗歌常常呈现出一种伦理化、道德化的倾向。作为中世纪最后一位诗人的但丁，其《神曲》不仅融合了宗教信仰、爱国情怀、个人经历以及历史史实，而且以其非凡的想象为我们展现了恢宏的三界景象——地域、炼狱与天堂。

与前代基督教一统天下的局面不同，文艺复兴时期尊崇古典艺术，注重人文主义，文学作品多表达对于世俗欢乐的追逐，富有浓郁的生活气息。比如但丁的《新生》、彼特拉克的《歌集》等，这些抒情诗都极大地

---

① 参见黄宗英《缪斯的旋律——欧美诗歌史话》，海南出版社 1993 年版，第 24—25 页。

表达了以个人幸福为中心的人文主义爱情观。此外，有关"国家"和"民族"的意识逐步凸显，并显露于诗歌之中。比如，法国的诗歌一改中世纪堆砌辞藻的寓言式的风格，开始关注社会与现实，著名的七星诗社就倡导表达民族与爱国主义主题。

至17世纪，古典主义诗歌登上历史舞台。由于新兴资产阶级的兴起、理性主义的觉醒以及宗教改革的影响，这一时期的诗歌与文艺复兴时期的诗歌既有继承性又不乏对立之处。一方面，正是由于文艺复兴对于古典艺术的挖掘，人们看到了古希腊罗马艺术的价值，这一时期的诗人与艺术家等注重吸收传统的规约与价值；另一方面，由于古典主义受到笛卡尔理性主义的影响，强调"理性"是艺术的标准，只有普遍永恒的规律才值得诗歌表现，故而其呈现出拘谨、庄严、规范、典雅的特点，不同于文艺复兴诗歌所流露出的生机。法国的布瓦罗之《诗艺》、英国的蒲伯的《长发记》都是古典主义的典范。

浪漫主义作为欧美诗歌史上一场规模空前的运动，以破竹之势展现了完全不同于古典主义的风范。它包孕着个体的自我意识与返回自然的理念，注重想象的作用。想象依托于放大、夸张、位移的方式，打破了古典主义尊崇的平衡、匀称、静穆的审美范畴，追求一种动荡和神秘的美。其次，资本主义带给人的异化逐渐消磨着人性，人们对启蒙主义与理性王国的失望，都使人们产生了"返回自然"的诉求。浪漫主义诗歌对于民谣的偏爱正反映了人们对于资本主义所谓的"文明"之失望与厌恶。而其对于民间传奇的借鉴与吸收，则验证了人们对于一种不受束缚地写作的渴望。德国的耶拿派、海德堡派、柏林派、施瓦本派，英国的湖畔诗人、拜伦、雪莱，美国的莱恩特、朗费罗、惠特曼、坡和狄金森等都是这一时期的代表诗人。

值得一提的是与浪漫主义时期相继的英国维多利亚时代的诗歌。18世纪60年代起，英国率先开始了工业革命，工场手工业向机器大生产转变，生产方式的改变对人们的思想产生深刻影响。在感慨生产效率极大提高、生产力极大解放的同时，人们的认知方式也发生了颠覆性转变。反映在诗歌创作主题中，则表现为对时代与自身的深沉内省。

与激情洋溢、生机盎然的浪漫主义诗歌不同，维多利亚时代的诗歌把目光由幻想转向对于事物所呈现的真实。因此，这一时期的诗歌倾向于使用离间和暗示的手法，客观地描述事物。就风格而言，维多利亚时代的诗歌予人以宁静之感，但在宁静的表象之下，又隐藏着怀疑与质疑甚至是批判的声音，工业化带来的种种问题已经隐隐昭示于诗歌之中。①

比如，英国这一时期赫赫有名的八大诗人：丁尼生、勃朗宁、阿诺德、罗塞蒂、莫里斯、斯温本、哈代和霍普金斯，其诗作集中反映了工业革命时期的时代特点，或是歌颂一种开拓进取的精神，或是同情底层社会民众的艰辛与苦难，又或是表现时代转折点带给人们的彷徨与迷茫。

与浪漫主义一览无余的表达，直抒胸臆的倾诉不同，继之的象征主义不提倡直陈与正面描写，而以呈现普通事物背后所谓"真理"和个人内心的隐秘为归旨。波德莱尔、魏尔伦、兰波、马拉美等都是象征主义的代表人物。他们提倡用象征和隐喻反叛传统的语言规则，通过联觉与音乐性超越主体，臻至超验世界。正如波德莱尔所说：诗人用混合一切感觉的方法，把自己的体验翻译成超验世界的象征，成为超感觉世界的意象。

> 欧美现代诗虽说千姿百态，但从基本倾向看，就其发展的主潮而言，仍不妨概括为三个历史大段（1850—1900，1900—1950，1950—1990）、三大诗潮（现实主义、现代主义、后现代主义）和十大流派（现实主义、唯美主义、象征主义、新浪漫主义、意象主义、未来主义、表现主义、超现实主义、后现代主义、具体主义）。②

当然，这种划分方式过于宽泛，不过从宏观层面认识现代诗提供了可能。

从这一角度看，兴起于19世纪七八十年代的象征主义诗歌属于欧美现代早期诗歌流派。象征主义的诗歌既有其特有的创作风格，又充斥着现代诗歌的普遍性特点。现代诗歌的特点是什么呢，又该如何理解？

> 我们处处都可以看到，这种诗歌总倾向于尽可能地远离对单义性

---

① 参见黄宗英《缪斯的旋律——欧美诗歌史话》，海南出版社1993年版，第83-84页。
② 袁可嘉主编：《欧美现代十大流派诗选》，上海文艺出版社1991年版，选本序第1—2页。

内涵的传达。这种诗歌更情愿成为一种自我满足、涵义富丽的形体，这形体是那些以暗示方式作用于前理性层面，同时又让概念的隐秘区域发生震颤的绝对力量所组成的一种张力织体。①

"织体"是一个音乐学术语，其指音乐作品在时间与空间上的双重形式。弗里德里希用这个词描述使前理性区域与概念的隐秘区域共同发生作用的"形体"，即诗，无疑是妥帖的。它强调了诗在时间层面的延展性，而这种时间的延展无疑是一种天然的存在。与此同时，"织体"作为"诗"的形体，还凸显了诗在空间层面的铺展列置，主要体现在其所谓的前理性层与概念对应的隐秘区域，或者说概念指称的双重层面。

现代诗歌并不乐意通过人们所谓的"现实"来度量其价值，而是寻求一种陌生化的表达，将熟悉的、流传的从日常的时空中抽离放置于新的逻辑与秩序中，呈现出反叛传统的气质。既往的审美态度与一切价值在新的逻辑与秩序中得到重新评估。

> 心绪（Gemüt）这个概念指的是通过进入一种灵魂栖居的空间而达到的去张力状态，即使最孤独的人也会与所有有感知能力者分享这一空间。而在现代诗歌中要回避的恰恰是这种交流式的可栖居性。现代诗歌离弃了传统意义上的人文主义，离弃了"体验"（Erlebnis），离弃了柔情，甚至往往离弃了诗人个人的自我。②

于是，诗人以一种独特的方式参与自己的创造。呈现为"织体"的诗，凝结着诗人的智慧、操持语言的技艺。织体承载着作者的"专制性幻想"，也为我们提供了一种"超现实的观看方式"。

其所谓的"在材料上验证着自己的改造力量"，就是将现实中原本"熟悉的观看"与"感觉的热情"陌生化的过程。弗里德里希把现代诗歌

---

① ［德］胡戈·弗里德里希：《现代诗歌的结构：19 世纪中期至 20 世纪中期的抒情诗》，李双志译，译林出版社 2010 年版，第 2 页。

② ［德］胡戈·弗里德里希：《现代诗歌的结构：19 世纪中期至 20 世纪中期的抒情诗》，李双志译，译林出版社 2010 年版，第 3 页。

的这种特征描述为一种"攻击性戏剧效果"（aggressive Dramatik）。"这种效果表现在众多更倾向于彼此对立而不是相互依附的主题和母题之间的关系中，也表现在这些主题和母题与一种不安定的风格铺展的关系中，这种风格铺展尽可能地让能指与所指相分离。"① 不过， "代价"也由此而生——文本与读者的距离被扩大，诗歌语言有别于日常语言的实验性质被强化。实验性性质即前文所提的能指与所指分离的特点。

纵观中西诗歌各个时期的诗歌主题与特征不难发现，主题生成于特定的语境，集中体现为审美形态的不同。

> 在西方，可以称之为审美与生活的对立，审美活动与非审美活动、艺术与非艺术之间界限十分清楚。审美活动、艺术活动的被职业化，就是一个例证。而在中国，却只能表现为审美与生活的同一，审美活动与非审美活动、艺术与非艺术之间的界限十分模糊。对于中国人来说，弹琴放歌、登高作赋、书家写字、画家画画，与挑水砍柴、行住坐卧、品茶、养鸟、投壶、覆射、游山、玩水……一样，统统不过是生活中的寻常事，不过是"不离日用常行内"的"洒扫应对"，如此而已。②

中国常以日常琐事入诗，比如"闲持贝叶书，步出东斋读""登舟望秋月，空忆谢将军""寒灯思旧事，断雁警愁眠""红叶晚萧萧，长亭酒一瓢"等。诗不单纯呈现着外在世界的纷繁，更是承载着诗人生命安然的状态，是回归生命本源的媒介。诗是我们安顿生命的一种方式。西方强调二元对立，故其诗歌与艺术表现的是人与世界的对立。比如弗罗斯特的《一个老人的冬夜》（An Old Man's Winter Night）中描述的景象——门外的一切都是漆黑的（All out of doors looked darkly），以及令他所深深恐惧的，诸如森林的吼叫与树枝的噼啪断裂之声（and scared the outer night, which has its sounds, familiar, like the roar of trees and crack of branches）等，都是一种人

---

① ［德］胡戈·弗里德里希：《现代诗歌的结构：19 世纪中期至 20 世纪中期的抒情诗》，李双志译，译林出版社 2010 年版，第 3 页。

② 潘知常：《中西比较美学论稿》，百花洲文艺出版社 2000 年版，第 179 页。

与自然的对立。即便是提倡"崇尚自然"湖畔诗人之作，如华兹华斯的
《丁登寺旁》（*Tintern Abbey*），诗人的主体意识依然是清晰可见的，并不似
中国诗歌所留出的那种"此中有真意，欲辨已忘言"般的主客浑融。

正如潘知常在《中西比较美学论稿》中所阐述那样，审美活动在漫长
的历史长河中淬炼成了自己独特的审美形态。是"立文明"抑或是"法自
然"，中西审美哲学都在展示着自己的选择。其投映于诗歌之中，则凝铸
为鲜明的诗歌主题。与此密切相关，不可分而相语的是诗之体裁。不同的
主题适配相应的体裁，方可尽得精妙。如若不然，便如同一个穿着汉服的
人，站在摩天大楼的背景之下，冲突之下美感尽失。

三　中西诗歌体裁比照

在开始对比中西诗歌的体裁之前，我们有必要对纷繁的"体裁"概念
作出一个界定。

> 体裁指文学作品的种类。每一文学体裁亦可按内容或形式再加以
> 区分，如诗歌体裁还可分为叙事诗、戏剧诗和抒情诗（包括挽歌、颂
> 歌、商籁体等）。在西方，体裁的区分起于古希腊哲学家柏拉图（约
> 公元前427—前347），他把诗（即文学艺术）的表现分为两种：描述
> 与摹仿。①

体裁指一切艺术作品的种类和样式，其艺术结构在历史上具有某种稳
定的形式，这种形式是随着艺术反映现实的多样性以及艺术家在作品中所
提出的审美任务而产生发展起来的。

体裁包括文章之体裁与文学之体裁。所谓文章之体裁，主要包含记叙
文、说明文、议论文、应用文、演讲稿。文学体裁分为诗歌、小说、戏
剧、散文。在中国古代文学中，体裁是指诗文的文风辞藻。我们此处所言
之诗歌体裁，特指诗歌的形式特征。

---

① 朱先树等编：《诗歌美学辞典》，四川辞书出版社1989年版，第181页。

《诗经》是传统的四言句式。楚辞创造了新的诗歌式样，其无论是在句式还是结构上，其较于《诗经》都更富于变化，突破了传统的四言句式，夹杂以楚地方言，使词语更富表现力。

两汉的乐府诗，受楚声、北狄西域之乐以及中土流行的五言歌谣的影响，开启了由四言诗向杂言诗和五言诗的转变与过渡。而东汉以后，五言诗已经取代四言诗，成为普遍的诗歌体裁，且七言诗篇也开始出现。

建安时代，曹氏父子鲜明而卓著的创作，完成了乐府诗向文人诗的陡变。随后齐、梁、陈诗坛，随着声律与对偶的启用，一种新的诗体出现，由此渐渐开启了近体诗的序幕。宫体诗的盛行，不仅发展了吴歌西曲的艺术形式，并继续发展了永明体的艺术探索，且使诗歌更趋于格律化，为后来律诗的发展奠定了基础。

至唐朝，格律诗日渐规范，日趋完备。之所以如此，是因为"以遵守黏对规则为声律格式的五言律的定型，在唐代近体诗的演变过程中实具有关键性的意义。它不仅完成了由永明体的四声律到唐诗平仄律的过渡，有易于识记和掌握运用之便，而且具有推导和连类而及的作用，是一种可以推而广之的声律法则"①。如在五言近体的范围内，即可由五言律，推导出五言排律和五言绝句的体式。更为重要的是，可以在五言律的基础上，推导出一个近体七言诗的声律格式，如七律、七绝等。所以，"在五言律趋于定型后，杜、李、沈、宋等人即成功地把这种律诗的黏对法则应用于七言体诗歌，于中宗景龙年间完成了七言律诗体式的定型"②。宋初的晚唐体诗人偏爱五律，而主宰文坛的"西昆体"则多为近体诗，七律占绝大多数。

宋初的晚唐体诗人偏爱五律，而主宰文坛的"西昆体"则多为近体诗，七律占绝大多数。

西方的诗歌按照音韵格律与结构主要分为：格律诗、自由诗和散文诗。格律诗是按照一定格式和规则写成的诗歌。它对诗的行数、诗句的字数（或音节）、声调音韵、词语对仗、句式排列等有严格规定，如欧洲的"十四行诗"。自由诗是近代欧美新发展起来的一种诗体。它不受格律限

---

① 袁行霈主编：《中国文学史》（第二卷），高等教育出版社 2014 年版，第 189 页。

② 袁行霈主编：《中国文学史》（第二卷），高等教育出版社 2014 年版，第 189-190 页。

制，无固定格式，注重自然的、内在的节奏，押大致相近的韵或不押韵，字数、行数、句式、音调都比较自由，语言比较通俗。美国诗人惠特曼（1819—1892 年）是欧美自由诗的创始人，《草叶集》是他的主要诗集。散文诗是兼有散文和诗的特点的一种文学体裁。作品中有诗的意境和激情，常常富有哲理，注重自然的节奏感和音乐美，篇幅短小，像散文一样不分行，不押韵。

古希腊时期已经出现用抑扬格写成的讽喻诗。罗马共和国时期，约公元前 1 世纪，罗马出现了一群用希腊抒情诗音节写诗的年轻诗人。奥古斯都时期是罗马文学的黄金时期，诗歌主题丰富多彩，农作、爱情、哀歌、酬友、历史、教谕、颂歌等尽含其中，比如维吉尔的《牧歌》《农事诗》与《伊尼特》、贺拉斯的《歌集》、奥维德的《变形记》等。就整体风格而言，其多模仿古希腊相关著作，较为注重音律。帝国前期，即文学的白银时代，取材于古希腊神话的史诗在这一时期颇为流行，比如斯泰提乌斯的《忒拜之围》，伊泰利克斯的《布匿战争》等。此外，寓言诗和抒情诗也是重要的诗歌体裁。

文艺复兴时期，十四行诗是最受欢迎的体裁。无论是但丁还是彼特拉克，都极擅长十四行诗的写作。此外，英国的锡德尼、德莱顿、斯宾塞，法国的七星诗社都是十四行诗的拥护者。

"在英诗中'抑扬格'是最经常使用的音步。有人曾经粗略估计，英诗所使用的四种音步中，以出现的频率计，'抑扬格'约占五分之四。"[①]

纵观主题与体裁的变化，诗学的传统也在慢慢形成清晰的脉络。无论中国还是西方世界，其文法都呈现一种因循与承继的规律。

袁宏道在《雪涛阁集序》中提出"法因于敝，而成于过"。

> 夫法，因于敝而成于过者也。矫六朝骈丽饤饾之习者，以流丽胜。饤饾者，固流丽之因也。然其过在轻纤，盛唐诸人以阔大矫之。已阔矣，又因阔而生莽。是故续盛唐者，以情实矫之。已实矣，又因实而生俚。是故续中唐者，以奇僻矫之。然奇则其境必狭，而僻则务

---

① 吴翔林：《英诗格律及自由诗》，商务印书馆 1993 年版，第 309 页。

为不根以相胜，故诗之道，至晚唐而益小。有宋欧、苏辈出，大变晚习，于物无所不收，于法无所不有，于情无所不畅，于境无所不取，滔滔莽莽，有若江湖。今之人徒见宋之不唐法，而不知宋因唐而有法者也。如淡非浓，而浓实因于淡。然其弊至以文为诗，流而为理学，流而为歌诀，流而为偈颂，诗之弊又有不可胜言者矣。①

两种诗歌，源自两种传统，如果说是对比研究加深了我们对于双重主体的理解，那么翻译的文本就是呈现这两种诗学本身特征与相互博弈的场所。从源语言视角出发与基于目的语视角对翻译文本的审观会产生不同的阐释。前者更易照见微观处的音韵、表现手法、语言与意象等因素之特殊；后者则更易使构筑于微观之上的整体的风格与内蕴映现。

第三节　从个体到群体：古诗译文中的异化现象举隅

如果注定无法将古诗的内涵与意蕴尽传于目标语之中，那么古诗在语际转换中首先应当竭力保存的是什么呢？我们最想透过翻译传达的又是什么呢？

众所周知，归化翻译的实质是一种种族中心主义的行为。其所尊崇的翻译策略与标准，无论是译文的"流畅"，还是译者的隐身，归根结底是强调要使读译文如读原文一般，磨灭了"异质性"才算臻于完美。于是在英译古诗时，译者会出于"达"的要求而将诗之情节提炼而出，并将情节在目的语的诗学传统规约下重现于其接受者视域中。

在第一章第二节中，我们曾论及古诗英译的译文常常呈现出叙事化的倾向，而这种倾向产生的原因在于一个情节结构的运转。抒情与叙事都与事件的处理有关，也就是与情节结构有关。意义的产生依托于情节机制的驱动。这个情节机制到底是什么，为什么不同文化语境中的人都有基本相似的辨识能力并得出相似的结论，此暂且不讨论。叙述事件的立场及情

---

① 袁宏道：《雪涛阁集序》，转引自成复旺《新编中国文学理论史》，中国人民大学出版社 2010 年版，第 424 页。

感，与抒情有关。若此番叙述立场与情感传达不畅，则抒情性削减，叙事性增强。古诗译文正是依靠情节机制，保留了抒情与叙事都致力于"处理"的事件，进而实现语际转换。情节是我们传递的核心，也是译者致力于描述的原型。如何在目的语中重现情节是我们的翻译任务，而如何描述重现情节则出现了不同的选择。

阙题

刘眘虚

道由白云尽，春与青溪长。

时有落花至，远随流水香。

闲门向山路，深柳读书堂。

幽映每白日，清辉照衣裳。

A Poem Lacking a Title

Liu Shenxu

The mountain road ends where the white clouds begin.

Spring comes skipping and tripping along the running brook.

Now and then sprays of flower petals fall like rain,

Their sweet scents carried far by the tinkling water.

Few visitors climb the mountain path to knock on my door.

I've built a scholar's lodge deep among the willows.

In the daytime I find cool green shades everywhere.

At night a moon casts its beams on the garments I wear. [1]

我们在品读原诗时更多的是沉浸于一种恬淡闲适的感觉，这种感觉来自色彩的渲染的氛围。有白云，有清溪，有缤纷落花，有深柳和清辉，这些带给人静谧的颜色，在清辉与溪水的相互映照之下变得清透明澈。由是，一幅清雅明朗、动静相宜的画面跃然眼前。且其通过想象充分调动了

---

[1]　龚景浩选译：《英译唐诗名作选》，商务印书馆 2006 年版，第 52—53 页。

读者的感官，听觉、视觉、嗅觉尽在其中，让人有与情景融为一体之感。

显然，其抒情性流溢于整首诗作。如果说这首诗中存在一个情节，那么这个情节是什么呢？或者说抒情"处理"了怎样一个事件？而刘眘虚这首《阙题》中，人物不明、事件模糊，应从何种角度出发如何去辨别？既然是要译成英语，我们不妨从目的语的传统出发去思考。

英文是一种形合的语言，这种形合不仅是话语体系的直接表现形式，更含蕴着其独特的思维方式。英语依靠动词来实现句子的连接，主句有主句的动词，从句有从句的动词，两者之间的关系很明确。若非有连词引导从句，则从句的动词必须以状语的形式出现以取消其独立性。尽管英语中很少有省略主语的情况，但动词是起着绝对凝聚作用的存在。动词，简而言之就是"do"。那么在《阙题》中与"do"有关的事件是什么？我们不妨先把动词找出来，有"至""向""映"，"照"，此外"尽""长""随"也具有"do"的意味。这些动词暗示我们一种视角的转换。这一切动作都与另一个动作相连，即"看"。于是，一个"看"的，至少是和"看"相关的事件呼之欲出。我们的判断准确与否要在译文中加以验证。

译文中出现的明确出场的人物是"visitors"和"I"，两者之间的关系已经通过"visitors"这一表述得以明确，即拜访者拜访作为主人的我，这一关系通过"to knock on my door"得以巩固确认。异化还是归化，首先表现在对于情节的处理上。情节的核心不变，具体的描述与阐释取决于阐释者与阐释语境。

在中国的语境中，整首诗的情节被理解为走在通向别墅的路上。尽管诗中并未明确说明这是出于怎样的目的而走在通向别墅的路上——为访友，为揽胜觅奇，还是仅仅出于兴之所至，然而叙述者的视角始终提示我们这是一场和"看"或者说"带着游心去看"的事件有关。反观译文中，译者则明确提出一个二元对立的关系，即作为建造"读书堂"（scholar's lodge）的我和"come to knock my door"的拜访者们（visitors）之间的对立关系。且译者的"visitor"是以复数形式出现的，这意味着在目的语的阐释中，拜访者是一个集体的形象，其大于"一"却作为整体而存在。为何会产生这种分歧？或者说为何会产生这种类似于"群"的概念呢？这种现象在古诗中主要表现在两个方面。

首先，作为叙述者的"we"在译文中的现身。在《审观王维诗的十九种方式》中，罗宾逊（G. W. Robinson）也将"但闻人语响"译作"We hear only voices echoed—"。"we"的现身与此处"visitors"情形相似。故而在论述中，艾略特评论说"企鹅丛书出版的罗宾逊的翻译是发行量最大的王维诗英文版本，这让人郁闷。在这首诗中，罗宾逊不仅创造了一个叙述者，还令叙述者以一个群体的形式存在，宛如家庭出游一般，破坏了整首诗的氛围。"① 并非叙述者不能以群的概念现身，也并非拜访者不能以一个团体的形式出现，而是这样阐释的后果正如艾略特评论的那样"破坏了整首诗的氛围"。而是这样的现象，在古诗翻译中并不少见。比如，"永结无情游"——We shall continue on and on like this；"能饮一杯无"——Let's drink a coup-la, no； "不敢高声语，恐惊天上人"—— We all spoke in hushed voice, Lest we disturb the folks up above 等等。原诗中都并未明确提出清晰的叙述者，而译文中补充了叙述者，且是以第一人称复数形式现身的。

其次，"they"的出现。在古诗译文中我们常常有将一些具体意象以拟人化的复数表达，即they。"we"与"they"的最大区别在于作为叙述者的"我"有没有直接参与叙事中的活动。不过无论是"they"还是"we"，这种群体概念的植入都与古诗原有的宁静恬淡的风格不符。古诗译文通常在叙事者层面通常会出现三种情况：其一，没有明确叙事者，且叙述对象不是"they"；其二，以第一人称单数叙述；其三，以第一人称复数为叙述者，或者叙述对象为"they"。

第一种情况的译文通常遵循原文的叙述方式，没有明确的说明叙述者的身份，仿佛其只是站在场外观看的拥有全知视角或半全知视角的人。比如，空山不见人——Empty mountain no one is seen②，又如裘小龙英译的《枫桥夜泊》，陈君朴英译的《问刘十九》③ 等均为这种叙事方式。

---

① Eliot Weinberger, *Nineteen Ways of Looking at Wang Wei*, New York：Moyer Bell Limited, 1987, pp. 28–29.

② 参见 Eliot Weinberger, *Nineteen Ways of Looking at Wang Wei*, New York：Moyer Bell Limited, 1987, p. 26.

③ 参见陈君朴编译《汉英对照唐诗绝句 150 首》，上海大学出版社 2005 年版，第 202 页。

第二种情况中，诚如我们在第一章第二节中解释的那样，有一个清晰而明确的作为叙述者而现身的"我"。

第三种情况则是我们刚刚提及的"we"作为叙述者，诗歌所描绘的一系列事件中的"they"的出现。

没有明确的叙述者或者第一人称叙述均增加了读者的代入感，尤其是第一种情况中的叙述方式，更贴近中国哲学与美学范畴中所崇尚的天人合一的境界。而"我"（I）的现身明显更符合西方诗学推崇的严谨而明晰的逻辑。"we"与"they"则打破了这种万物有灵而人在静心澄意时与天地万物交流的通透之感。人置身于群体中，其诉诸相互间的沟通的可能性远远大于其与自然界的交流。就像艾略特评价罗宾逊英译的《鹿柴》那样，一种西方"party"似的，狂欢化的喧闹氛围取代了古诗原有的空灵与清恬。如斯一般，所谓异化并非仅仅是为一种单纯的徘徊在词语选择层面的翻译策略，而是在译文中表现的对国外文化的一种道德、伦理态度①。

此外，译文中所采用的叙事方式就不是符合源语言诗学传统。"we"的现身是暗合了西方后经典叙事学中所阐释的"我们叙事"这一诗学规约。

> "我们"叙事指涉的是集体性主体，这一主体与崇尚个人主义的西方中心主义文学传统相比，具有很大的异质性，因而"我们"叙事天然与后殖民主义文学和女性主义文学接近。"我们"便成为非洲黑人、非裔美国人、印第安人、底层有色人种女性等经常被边缘化的群体重新定义自我身份的有力工具。这一点从叙事学家们多选择非洲主题、中东主题、女性主题小说进行分析可见一斑。②

"我们"似乎是居于弱势的主体寻求力量与话语权的一种方式，既关涉叙事授权，又离不开思维传达。"we"的这种阐释方式难以逃脱涉及某种劣势群体"身份认同"的嫌疑。就好像武侠小说中有正邪之分，名门正派称旁门左道的派别为"魔教"，而魔教本身是不会以"魔"而自称的。

---

① 刘军平：《西方翻译理论通史》，武汉大学出版社2009年版，第445页。
② 黄灿：《走向后经典叙事研究的"我们"叙事学》，《河南社会科学》2015年11月。

第三章　译途探研：意义的迷失与位移

古诗翻译总是被置于一种宏观的评判坐标之中，即"古""今""中""外"。在时空转换中，"以意逆志"推崇的语境解读不可能在真空中发挥作用。无论是对于古诗原文的阐释、译者观念，还是译文本身，都不可能逃脱生成语境的操纵，原文与译文注定无法以"零度"的方式呈现。时间与空间、共时与历时的共同作用下文本间距被扩大，由是产生了不同的审美效应。我们在直接阅读译文时便产生了诗歌精神阙如的直观感受。

卢梭曾说：即使对司空见惯的事物进行观察，也需要具有哲学的头脑。然而，我们在现实研究中，常常忽略那些司空见惯、习以为常的现象与原理，而将目光紧紧投注于时下最困扰我们的一隅。其实，最复杂的问题总是有着简单的开始，即便是令我们一筹莫展的问题，只要回到本源，就会获得条分缕析的契机，对于古诗翻译的研究亦是如此。

一直以来，我们对于古诗翻译的关注，大都集中于美学意境的重塑、文化意象的再造，抑或是互文性意义的再现等，却忽略了这些意义的生成都离不开构词与造句这两种基础的语言规律。构词与造句，以及其所依托的语言规律与规则，即语法，都属于古诗的概念意义层。

联想意义则主要体现在译文的叙事建构上。其一，文本以语言为载体传达意义，而语言依托叙事建构实现情节的推进与意义生成结构的驱动。其二，叙事建构是综合了各种因素的整体呈现，包括认知方式、语言环境以及文体意义等。其三，"叙事包括一系列因果相接的行动"①，意脉的展

---

① ［美］约翰·兰色姆：《新批评》，王腊宝、张哲译，文化艺术出版社 2010 年版，第144 页。

开、语序的排列、构架的构筑、肌质的组合都与之密切相关。译文中既留存了原文的叙事痕迹，又反映了目的语语境中的叙事传统。

文化意义的显著价值在于提供了一个文本阐释的语境。翻译本身就是一种阐释。不过，文化意义的生成既与古诗本体有关，又离不开其时空语境的特殊性。其所解决的问题并不是像概念意义与联想意义那般具体，而是从宏观处着眼，对背景中一切与意义相关的问题作出一种科学而合理的说明。有关翻译学的探究不仅要借助语言学的方法、手段，还要遵循诗学的规律。翻译文本归根结底要接受诗学的批评与检验。诗学具有历时性，因此诗学不仅仅是目的语语境当下所流行的诗学，还涵括了历史语境中的诗学。结合这个层面，"文化诗学"这一表述更为妥帖。这也是文化意义价值的集中体现。故此涉及一个文化诗学对于翻译的阐释问题。具体而言，在诗学与译学研究中，我们从语言学入手，通过分析语言特性，剖析体悟被遮蔽的真相，还原原初的旨意，从而明析诗学阐释的视角，进而衡量翻译的价值。如果我们把语言学比作关于花瓶的纹理、质地等外在特征的学问，那么诗学就是通过体悟外在特征还原瓶之原初样貌的具体操作方式，帮助我们获得还原花瓶的终极指导，译学则是在诗学的观照下说明如何用不同的原料来仿作原初花瓶的方案。各得其惟妙惟肖就是译学与诗学的本然归旨。

是故，英汉字–词级、句级结构的差异与其引发的审美效应，古诗译文的叙事建构与文化诗学对于翻译文本解读与阐释的意义即为本章论述之重点。

第一节　概念意义的生成与再现

在汉语中，我们常常用"阳光"形容一个人性格活泼开朗。"阳光"作为与"太阳"关联最为紧密的存在，以其明媚灿烂的状态喻说一个乐观有朝气的主体带给人的直接感受，无疑是妥帖的。而如果"阳光男孩"译作"sunshine boy"，只怕英语受众多半会一头雾水。即便在某种语境中，可推知所谓"sunshine boy"即为英文语言体系中的 sunny boy 或 bright boy，也不能否认英语与汉语只有在语义相容性（compatibility）得到较好的实现时，恰当而流畅的语际交流才不至沦落为空中楼阁。

类似的例子不胜枚举。又如，享受公费医疗——enjoy free medical care，深化改革——deepen reform，采取积极措施——take an active measure。这些英文表达在通晓英语的汉语操持者看来表意通达，然而却失之纯正，混不似"be entitled to free medical care""deepen our commitment to reform""take proactive measures"之彻达。而这种语义相容性难以实现，其症结在于两种语言概念结构在本源上存在差异。那么，本源上的差异是如何产生的呢？

一　概念结构的容与斥

14 世纪之前，语言学大都是对于古希腊语和拉丁语的研究。文艺复兴后，时下所用的语言才进入人们的研究视野，新的语言学思想也应运而生。19 世纪，受自然科学与哲学的影响，人们发现大量现象可以证明语言之间存在亲缘关系，于是提出"始源语"（parent language）的观点，即语言始于同一种原始语言，从而描绘语言之谱系。"整个 19 世纪，历史语言学和比较语言学占据统治地位，并得到了空前的发展。"[1] 20 世纪初，索绪尔受历史语言学与新语法学派的影响，酝酿出新的语言学理论，以破竹之势叩启了现代语言学之门。受益于索绪尔的启发，结构主义语言学的三个分支——布拉格学派、哥本哈根学派以及美国结构主义，自 20 世纪二三十年代起开始在语言学界崭露头角。

20 世纪 20 年代起，语言学诸流派受语言学之父——索绪尔的影响，把语言视为一个作为整体而存在的系统。系统内部各要素相互联系、相互作用，共同推动意义的生成，但各个流派在具体的研究上又各有侧重。

　　欧洲的几个语言学派（如布拉格学派）更多地注意到语言的功能，美国的结构主义更注意形式分析和客观描写，俄国的形式主义语

---

① 刘润清编著：《西方语言学流派》，外语教学与研究出版社 2013 年版，第 46 页。

言学更关注文学领域的语言研究。[①]

于是，在这种现实之下，"结构""系统"和"功能"成为语言研究的三大关键词。

布拉格学派认为，"语言不仅能从形式上进行结构分析，而且能从信息角度进行功能分析"[②]，故其亦可看做早期的功能语法研究。美国结构主义又称描写语言学，"旨在对语言的描写，主要是对各种不同语言，尤其是未曾接触和研究过的语言的音素组合和句子结构的描写，找出它的特点和规律"[③]。乔姆斯基（Chomsky）认为，"科学理论不应该满足于对事实的分类描写，而应对事实做出解释，于是开始把语言学研究从对语言自身的描写引申到对语言背后的人脑或心智的研究上来"[④]，进而提出了"转换生成语法"（transitional-generative grammar）。所谓生成语法，解答的就是关于人脑中的"语言习得装置"是如何发挥作用的相关问题。而有趣的是，乔姆斯基本人读书时受到了哈利斯（Zellig Harris）的影响，其著作也不可避免地流溢着结构主义的色彩，如其早期著作《句法结构》就是如此。故而，尽管我们通常将已蔚然大宗的生成语法看做是对于结构主义语言学的改革与反叛，却无法否认在语言学的研究对象等某些基本问题层面，乔姆斯基依然延续了结构主义的观点，最为典型的即其对"语言能力"（linguistic competence）与"语言运用"（linguistic performance）作出的区分。

> 我们对语言能力和语言运用做出根本区分：前者即说话者–听话者具有的语言知识，后者则是语言在具体情景中的实际应用。只有在前文所设想的理想化情况下，语言运用才能直接反映语言能力。实际上，后者显然是无法直接反映前者的。[⑤]

---

① 黄国文、辛志英：《什么是功能语法》，上海外语教育出版社 2014 年版，第 1 页。
② 黄国文、辛志英：《什么是功能语法》，上海外语教育出版社 2014 年版，第 1 页。
③ 宁春岩：《什么是生成语法》，上海外语教育出版社 2011 年版，第 1 页。
④ 宁春岩：《什么是生成语法》，上海外语教育出版社 2011 年版，第 3 页。
⑤ Noam Chomsky, *Aspects of the Theory of Syntax*, Cambridge：The MIT Press, 2014, p. 2.

如果说，语言能力和语言运用对于语言本身的知识以及其在语境中的应用做出了分类与描述，其尚属于与语言本身相关的元背景范畴，那么与语言相对应的所指范畴又该如何界定呢？众所周知，语言的知识结构与非语言的知识结构是一体两面，难以截然相离。所谓概念结构，即"人脑在实际环境中（in an actual environment）生成和解释语言过程中的产物，因而这是人们在人际交往和文化交流中反复应用的动态结构，又称动态递归式结构（a dynamic, recursive structure）"①。比如，晒太阳、晾被子，看似属于同一种结构，即"动词＋名词"，但是具体来看，被子可以被"晒"，"晒"这一行为的施动者通常是"太阳"。那么"太阳"又是如何被"晒"的？如果说"晒太阳"这种表达，是指人或物被"太阳"晒，那么为什么施动者与动作的承受者均处于"动词＋名词"这一结构的名词位置？这些都是在中国独特的概念结构下生成的。

针对乔姆斯基的语言能力与语言运用说，陆国强曾提出"概念能力"与"概念运用"来进一步描述概念结构是如何运行的。

> 语言能力指的是人脑对句法结构的认识，而概念能力指人脑对概念结构的认识，又指用概念结构处理语言的能力……Chomsky 认为，人们头脑中内在的语法知识就是语言能力，而我们从认知语义学（cognitive semantics）的角度看问题，认为人们头脑中内在的概念结构知识是概念能力，即元认知力（metacognition）。具体地说，这是用概念结构进行思维的能力，即每个人脑中内在地掌握了本族语的概念结构，从而能正确地生成（generate）和解释（interpret）语言信息。这种概念能力实际上是一种语言感（a sense of language），或者说是一种语言直觉（linguistic intuition）。②

概念能力解释的是与语言可以表达的内容以及方式有关的元认知能力。比如，本章伊始所言的"sunshine boy"，由于英汉概念系统的差异，英语受众中并不能如汉语受众一般对这一表达所对应的"活泼开朗"的性

---

① 陆国强：《英汉概念结构对比》，上海外语教育出版社 2008 年版，第 10 页。
② 陆国强：《英汉概念结构对比》，上海外语教育出版社 2008 年版，第 1—2 页。

格产生直接认知。

一个词在词典中有诸多意义，不同的语义间有些直接相关，有些联系则不是十分明显，但细究其原因会发现其意义衍生的逻辑。一个词基于最基础的意义而衍生出不同的语义的逻辑与过程，恰恰反映了一种语言之语境中的人们所特有的概念结构与能力。比如"折"本是一个会意字，在甲骨文中，其右边是斧子（即斤），左边是断开的"木"，意即斤砍断木。后来断木演变为"手"，意为用手拿斧弄断东西。故而，"折断"是"折"最基本的含义，并在各种语境中不断发展。"折"就动词而言，还可以表示"翻转""倒腾""弯曲""回转"等；就名词而言，还可以表示"账册""打折""奏折"等。其中包括许多与原义并不直接关联的含义，比如"存折""折子"等。这些意义都与"折叠"最终呈现的状态有关，而"折叠"是一种运动趋势，这一趋势与"以手握斧砍断"倾向一致。此即为其在汉语中概念结构包孕的思维过程。

又如"flesh"一词，最为人所熟知的意思为"肉体""肌肤"，由此引申出"血肉之躯""果肉或蔬菜可食部分"等含义。而"加诸细节使…丰满""充实"等意义又是在这些基础上进一步衍生的。这其中蕴含着英语操持者独特的观物习惯与表达爱好。较之于汉语中相应的表达，既有相似之处，如肉——果肉、血肉至亲等含义，亦有相径庭之处，如 flesh 关于有关于细节的衍生意义而"肉"则没有。不过随着社会的发展，很多词又在新语境中生成新的意义。"萌"就是时下流行的一种审美范畴，而"肉肉的""多肉植物"这些表达中，"肉"似乎又多了一层"萌"的意味。

所以，当我们需要进行语际的概念互换时，诉诸的词汇并非其对应的直接语言，而是概念内核倾向一致的对应表达。当我们表达"骨肉至亲"时，由于英汉概念结构极为相近，故而 flesh and blood 极为恰当。可若说"you look more beautiful in the flesh"，我们却不便译之为"您肉身看上去更好看"。当然出于某种讽刺或幽默的意味则另当别论。

概念能力作为认知能力的现身正是由于概念结构的认知本能。认知语言学是对生成语法的变革，这种变革体现在两者的差异上，前者以体验哲学和心智主义为基础，后者建基于笛卡尔的二元论与形式主义。

人类正是基于对外界空间的体验形成语言，也是在这一过程中概念结构发挥着生成语言、解释语言的作用。概念结构由各种模式，如句法模式、语义模式、语用模式、文化模式等共同整合而成，故而所谓的概念结构是一个蕴含了不同的层级的存在。两种语言的转换，归根结底是两种概念结构的转换。若以语言层次为参照物划分，则其可分为词级、句级、语篇概念结构。

二　英汉字词级差异：象似性审美表征的缺失

两种概念结构的殊异是造成基础意义单位差异的根本原因，词一级表达的差异是概念结构不同的体现。语义的兼容性也取决于两种概念结构的距离。必须明确的是，"两种语言的转换，实际上是两个概念结构系统的转换"[①]。在意义传递过程中，古诗译文之所以产生与原文不同的诗歌精神与审美效应，是根植于概念结构的各层级意义共同作用的结果。故而欲厘清这一问题，我们需从基础的意义单位入手剖析，即英汉词级的差异在古诗译文中的体现以及对审美体验造成的影响。

> 概念结构可分成词级概念结构、句级概念结构和篇章（语篇）概念结构。词级概念结构是最基本的思维单位，要学习用英语思维，首先要掌握英语词级概念结构的模式。[②]

汉语的构词方式为六书，即象形、指事、会意、形声、转注、假借。带有强烈的指示性与喻指性的偏旁部首组成的汉字都流溢着象似性（iconicity）的色彩，是故望文生义的现象屡见不鲜。英语的构词法分为：复合法（compounding）、前缀法（prefixation）、后缀法（suffixation）、转换法（conversion）、逆构词（back-formation）、不可预知构词（unpredictable formation）。其中不可预知的构词法又包括：混合法（blending）、缩略法

---

① 陆国强：《英汉概念结构对比》，上海外语教育出版社 2008 年版，第 13 页。
② 陆国强：《英汉概念结构对比》，上海外语教育出版社 2008 年版，第 13 页。

（clipping）、首字母缩略法（acronyms）。① 前缀法、后缀法都是通过在前后增加词根词缀的方法来构成新词，故称为派生法（derivation），arrival、enlighten、fisher、dependent 等都是派生词。与此相应地，不需要通过派生手段或改变词形的转化法，则仅仅在词性或含义上发生变化构成新词。复合法，即通过两种或两种以上的词共同构成一个新词，如 cutoff、makeup 等。

无论是英语还是汉语，归根结底是通过加缀、派生、重叠、复合、缩略、借用等方式来构词的。英语有形态变化，以此表达语法关系，故而是为综合语。汉语则相反，其依托于词序与虚词来表达，是为分析语。这是对英汉语言宏观层面的概括，而微观处则在于英语的词意识与汉语的字意识的差别。

> 强调英语的"词"是现成的，汉语的"字"是现成的。这正好说明两种语言在书写习惯上的不同。因为英语等语言普遍把词做为书写单位，不仅有字之间的排列距离，而且有更大的词的排列距离，而汉语的书写中只有字的排列距离。②

是故，我们在面对英语文本时，强化了对于"词"的认知，正如我们在面对汉语文本时已经习惯了"字"作为基本的单位。在日常生活中，我们常说"记单词""识汉字"，这正印证了中英"字本位"与"词本位"的区别。

一直以来，由于我们使用字式的书写格式，词与字按照均匀的距离排列在文本中，不似英文中一词一空格，这种书写排列方式强化了我们的"字本位"意识。而事实上，"'词'是语言系统中最小又自由的基本单位；'字'是文字系统中最小又自由的基本单位"③。我们总以为英语的词即同于汉语的字，所以，实际应用中出现了很多有趣的误译。如出口——

---

① 参见 Laurie Bauer, *English Word-Formation*, Cambridge：Cambridge University Press, 1983, pp. 201-241。

② 彭泽润：《词的理论及其应用——中国语言现代化展望》，中国言实出版社 2015 年版，第 53 页。

③ 彭泽润：《词的理论及其应用——中国语言现代化展望》，中国言实出版社 2015 年版，第 57 页。

export，"请在一米线后等待"——please wait outside rice-flour noodle line。又如"小心地滑"被译成"carefully slide"，颇有一种"请不要大胆地滑行，而要小心翼翼地滑"的意味。如斯种种令人啼笑皆非的翻译都是直接将汉语的字意识加之于英语语言体系而造成的。换言之，正是受汉语中字本位意识的影响，我们常常理所当然地认为英文与汉字是一一对应的。

那么在古诗这种文体中，与字词本身相关的概念结构是如何在原文与译文中对诗歌精神与审美效应的产生影响的呢？这与古诗批评的语言之维有关。

在古诗的语言体系中，词级的概念结构差别常常因被兼括于更高一级的意义单位中而被忽略。单纯的对于古诗语言的分析常流于语言学层面本身，又或是沦陷于主观印象的"侵扰"。中国诗歌重意而轻言。无论是中国诗评倚重的"意蕴"，还是西方新批评崇尚的"语言"，都只是古诗语言批评的一种方式。

传统的诗歌批评多将目光聚焦于与个人体验和知识架构有关的象征式表达上；而为了使诗歌语言摆脱过多主观情志的纠缠，过去在对古诗译文的语言维度进行评判研究时，学界多孤立地站在语言学视域中分析音律、语义、语法、修辞等问题。正如葛兆光阐释的那样，"诗歌的语言学批评并不是学院里纯粹的语言学研究，现在中国的语言学与文学之间，常常像睦邻一样友好互不侵犯，也像陌生人一样隔膜互不越界。"[①] 又如，蒋绍愚的《唐诗语言研究》共分四章，分别讲述了唐诗的格律、词汇、句法和修辞。他曾在前言中提出："语言障碍扫除了，才能进而对唐诗作思想、艺术上的分析和鉴赏。"[②] 这是学界在进行古诗研究时普遍所持的观点。

对诗歌语言的批评，既不能流于对字词本身的语言学视角分析，也不能任意加诸意图评判。

葛兆光曾提到中国诗歌至少有三种印象必须被排除在语言批评之外，这三种印象，即穿凿的背景印象、迂腐的人格印象以及偏执的意图印象。

---

① 葛兆光：《汉字的魔方：中国古典诗歌语言学札记》，复旦大学出版社 2016 年版，第 29 页。

② 蒋绍愚：《唐诗语言研究》，语文出版社 2008 年版，前言第 2 页。

但是，存在一种诗歌语言本身引发的印象应该被关注。①

> 诗歌的语言批评必须确立语言的中心地位。但是，当剔除了语言之外那些容易将我们的理解引向歧途的"印象"之后，我们仍将容许语言引发的"印象"的存在，我们的诗歌语言批评不应当死守旧的语言学教条，而应当对语言兼有注释与阐释的双重功能，前者是 explanation，应当指出语言在它被使用于诗歌那个时代的意义范围，使我们阅读者了解它的语义变化，"训诂"这个词的本来意义就表明了这个企图；后者却是 hermeneutic，则应当通过消失了的时间寻找那个时代普遍的文化精神与审美感受在语言中的痕迹，通过阅读者对这些语言的"印象"来确立那种文化精神与审美感受在现代人心目中的反应，前者或许传统意义上的语言学可以胜任，后者却不可避免地要引入印象。②

我们所容许的语言本身引发的"印象"，是无关"意图"与"感受"，亦无关"知人论世"的宏阔背景的一种联想。对于诗歌原文而言，这种印象是汉字本身引发的想象；对于译文而言，印象则是由单词触及的遐想。由于生成两种文字的概念结构不同，汉字与单词无法实现表达完全对等，总有涵义被遮蔽，一如随着语境的变化又会有新的外延意义被补充。比如前文中提到的"肉"与"flesh"之间就是一种内核似的对应，而由于"flesh"还有"使毛骨悚然""使丰满"等涵义，而"肉"亦有"行动迟缓，性子慢""浅薄鄙陋"等涵义，两者并不完全对等。在各自的语境中使用时，除却语境直接恰合的一重语义之外，其他任何涵义都对其形成一

---

① 参见葛兆光《汉字的魔方：中国古典诗歌语言学札记》，复旦大学出版社 2016 年版，第 41—43 页。

注：所谓"穿凿的背景印象"，即从历史中为诗词找寻存在依据，用最精细的历史事实为诗句做出注释。"迂腐的人格形象"，即中国古代诗歌批评经由语言去揣摩诗人人格，也凭着对诗人的印象去解释语言。"偏执的意图印象"，即通过揣摩作者意图来挖掘意义，又通过意义来证明意图，是一种意图谬见、感受谬见似的阐释。

② 葛兆光：《汉字的魔方：中国古典诗歌语言学札记》，复旦大学出版社 2016 年版，第 44 页。

种意义的补偿。

　　为了各种概念的区分，姑且把一个汉字或一个单词之所以生成为一个独立的单位时所表达最初的意义称之为字的"内核意义"，把其在历时变化中所增加的涵义称为"外延意义"，其在语境中恰适的意义称为狭义的"语境涵义"。那么，每一重涵义都相当于一个语义场，它不仅向其他各重涵义辐射其意义，也接受其他语义场的辐射。两种辐射共同作用下，一个完整的语境涵义才现身。或者说，一个完整的语境意义正是由内核意义与外延意义共同组成的。而我们平日所接受的，正是这样一个广义的语境涵义。这是与概念结构直接相关的印象。

　　此外，来自文字形态本身的"印象"也同样重要。对于汉字而言，字形同语义一样都与其概念结构紧密相连。汉字作为一种象形文字演变的结果，其象似性不容忽视。

　　所谓象似性，即语言符号的象似性，其与"任意性"之争相持千年，此消彼长。西蒙娜（Raffaele Simone）曾在 *Iconicity in Language*[①] 中将两者总结为柏拉图模式（Platonic Paradigm）和亚里士多德——索绪尔模式（Aristotelian—Saussurean Paradigm）。这也是唯实论与唯名论的一个重要区分。

　　　　唯名论以亚里士多德为主要代表，认为语言形式与所指对象之间没有必然联系，事物之取名完全是一种任意行为；唯实论以柏拉图为主要代表，观点与之相反，认为二者之间存在一种内在联系，物体命名往往遵循一定之规。[②]

　　唯名论，或者说亚里士多德——索绪尔模式，主张符号的能指与所指之间的关系是任意的。比如，That what we call a rose, by any name would smell as sweet。在 20 世纪初期，任意性的观点以绝对的优势在语言学界占

---

　　① 注：即 Raffaele Simone ed., *Iconicity in Language*, Amsterdam: John Benjamins Publishing Company, 1995.

　　② 何南林、吴转利、丁娓娓：《汉英象似性对比研究》，江苏大学出版社 2013 年版，前言第 1 页。

据着主导地位。70 年代以后，认知语言学的兴起为象似性的由衰及盛提供了新的理论依据。

认知语言学认为，"语言是人类在对现实世界进行互动体验和认知加工的基础上形成的，这就是认知语言学的核心原则——'现实—认知—语言'，倡导的是三元模式"①。

不同于传统的语言学与结构主义语言学所秉承的"语言—现实"的二元结构，认知语言学认为，"认知"在语言与现实之间起着至关重要的作用，这种关键的作用集中表现为——语言符号是对于认知方式的模拟。

> 据此可知，语言符号象似于认识方式，也在人的认知作用下某种程度上象似于现实世界，语言符号和语言行为在许多方面必然要打上人类和自然的烙印。②

我们在前文中所提到的解释语言的生成与呈现样态的概念结构，作为人际交往与交流过程中由于反复应用而形成的一种动态结构，也正是基于人脑的这种认知而产生的。故而，概念结构通常体现着特定语境中生成的"象似性"。若说两种语言的差异归根结底是两种文化系统的差异，那么两种文学系统的差异首先体现在不同语境决定的概念结构与象似性的不同之上。然而，"语言符号虽然是'任意'的，但它们所代表的事物或物质实体从基本上说却是对等的。操不同语言的人对客观事物或物质实体的认识虽然可能各有其不同的认识特征（包括运用不同的感官手段、强调不同的感应效果等等），但是他们的认识依据，即物质基础是同一的"③。是故，不同概念结构的人可以相互理解，象似于不同具体认知语境的语言操持者有言情达意的可能。

> 象似性在语言的不同层面及其在跨语言对比时存在程度上的很大差别，也就是"象似度"之别。由于现实世界是通过人类的认知加工

---

① 王寅：《什么是认知语言学》，上海外语教育出版社 2011 年版，第 153 页。
② 王寅：《什么是认知语言学》，上海外语教育出版社 2011 年版，第 153 页。
③ 刘宓庆：《新编当代翻译理论》，中国对外翻译出版有限公司 2012 年版，第 69 页。

之后才与语言符号发生联系的，若不同民族的认知方式有差异，语言形式与现实世界之间所建立的联系也一定会有差异，即使是拟声词，虽仍可体会到音义之间的拟声关系，但也绝不是，也不可能是自然声音的完全复制。[①]

就此层面而言，汉语与英语之间即便均具备象似性，也会存在根本的差别。而由象似性本身所反映的审美维度也自然各见其长。

在古诗这种特殊的文体中，诗歌精神与审美体认通过不同层级的意义相互作用、相互配合共同体现而出。字与词所体现的象似性正是诗歌精神与审美体认的基本维度。"象似"本身所具有的"摹仿"性质与审美的联想范畴相契合。换言之，至少在诗歌的语言批评维度，汉语之"字"与英文之"词"基于象似性的对比探究是审观古诗原文与译文之审美差异的基础。

人们普遍误解了阅读汉字的过程。多项研究表明，音韵意识在儿童学习阅读中文的过程中发挥了一定作用，但形态意识更为重要。尽管如此，一些具有视觉特征的汉字可以为其意义提供指示，这也是事实。[②]

汉语特有的视觉表意功能是其与英文书写系统最大的区别所在。比如说，"雨"这个字很形象又很简要地勾勒出雨的形态，"门"又与现实中大门极具相似性。而"rain""door"并不具备这种拟态功能。除了形态上的相似，汉字的字形也会对人的心理状态进行模拟，比如"臭"，其形态告诉识字者"自大一点"便是"臭"。而英文中，"臭"通常是用"smell badly"表示，显然不具备对这种心理状态的表现力。此外，汉字的偏旁部首也是表意功能的直接体现，比如"月"字旁通常指示与身体部位有关，"扌"只是与"手"相关。英语中虽然有很多词根词缀，比如"dis"表示

---

① 王寅：《什么是认知语言学》，上海外语教育出版社 2011 年版，第 153—154 页。

② Gigi Luk and Ellen Bialystok, "How Iconic are Chinese Characters?", *Bilingualism：Language and Cognition*, Vol. 8, No. 1, 2005, pp. 79-83.

否定，"ism"表示某某论、某某主义，但其仍然不具备汉字偏旁部首一样直接的表意、指示或拟态功能。

故而，象似性不仅是汉字与其所指之间视觉相似度的衡量单位，也是英汉"字本位"与"词本位"特征在认知语言学层面差异之体现。汉字视觉表意，不需诉诸声音，仅通过形态便可判断其与所指间的关系。英语中，音才是更似于字母表征的所在。但从表层分析，汉字的形态特征更为鲜活，而英语的语音特征更为鲜朗。

在古诗中，汉字的形态特征本身引发的联想正是古诗批评的语言学维度。这也是葛兆光现在在《汉字的魔方》所倡导的容许语言引发的"印象"存在。

有鉴于汉语与西方语言的不同，丰华瞻曾提出，就作诗而言汉语的优势主要表现在两个方面：其一，诗歌应该用具体的、形象的词语，而汉语比西方语言包含更多的形象；其二，诗歌贵含蓄，不宜直陈，而汉语含蓄、集中而简练。① 汉语的丰富形象正是得益于其象似性。在中国古诗中，日常的、普通的事物常常通过具体的形象而得以表达。比如，"夫妻"被称作"鸳鸯"，"伤心"是为"断肠"，"美人"即"红颜"。这些表达的象似性具有双重向度。从字本身的形态而言的象似，以及具体形象与本体之间的象似。这双重象似性正是语际转换中，字词一级审美效应迥异的原因。

象似性的原则主要体现在距离的象似性、数量的象似性以及顺序的象似性三方面。② 现以杜甫的《登高》为例，简析英汉词级差异对于诗文的诗性与审美效应的影响。

---

① 丰华瞻：《中西诗歌比较》，生活·读书·新知三联书店 1987 年，第 104—112 页。

② 查尔斯·皮尔斯（Charles Peirce）根据符号与对象的关系，曾将符号分为三类：即图像符（icon）、标志符（index）和象征符（symbol）。当然，也有不少人将其翻译为象似符、指示符和象征符。前一种译法取自 2006 年，社会科学文献出版社出版的《皮尔斯文选》（详见书第 280 页，主编涂纪亮，译者涂纪亮、周兆平）。其中图像符又可分为：映像符、拟象符、隐喻符。映像符（imagic icons）：其与所指之间的存在某种特征上的象似性，主要体现在声音与形体两方面，比如拟声词、照片等；拟象符（diagramamtic icons）：其与所指之间是一种概念、关系层面的相似，比如地图、文字等；隐喻符（metaphoric icons）：通过两种事物之间的平行性来指称事物。

登高

杜甫

风急天高猿啸哀，渚清沙白鸟飞回。

无边落木萧萧下，不尽长江滚滚来。

万里悲秋常作客，百年多病独登台。

艰难苦恨繁霜鬓，潦倒新停浊酒杯。

On the Height

Du Fu

The wind so swift, the sky so wide, apes wail and cry;

Water so clear and beach so white, birds wheel and fly.

The boundless forest sheds its leaves shower by shower;

The endless river rolls its waves hour after hour.

A thousand miles from home, I'm grieved at autumn's plight;

Ill now and then for years, alone I'm on this height.

Living in times so hard, at frosted hair I pine;

Cast down by poverty, I have to give up wine. [1]

此诗于大历二年（767）作于夔州（今重庆奉节），被誉为杜甫七言律诗的顶峰之作[2]。首联中，出现了几个明确的视象——风、天、猿、渚、沙、鸟。译文中对应的译作——wind、sky、apes、water、sand、birds。"渚"和"沙"的概念似乎与"water"与"sand"不完全对等。"渚"本义指水中的小洲、小块陆地，"渚"后有一个"清"字，"清"是一个表示碧绿透彻。由于其"氵"这一部首，总是令人想起与水有关的意象。"渚"与"清"连用，前者的意义就不再单纯指水中的陆地。如若把"渚清"用影像的方式呈现，则焦点由"渚"转向与之紧密相连的"水面"。

---

① 许渊冲译：《唐诗三百首》，中国对外翻译出版公司 2007 年版，第 359 页。

② 注：明代胡应麟《诗薮》赞其"精光万丈"，是"古今七言律诗第一"；清代杨伦在《杜诗镜铨》称赞其为"杜集七言律诗第一"（参见俞平伯等《唐诗鉴赏辞典》，上海辞书出版社 2013 年版，第 639 页）。

两者浑然一体。而这种意象的生成与"渚"与"清"都是"氵"产生的联想有关。"沙"似乎也在呼应着"水"的潜在存在。这种与水有关的意象均由"氵"象似水本身的形态而引发,并由于三者的内核意义相互呼应相互补充,"水"意蕴强化。是以"渚"中包含的"陆"的概念在一定程度上被遮掩,与此同时"水"的概念得以凸显。从这个层面而言,译文中"water"的使用是可以理解的。原文中"氵"在提示我们"渚"并非一个以"陆"的含义为主的存在,而是水中之洲,即洲浮于水上的样貌。如果说"氵"仅仅是在提示我们"水"的内蕴,而这种隐蔽的现身并不能完全取代"陆"的含义,那么很显然 water 不具备这种效应。"Water so clear"仅仅将焦点放在"水"的概念一层,而"陆"的含义被完全消解,完全被"水"的内核所取代。

"落木萧萧"指落叶飘下时发出的萧萧的景象。这四个字极有特点,"艹"表示与植被有关。"下"的形态本身就有一种方向性属性。与"落木萧萧"相连,仅就字形而言,便有一种植被逐渐凋零、飘然而下的感觉。而"shower"在《柯林斯高阶英汉双解学习词典》被解释为:"You can refer to a lot of things that are falling as a shower of them"。且"萧萧"为叠音,"shower by shower"在很大程度上模拟了这种音、形的样态。"萧萧下"与"shower by shower"在各自的语言体系中对应描述的客观现实也颇为相似。尽管如此,我们也不能否认一个事实,"落木萧萧下"由字形本身引起的落叶自上而下缓缓落下的过程,无法在"shed its waves hour after hour"中得到重现。当然,"无边"与"不尽"相对,"boundless"与"endless"也在句法与语篇层面寻求着一种象似层面的重现。

"滚滚来"是一个动态感极为强烈的表达,而"氵"不仅强化着"江"的核心含义,且呼应着首联中的"水"之内涵。"滚滚"因其动态感,故而空间性较之于时间感更为昭著。"hour after hour"则以完全的时间性取代了空间性,而空间感是依靠"roll"来展现的。"滚"本身所包蕴的时空感,被分成为"roll"所包含的空间感与"hour"所延展的时间感。

我们必须明确,象似性并不仅仅存在于词一级意义单位中,句子、语篇,乃至文体等文学概念中都包含着基于认知的象似性。也正是不同层级的象似性特征彼此间的相互呼应与印证,加强了我们对于诗歌语言与所表达情感之间的象似性的感应，加深了我们从语言出发对于情感与世界同构的领悟。

三　英汉句法的差异：诗歌的构架-肌质

当字词间的意义场相互"辐射"，一种更高级别的语法关系——句法，已雏形初现。字词之间的张力正体现在其与句法的相互关系之中。是故，"对等"如"乌托邦"一般，似近在眼前，又难臻其境。

尽管无论怎样倾尽心力也无法实现所谓的"对等"，翻译依然从来不回避"对等"的问题。即便字词所包含的意象在目的语中重现，依然不能确保源语言与目的语双重文化体系中审美体认的一致。除却译者、读者、文化语境等因素，就古诗的概念意义层而言，字与词的排列与连接方式所呼应的语法维度正是我们在词级之后的关注点。

关于古诗句法研究不胜枚举，最典型的是王力的《诗词格律》《汉语韵律学》等。王锳在《古典诗词特殊句法举隅》中从语序与成分两个角度阐释了古诗词句法现象，并从现代语法意义上，将句法问题归纳概述为语序的错综、成分的省略、内容的紧凑、结构的扩展等问题。[①] 其中，语序的错综包含各种句子成分的挪用与换位，如主宾换位、状语挪前、兼语式与连动式的挪用等；成分的省略包括名词、代词、动词以及介词的省略现象。此外，他还将我们平日所见的呈现于书本之上的诗句形式，称之为格律句。而形式上的"一句"，未见得符合文法，或者语义的相对完整。比如"葡萄美酒夜光杯，欲饮琵琶马上催"中，"葡萄美酒夜光杯"与"欲饮琵琶马上催"分别是两个格律句，却不是语法句。这句话的实际表达应该是"葡萄美酒夜光杯欲饮，琵琶马上催"，标志着一个语法句。"蓬门未识绮罗香，拟托良媒益自伤"中格律句则与语法句重合。前者是为扩展句[②]，后者是为紧凑句。

又如蒋绍愚的《唐诗语言研究》提到，"诗歌韵律的节奏和意义的节

---

① 参见王锳《古典诗词特殊句法举隅》，语文出版社 2014 年版。
② 注："扩展句"在蒋绍愚的《唐诗语言研究》中被称为"连贯句"。

奏并不总是一致的，比如五言诗韵律的节奏都是'二二一'，但意义的节奏却有'二二一''二一二''一一三''二三'等多种"①。韵律的节奏与平仄有关②，其亦意义的节奏则取决于意义的划分。除却具体讲解的省略与错位现象之外，其亦总结了若干种特殊句式，即特殊的兼语式③、特殊判断句④、特殊述宾式⑤等。

《考槃在涧——中国古典诗词的美感与表达》则总结说："古人将结构称为章法，前人分析章法，所谓结构开阖、回互周旋、草蛇灰线，已有许多讲究。这里将古人的多种'诗格'加以归纳选择，用现代汉语的方法加以表述"，即逆起式、承接式、交综式、翻叠、对比、跳跃。⑥

无论如何阐述，句法关系都是对字级、词级语法关系的深化与综合。字与词更加显著的特征不在文法本身，而在于其所指。句法则不同，其显著特征表现在两点，一则是字与词所指相连接之后呈现的直观感受，一则是字词链接排列的方式。换言之，字词的排列方式表现出一种内容间的关系。

> 当谈到艺术作品内部关系时，我们经常是就以下两个意义来讨论的："有主要部分之间规模较大的联系，也有次要部分之间规模较小

---

① 蒋绍愚：《唐诗语言研究》，语文出版社 2008 年版，第 137 页。

② 注：就韵律而言，近体诗比较典型。近体诗平仄规律要求平仄相间，以造成声调的抑扬顿挫，使诗歌具有音乐美。

③ 兼语的谓语部分是连用动词。在兼语中谓语分为两部分，其中前一个谓语的宾语同时充当着第二个谓语的主语。比如"使阳处父追之"，"使"是一个谓语，其宾语为"阳处父"，"追"是第二个谓语，"阳处父"同时充当了"追"的主语。第二个动词有时也被形容词充当。通常的兼语式在散文中，仅限于"使"、"令"等动词，而唐诗中则不然。比如"树绕温泉绿，尘遮晚日红"，"绕——绿"为谓语，"温泉"既是"绕"的宾语，又是"绿"的主语。"绿"就是前面所讲的兼语式中的形容词充当第二个谓语的情况。

④ 判断句用来对事物的属性作出判断，通常由名词或名词性词组充当谓语。蒋绍愚此处所讲的特殊判断句，特殊之处在于其亦可被视为倒装句，如"绿奔穿内水，红落过墙花"。而有时其看似句型与倒装句相似，却仅可作为判断句分析，如"碧知湖外草，红见东海云"。

⑤ 特殊述宾式指将宾语中的中心语放到动词之前的情况，比如"枕戈忆勾践，渡浙想秦皇"实际应做"忆勾践——枕戈"，"想秦皇渡浙"；"荐衡昔日知文举，乞火无人作蒯通"应作"知文举昔日荐衡"。

⑥ 陈友冰：《考槃在涧：中国古典诗词的美感与表达》，商务印书馆 2011 年版，第 96—122 页。

的联系——或者换句话说，既有较大的、也许是较远的审美对象之间的联系，又有相邻的审美对象之间的联系。因此，我们要区分两种审美形态：构架（structure）和肌质（texture）。"①

架构与肌质之间的关系昭映着不同层级意义单位间的关系。"构架—肌质"（structure/texture）理论，又译作"结构—肌质"，是兰色姆（John. C. Ransom）本体论诗歌的典型观点。他认为，当现代科学的物性实用观打破了传统的人与客体的审美关系，诗歌因此陷入一种前所未有的困顿之中。兰色姆主张，"艺术和诗歌就是要努力传达关于事物'无穷无尽的多样性'的认识，唯有艺术才能使人类的经验得到充分的认识和理解"②。唯有通过对于自然与物性的凝视与反思才会有恢复传统的、无功利的审美关系的可能。

> 所谓结构就是诗歌的逻辑观点或曰散文释义，而肌质则是诗歌中附着于结构，却又不囿于结构的、意趣旁生的细节。科学话语也有逻辑结构，但却没有这种纷繁异质的肌质，因此诗歌有别于科学话语的特质就在于这种特殊的肌质。肌质相对于结构具有局部、异质、本体性的存在，提供了关于这个世界丰富、真实的知识。结构大致相当于内容，它只在作品中负载肌质材料；肌质大致相当于形式，它才是作品的本质和精华，并与结构分立。③

《唐诗三论》认为，艺术作品的内部关系的探讨基于两种联系。这两种联系就是门罗（Monroe C. Beardsley）的《美学》（*Aesthetics*）④ 中讲到的"主要部分间的大规模联系"与"次要部分间的小联系"，由此引申为

① ［美］高友工、梅祖麟：《唐诗三论：诗歌的结构主义批评》，李世跃译，商务印书馆 2013 年版，第 52 页。

② ［美］约翰·兰色姆：《新批评》，王腊宝、张哲译，文化艺术出版社 2010 年版，译序第 11 页。

③ ［美］约翰·兰色姆：《新批评》，王腊宝、张哲译，文化艺术出版社 2010 年版，译序第 12 页。注：原文中的结构即上一段引文中的"构架"。

④ 参见 Monroe C. Beardsley, *Aesthetics*, New York and Burlingame：Harcourt, Brace & World, Inc., 1958。

两种审美——较远对象间的审美与相邻对象间的审美。前者是为"构架"层级审美,后者为"肌质"层级审美。"在近体诗中,'构架'的单位往往是'联'或联中的'句'。"① 其实,这种阐释也适用于古体诗。古体诗与近体诗的划分主要在于韵律、篇幅等方面。就单位意义本身而言,其影响甚少。故而,构架在古诗中可以以"句"为单位。

《新批评》的译序中将"构架"阐释为一种逻辑的观点,结合其所标注的古诗意义单位,架构忽而具有中国传统诗学的"意脉"性质。

意脉,作为一个传统的诗歌概念,并没有一个明确的意义范围层面的定义。如果在诗歌内容维度做出一种界定,那么"意脉"本身的涵义就不能被无限延展。《汉字的魔方》中曾在"言传"层面为"意脉"划出一个意义的范围,即:

> 诗歌意义的展开过程,或者换句话说,是诗歌在人们感觉中所呈现的内容的动态连续过程。②

构架作为贯穿全诗逻辑语义,其显现形态不似意象一般直接,而是作为一种如意脉般的动态的过程,随着诗歌意象的展开与语义概念的推进不断被还原、补充和印证。换言之,构架的探迹与意脉的感知都是一个逐步显现的过程,这一过程的延展与肌质的逐步推进有关。肌质,即前文所提的次要部分间规模较小的联系,是相邻的审美对象之间的联系。

"在诗中,肌质是词语间局部的相互影响……肌质可以产生构架。"③ 肌质所描绘的关系正如我们在第一节中讨论的那种内核意义、外延意义以及语境意义的关系。语境中恰合其意的是为内核意义,而字与词在历时变化中不断补充的,以及来自互文层面的意义是为其外延意义。外延意义对

---

① [美] 高友工、梅祖麟:《唐诗三论:诗歌的结构主义批评》,李世跃译,商务印书馆 2013 年版,第 52 页。

② 葛兆光:《汉字的魔方:中国古典诗歌语言学札记》,复旦大学出版社 2016 年版,第 47 页。

③ [美] 高友工、梅祖麟:《唐诗三论:诗歌的结构主义批评》,李世跃译,商务印书馆 2013 年版,第 52—55 页。

于内核意义具有潜在的补充效应。此外，不同词语间不仅向其他"词场"辐射自身意义也接收其他"词场"的意义辐射。这些意义共同构成了语境意义。这些不同层面的联系即为邻近的审美对象间的联系。这种联系在表意象的静态的名词中更为明显。比如"古藤老树昏鸦，小桥流水人家""水国蒹葭夜有霜，月寒山色共苍苍""月落乌啼霜满天，江枫渔火对愁眠"等都是以独立的事件来确定时间与空间。如果说由一系列事物共同建构的虚拟空间体现了字与词之间的张力，那么作为一种反向作用力，构建的时空也使得各种意象更为紧密地联系在一起。正是这种"境"的现身在一重一重的意义展开中印证着"构架"与"肌质"之间的关系。构架和肌质共同构成作为有机整体的诗。

不过，此处极易引起一个歧义，即构架在先前的阐述中是作为"意脉"似的概念出现的，表示逻辑语义的延展，若予其一个与"境"相关的空间概念的身份，似乎有望文生义之嫌。如何理解？其实两者并不矛盾。"境"或者说肌质产生的"构架"不仅仅是一个各种肌质的集合，更是一个符合我们认知的，与我们生活的空间相互兼容的意义综合体。它不仅可以折射各种层面的意义，也昭显着各层级之间的关系。其发挥作用的过程，有似于"立象以尽意"。意脉随意象与语序层层流转而逐步明朗，构架也随肌质的现身与其间相互作用的加深而重重起筑，渐次清晰。

古诗在接受者意念中引起的对于诗歌精神与审美的体认，与肌质构建构架的方式有关。而诗歌归根结底是诉诸语言承载得以表达。肌质对于构架的建构投映于语言层面，即为句法与意脉的关系。句法不是简单的词语的排列与连接问题，其不能决定意脉本体的传承，却会影响意脉的显现方式。当排列与连接影响了我们对于意象的瞩目顺序与时间，进而影响了我们的置景、造景与达意。构架——肌质的审美维度就随文发生变化。现以柳宗元的《江雪》为例试析之。

江雪

柳宗元

千山鸟飞绝，万径人踪灭。

孤舟蓑笠翁，独钓寒江雪。

River Snow

Liu Zongyuan（773~819）

Not a single bird visible

in hundreds of mountains，

nor any footprint discernible

on thousands of trails，

only a solitary boat，

a bamboo-capped-and-clad old man

alone，fishing——

the snow

in the cold river. ①

    裘小龙英译的《江雪》，就译文本身看，其与许渊冲的译风的最大不同在于语义的整合方式。许译通常是按照古诗原文一句一顿，一联被处理为一个完整的英文句子。而裘译则将意译整合为涵义相对广阔的意义单位。或者说，在其笔下的英文单句包含比原文更加广阔的信息。

    《江雪》原文包含两联，四个句子，译文则是一整句话。"千山鸟飞绝"，与"万径人踪灭"是互文见义。互文在此处的美学效果表现在三点。其一，扩大了诗歌所展现的时空感，"千山"与"万径"在排列上的先后，其字间距离在潜意识中强化了读者对于"群山"的绵延样貌。其二，描述主体的分离，不仅强化了诗歌主题，而且凸显了主体在"境"中的存在感。当主体凸显，其与"境"的关系问题就会昭然于视域之中，或相融，或冲突。相融则表现为一种和谐，冲突则以一种非常规的手段实现情感的倾诉。在《江雪》中，"鸟"与"人"作为主体，被置于群山万壑之中，是一种渺小与宏大的对比。两者分别位于同一联的两句之中间位置，不仅

---

    ① Qiu Xiaolong，*100 Classic Chinese Poems*，Shanghai：East China Normal University Press，2010，pp. 120-121.

是位置上的前后呼应，且更回应着下文中渔翁的孤寂之感，映衬了全诗的基调。其三，互文引发了两条并列的叙事线，由此造成双重境象的重叠。有趣的是译文也是以对称的形式表现互文的含义，两小句分别由"not"和"nor"引起，"single bird"与"any footprint"相对，"（not）visible"与"discernible"相和，"in hundreds of mountains"与"on thousands of trails"相成。所有成分都是对应地排列在分句两侧，那么为何没有实现互文的效果？不难发现，译文与原文的差别在于语序上。英语语序与古诗的语序的距离并非英语到汉语那样简单。现代英语的语序与现代汉语的语序存在一定差别，而现代汉语与古代汉语、与古诗又存在很大不同。换言之，古诗译文与古诗之间的距离，不仅仅是共时性的差异，还存在历时性的鸿沟。

从共时性角度看，同时代的英汉语序不可共论。汉语的语序涉及事件顺序问题。戴浩一在《时间顺序与汉语的语序》中将之阐释为"时间顺序原则"。

时间顺序原则（The principle of temporal sequence，以下称为 PTS）可以表述为：两个句法单位的相对次序决定于它们所表示的概念领域里的状态的时间顺序。①

比如说，"我去吃饭了"，"去"与"吃饭"是有先后顺序的，先"去"到某地然后才能进行"吃饭"这一行为动作。由于"象汉语这样的非屈折语具有较多的直接投射，而象英语这样的屈折语则具有比较多的间接投射，即投射必须透过对形式句法范畴所规定的那层限制"②，故而汉语的语序固定与自由与否，是一种与个人言说喜好有关的非限定性语法范畴。

然而更重要的事实是，这种语言把动词作为中心参照点，按照时间顺序来排列跟动词有语义联系的成分。从这个意义上说，汉语的语

---

① ［美］戴浩一：《时间顺序和汉语的语序》，黄河译，《国外语言学》1988 年第 1 期。
　　注：原题为"Temporal Sequence and Chinese Word Order"，载于 *Typological Studies in Language*，Vol. 6 . 1985.
② ［美］戴浩一：《时间顺序和汉语的语序》，黄河译，《国外语言学》1988 年第 1 期。

序并不是联系语义和句法的任意的抽象性质的机制。Chomsky 提出的四种基本的投射系统都是任意的,因为它们不必跟思维的形式相合。然而汉语却提供很有意思的例子,它的语序跟思维之流完全自然地合拍。①

语言的排列顺序与思维的延展顺序应当基本对称。汉语操持者讲话时通常按照感觉世界中的次序展开描述。"汉语的语序更自然,更吻合说话人感觉世界中的'事实程序'。"② 时间顺序原则的实质即为一种在感觉世界中呈现的事实程序。

英文语境中有五种基本句法③:

1. 主语+谓语

2. 主语+系动词+表语

3. 主语+谓语动词+宾语

4. 主语+谓语+间接宾语+直接宾语

5. 主语+谓语+宾语+补语

谓语是每个句子必不可少的成分。其句法的排列遵循主+谓+宾的顺序,而汉语则不然,其通常将标志最为显著的主题特征的成分置于其他成分之前。此为其第一重距离。

我们必须明确的是,这第一重距离不仅仅是莱曼(W. P. Lehmann)在《描写语言学引论》(*Descriptive Linguistics: An Introduction*)中所概括的"主题化"那样单纯的作为一种语序特征而现身,更多的则是一种思维由多维向线性转化的过程。

理性思维将直觉概念以直线性的序列串联起来。人置身于一个由空间和时间同时构成的四维世界中。人的思维活动,一方面是在对一个自由相互作用的力场的种种"产品"的直觉性把握中展开,另一方

---

① [美] 戴浩一:《时间顺序和汉语的语序》,黄河译,《国外语言学》1988 年第 1 期。

② 葛兆光:《汉字的魔方:中国古典诗歌语言学札记》,复旦大学出版社 2016 年版,第 48 页。

③ 参见罗国梁《实用英语语法精粹》,华东理工大学出版社 2015 年版。

面，又可以循着一个一度的路线理性地把握整个空间的"景色"。①

当我们在某种情境中，由于某一特定组合呈现的景象而引发一组与之相关的印象，不过这种印象不可避免地受到了"时间"与"空间"双重向度的挤压而表现为直觉思维概念所对应的样态。这种被力场挤压后呈现的样态最终融变为以"境"的空间概念存在于大脑中的印象。"理性思维将整个同时性的空间结构和所有线性关系都变形为向一个方向延伸的连续——我们用箭头形再现的那种事件。"② 而语言是一种直线序列的表达。由于语言本身在形式上的特征——词与词依次排列，则词所对应的理性思维下的概念也被置于一种"秩序"之下呈现在我们的视野。线性的单维度与串联思维直觉概念的理性思维在某种层面是为一种同构。概念出场的前后顺序就这样反映于语言之中。生成于印象中的空间之"景色"也被置于一种序列下反映于语言中。

然而有趣的是，就在语言学家试图将英汉关于句式中语序与认知、审美的关系问题归类并置于某种"原则"的标签之下并为暂时解决了问题而感受久违的心安时，古诗中的语序问题却慢慢展现着神秘的存在。那么该如何看待古诗的句型中的语序问题呢？

在古诗中最常出现的就是倒装和省略。倒装，不仅仅是一种起强调作用的语言学现象，其催引的诗学效应与美学效应才是更值得我们驻足探究之处。我们曾提到意脉是诗歌在感觉中所呈现的内容的动态连续过程，"和任何连贯的文字叙述一样，诗歌也具有一种内在的前趋力，当句法倒装打断了自然的流动时，律动和力量均得到了强化"③。于是倒装打破了原有的语序，原本文本所蕴含的内在驱动力也随之发生了或为力，或为方向，或兼而有之的变化。

----

① ［美］鲁道夫·阿恩海姆：《视觉思维》，滕守尧译，光明日报出版社 1987 年版，第 361 页。

② ［美］鲁道夫·阿恩海姆：《视觉思维》，滕守尧译，光明日报出版社 1987 年版，第 361 页。

③ ［美］高友工、梅祖麟：《唐诗三论：诗歌的结构主义批评》，李世跃译，商务印书馆 2013 年版，第 112 页。

省略的原理与倒装类似。原本完整的意脉断裂，又或者断裂成不同部分后被重新以符合作者感情涌动与思维流向的方式熔炼一体。不论重新连接之处如何完美，诗歌本体都会留存空白之处。正如伊瑟尔（Wolfgang Iser）的"文本召唤结构"所阐释的那样，当诗歌文本出现结构上的省略抑或是语义上的空缺，读者本身就会依据"心理完形"对文本结构与语义做出某种程度的还原。省略越多，空白越多，文本所调动的读者的想象力就越积极。孤立的意义单位就被连接成为一个完整的意义生产结构。一个与语境，与思维建构的空间相联系的意象与意境随即建立，审美由是而生。

此外，我们上文所提到的"紧缩句"与"扩展句"也是依靠改变语序与整合意义来成全音韵的和谐。意象则呈现出疏密有致的样貌。在一联之中，无论是意义的拉伸还是压缩，意脉的改变已成事实。日常语言中的意脉与语序较为吻合，而诗歌语言中，当意脉与语序分离之后，诗歌文本的空间也被扩大，语言也随之更具张力。

> 语言使共时的平行的世界转换成一种直线性的词汇系列，越是准确精密的、语法完整的语言越使世界的本相"变形"，相反，那种语序省略错综的语言却表现的是深层结构即思维本初的原貌——而诗人希望的正是恢复这一体验世界。①

综上可知，古诗译文所描绘的正是乔姆斯基所概括的"普遍语法"（universal grammar）。其不同于现代汉语之处，主要体现在现代汉语所遵循的"时间顺序原则"或者说"主题化"表达模式，即一种与直觉概念更加吻合的事实程序。而古诗则以特殊的表达方式跳跃出这种"感觉—思维—语序"程序。此为古诗译文与原文的双重距离所在。而这双重距离，在审美维度表现为"构架-肌质"的矛盾统一，投映于语言维度则展现为"意脉-语序"之间重合与分离的关系。

那么，译文为何得以跨越这两层距离实现语际转换呢？

---

① 葛兆光：《汉字的魔方：中国古典诗歌语言学札记》，复旦大学出版社 2016 年版，第 53 页。

　　译者在进行语际转换的实质是一种深层结构的传递。语言作为表层结构，只是作为立体的、包孕时空概念的"境"，在共时维度下的平行展现的一组直觉概念引发的事件，而"境"的历时性特点则被极大地消弭。因为，译文与古诗的距离不仅仅是文化的差异，还有时空的屏隔。古诗本身展现的就是作者所处时代语境所孕育的"深层结构"，而古诗流传至今，历时性在延展了文本空间的同时赋予意义不断生成的特性。在这种现实下，译文所要寻找"深层结构"的难度被提升至一个难以估量的高度，摹仿古诗原文所内蕴的"深层结构"而建立的新的"深层结构"，由是生成的两种表层结构也就相去甚远了。

　　研究字词句语法的目的在于正确体悟语义，寻求表层结构背后的深层结构。理解语句的涵义不是凭空臆想的，要依赖语句内部结构的意义和句外环境信息。

第二节　联想意义的走失与寻觅——古诗中的翻译叙事

　　古诗有一套自洽的运行程序吗？

　　在宇文所安看来是这样。他在《中国早期古典诗歌的生成》中将之概括为早期诗歌的语法问题①，并为此提出一系列术语：套语和变体、话题和主题、片段、诗篇与现存文本、混合搭配、主题流传、扩充、口头程序，等等。②

　　诗歌常常被划分为不同的主题，因为人的情感与遭际可以被划分为不同的种类。每个主题都涵括着一系列话题，而话题又包孕各自的程序语。每个主题引出的一系列话题，虽然这些话题的出场顺序不同，甚至看似缺席，但是每一个在这一主题下的话题，对出场的话题都形成一种意义上的

---

　　①　注：此处"语法"并非遣词造句的涵义。通常，语法有三种涵义：其一，构词造句的法则；其二，"语法研究"的同义词；其三，"语言学"的同义词。不过此处的语法特指作诗所蕴含的文法。

　　②　［美］宇文所安：《中国早期古典诗歌的生成》，胡秋蕾、王宇根、田晓菲译，生活·读书·新知三联书店2012年版，第78—160页。

补偿。主题通常是一系列话题的共有表现因素。比如"夜不成眠"主题下，有一系列话题——着衣、徘徊、音乐、清风、床帏、月光、禽鸟等。

每个话题通过一定程序句表达意义，形成自己的"意义场"，同一主题下的话题的意义场之间的意义相互"辐射"，不仅向其他意义场传递辐射，也接受其他意义场对自己的辐射。其本身的意义与接收的"辐射意义"相互作用才构成其完整的意义。倘若 A 诗与 B 诗拥有一些相同的材料，B 诗又与 C 诗共有一些材料，即使 A 与 C 的唯一联系来源于 B，C 诗也可以被用来对 A 诗进行阐释。

对于古诗的复制方式之一是将单音节的词扩展成复合词，比如"道阻且长"化为"道路阻且长"。如此，前者对于后者就是一种原型，后者对前者进行了一场复制。但复制与原型是相对而言，一句诗既可以是对他人的复制，也可以被他人当作原型复制。

话题会有惯用的程序句。如何理解程序句呢？首先要区分话题与程序句的概念。话题在此处指涉同一诗歌主题下经常出现的意象以及由此意象还原出的场景片段，而程序句是表达这种场景片段常用的手法与方式。换言之，话题是就意义而言的内容，程序句是语法意义上的语言形式。任何一个母题中新的变量都有可能成为同一母题下的新话题，产生新的程序句。

宇文所安认为："不同话题的集合不一定构成叙事，但是从这种集合中可以产生叙事。延续性在于话题本身。具体的细节可以被重新组合。"[①]那么在何种情形下话题集合可以构成叙事？如果无法构成叙事，那么在这种集合中"叙事"是如何产生的？

此外，分析意义的得失、增添与压缩不仅要从宏观的、整体的角度进行，还要从微观的、具体的角度展开。比如在魏晋诗歌中，很多无名氏的诗歌被"安放"在一些有名望的诗人名下。这样一首无名氏的诗因为它真正的作者而获得价值，也因安置在某位名人名下而被置于其生平经历的语境中进行阐释，故而会获得比本身更多的意味。

---

① ［美］宇文所安：《中国早期古典诗歌的生成》，胡秋蕾、王宇根、田晓菲译，生活·读书·新知三联书店 2012 年版，第 138 页。

宇文所安认为："作为文本属性的'作者'与价值的评估密不可分，而价值评估反过来也让'真实'与'伪作'的判断更有力。价值评估和真伪判断的运作场是假想的文学史叙事。"[①] 因为"作者"在一个传统诗学语境中的，作为一个不可或缺的具有系统性功能的因素存在。缺少了"作者"，文化叙事就无法呼应其所在的文化时空，诗歌文本就变得不可读。

我们用来阐释诗歌文本的语境，其实是被诗歌本身塑造出来的。习惯于用诗歌与历史共同建构文化叙事并还原所谓文化的时空语境，然后在叙事与轶事中解读诗歌本身，却忽视了这种容纳解释的语境本身与真实历史的距离。且我们在对故事进行阐释时，有时会不自觉地去迎合某种形象。无论是对某个时代的迎合，还是其内心的情感需要的迎合。古诗的成功之处不仅在于它栩栩如生地描绘了某种语境中的某种心境，更加表现为其通过某种描绘，展现出一系列指向不同方向的可能性选择。

作者与叙述者的距离是多少呢？他们在什么情况下重合，又在何种情形下分离？读者是怎样感知这种距离的？我们需要让读者感知到这种距离吗？这些问题都需要我们从译文的叙事建构及其与原文的差异入手，进行深入探析。

一　古诗译文的叙事建构

当译文注定无法以"零度"的状态呈现于我们视野，语际转换中的叙事方式就成为一个无法回避的问题。源语言视域中的叙事如何描述，目的语文化中的叙事如何重建，双重语境中的两种叙事建构有怎样的关联，都是翻译叙事研究的关键。古诗作为一种特殊的文体，其译文受"古今中外"四维语境的干预，是不同诗学传统建构之叙事所博弈制衡后的呈现。欲厘清这些问题需要我们从具体叙事的生成入手，逐步探析。

传统译论瞩目于源语言视角下的文本阐释，与之不同的现代译论则将翻译文本置于各种不同视域中进行价值重估与解读，是以翻译研究中"文

---

① ［美］宇文所安：《中国早期古典诗歌的生成》，胡秋蕾、王宇根、田晓菲译，生活·读书·新知：三联书店 2012 年版，第 262 页

学"概念也在不断延展。在具体的翻译实践中，译者以及语际转换的操纵者出于不同的目的，必须做出或凸显或遮蔽原始叙事内容的抉择，建构新的叙事。而建构新的叙事必须诉诸对源语言叙事的描述，进而权衡双重语境下的叙事传统，最后使新的叙事呈现于目的语语境。如何协调不同叙事传统与特征并淘析两种语境下叙事生成的内在原因，即为翻译叙事研究的旨归所在。

英国曼彻斯特大学的蒙娜·贝克（Mona Baker）教授认为，翻译叙事同其他叙事一样，既描述现实又重构现实。① 现代学术研究中已不再仅将翻译视为一种文学附庸，而是政治、社会发展进程中的一个不可或缺的组成。它可以带来和谐进步，也可以诱发矛盾冲突。对于古诗翻译叙事的建构不仅需要对原始语境的还原，且离不开对即时语境的描述。

要进行诗歌翻译叙事分析首先需厘清三个问题：其一，古诗译文中叙事性如何呈现；其二，源语言语境下的叙事建构与目的语语境下的叙事如何建构；其三，诗歌中的叙事怎样运作。现以许渊冲英译《怨歌行》为例析之。

怨歌行

班婕妤

新裂齐纨素，鲜洁如霜雪。

裁为合欢扇，团团似明月。

出入君怀袖，动摇微风发。

常恐秋节至，凉飙夺炎热。

弃捐箧笥中，恩情中道绝。

To an Autumn Fan

Lady Ban

Fresh from the weaver's loom, Oh silk so white,

You are as clear as frost, as snow as bright.

---

① 赵文静、胡海珠：《社会学视域下的翻译叙事建构研究——访谈著名翻译理论家 Mona Baker 教授》，《中国翻译》2005 年第 1 期。

Fashioned into a fan, token of love,

You are as round as brilliant moon above.

In my lord's sleeve when in or out he goes,

You wave and shake, and gentle breeze blows.

I am afraid when comes the autumn day,

And chilling wind drives summer heat away,

You'll be discarded to a lonely place,

And with my lord you'll fall into disgrace.

Notes：Lady Ban, the favorite of Emperor Cheng, who fell into disgrace like the autumn fan, which has become a symbol of disgrace since then. ①

分析译文不难发现，译文中出现了一个明确的主语，即作为叙述者而出场的"I"，"In my lord's sleeve when in or out he goes"与"I am afraid when comes the autumn day"。而在原作中并不曾有一个清晰的作为叙述主体现身的"我"。此外，"you"作为受述者的在场也直接呼应了"I"的存在，如"You are as clear as frost, as snow as bright"、"You wave and shake, and gentle breeze blows"等。尽管这样使译文的逻辑更加明晰，而古诗特有的隐喻之美却大大削减。

"这种尽量避免使用三种语法人称的意愿，显示为一种自觉选择；它造就了这样一种语言，这种语言使人称主语（主体）与人和事物处于一种特殊的关系中。通过主体的隐没，或者更确切地说通过使其到场'不言而喻'，主体将外部现象内在化。"②

中国古诗中明确主语的缺席，增强了接受者对于诗歌的代入感，且随之扩大了诗之审美视域。恰是结构之空白为意义的生成孕育出无限可能。意义的生成与联想有关。格雷厄姆（A. C. Graham）认为，"裁为合欢扇，团团似明月"，"即便有可能逐行译出所有这类联想的意思，作抽象的解释

---

① 许渊冲译：《汉魏六朝诗》，中国对外翻译出版公司2009年版，第12—13页。

② ［法］程抱一：《中国诗画语言研究》，涂卫群译，江苏人民出版社2006年版，第31页。

也不能使这些联想对读者起作用，读者需要对诗中意象有一种似曾相识的朦胧意识"①。而译文中由于叙述主体的现身，削弱了场外读者进入诗境的可能性，缩减了审美距离，对于意象的纯粹观审被主观意愿与情感所干扰，故而由诗文本产生的美感寡淡。

通常情况下，由于我们对于构成叙事的内在化原则所具备的天然的直觉，每个人都拥有识别叙事与非叙事情节的能力。那么，在《怨歌行》中，帮助我们判断其叙事性的线索是什么？

"叙事是对于时间序列中至少两个真实或虚构的事件与状态的讲述，其中任何一个都不预设或包含另一个。"② 任何对非矛盾性事件的呈现，如至少一个发生于时间 t 的事件，与发生于其后的另一时间 t' 的另一事件将构成一个叙事。《怨歌行》以扇喻人，以时间顺序完整描述了"扇"的命运，可被视为一种叙事。只是，不同的叙事方式所涵蕴的叙事性不同，故有些情节展现出较强的叙事性，有些较弱。关于影响叙事性的因素，普林斯（Gerald Prince）认为是叙事的独有特征或典型特征——在相同的条件下，若被叙信号比叙述信号多，则它比相反的情况更具有叙事性。③ 叙事是时间的讲述而不是对其呈现方式的单纯描述。当不同的事件被编织进一个时间序列，叙事由是而生。《怨歌行》中的描述忠实于被叙，暗示了较为完整的时间序列，具有较强叙事性。其以团扇的命运暗示人的遭际，建构了一种隐含叙事，故而全诗有明、暗双重叙事。译文中时间序列比原文更加隐蔽，主要原因是叙事视角的转变，更准确而言，是人物视角的转变。

人物视角，即叙述者借用人物的眼睛和意识来感知事件。与叙述从"声音"角度认识叙事不同，视角从"看"与"观"的角度来审察之。

叙事学家们提出了各种分类，这有利于我们认识不同视角的不同

①　[英] A. C. 格雷厄姆：《中国诗的翻译》，张隆溪译，载张隆溪选编《比较文学译文集》，北京大学出版社 1982 年版，第 233 页。

②　[美] 杰拉德·普林斯：《叙事学：叙事的形式与功能》，徐强译，中国人民大学出版社 2013 年版，第 4 页。

③　[美] 杰拉德·普林斯：《叙事学：叙事的形式与功能》，徐强译，中国人民大学出版社 2013 年版，第 142—143 页。

功能，但这些不同分类也涉及了不少混乱。若对学者们提出的各种模式进行综合与提炼，我们可以看到至少以下九种视角，其中有的属于"外视角"，有的则属于"内视角"。所谓"外视角"，即观察者处于故事之外；所谓"内视角"，即观察者处于故事之内。①

其中，外视角包括：全知视角、选择性全知视角、戏剧式或摄像式视角、第一人称主人公叙述中的回顾性视角和第一人称叙述中见证人的旁观视角；内视角包括：固定式人物有限视角、变换式人物有限视角、多重式人物有限视角、第一人称叙述中的体验视角。②

《怨歌行》原文作者一说是班婕妤，一说是无名氏。若作者为班婕妤，则全诗表面是一种戏剧式视角，即外视角，客观地观察着"团扇"的过去、现在并对将来做出预测。而其巧妙之处在于，在外视角展现一方场景的同时还存在一个以第一人称叙述自己的身世的隐蔽内视角。引人深思的是在追忆的过程中，宛如"班婕妤"本人正以过去其正在经历事件时的眼光审视历史并诉说之。若作者并非班婕妤，则存在一明两暗三种叙事。其一，同上，亦是以戏剧式视角观察"团扇"；其二是以"团扇"为喻，指代"班婕妤"，其三是以"班婕妤"为喻指代自己或其所处的现实。该如何界定这种隐含的叙事方式呢？我们固然可以忽略之，而把这两种隐藏的叙事仅仅当作戏剧性视角引起的效果，单纯地把后两者简化为前者成功的证明。不可否认，正是由于对团扇的直接叙述才引起了文本接受者对班婕妤以及其他即时语境的联想，这也是叙述者最为直接表达的含义。但就剖析诗歌内涵而言，将之视为一种独立的叙事比将之看作另一种叙事的附庸更便于分析。隐含叙述通常涉及根植在中国人心灵与生活中的意象系统的日常表达与运作。由于意象与特定寓意的紧密联系，我们在接受一种意象的本体时总会本能地将之直接转换为其对应的含义，比如"松"代表坚贞不屈，"浮云"代表漂泊游子等。诗歌隐藏的含义本身就是一种话语，一

---

① 申丹、王丽亚：《西方叙事学：经典与后经典》，北京大学出版社 2010 年版，第 94—95 页。

② 申丹、王丽亚：《西方叙事学：经典与后经典》，北京大学出版社 2010 年版，第 95—97 页

段叙述。故而，这首诗中听到至少两种声音———一种关于"团扇"，一种关于叙述者的即时语境。

译文与原文大不相同。比如，"Oh silk so white"是以外视角来感叹纨素皎洁，这时建构的翻译叙事与原文一致。紧接着"鲜洁如霜雪"被译作"You are as clear as frost, as snow as bright"，其叙述视角就发生了变化——"扇"成了一个明确的受叙者。如果说在任何叙事中都至少有一个叙述者，那么也至少有一个受叙者。这一受叙者可以明确地以"你"称之，也可以不以"你"称之。在很多不以"你"称呼的叙事中，"你"常被不着任何痕迹地抹去而只剩下叙事本身，原文中的受叙者就是这样。在译文建构的叙事中这一点发生了较为明确的变化，而这一变化的产生是一种迎合英语诗歌叙事传统的选择。综观译文，"You"这一信号均为明确表达，提示我们受叙者的存在。这个受叙者既是扇，又是班婕妤的旁观者，甚至包含了即时语境中的人。

在剖析具体叙事元素的同时，我们不能忽视各元素之间的关系。叙述者、受叙者、时间序列下作为情节的事件、时间与空间等一系列因素都需要诉诸叙事框架的设定而完成最终的建构。

二　译文叙事框架的设定

框架与建构的概念紧密相连。

在诸多关涉社会运动的文献中，建构被视为一个意义重大的积极过程；框架则被界定为一种期待结构（structures of anticipation①），即一种基于某种视角以呈现某种行动或表明特定立场而有意识地采取的战略举措。② 在贝克的描述中，"建构"是一种助益于我们在有意识的状态下参与现实建构的方式手段。而框架作为这种手段的"成果"，标志着一种实现建构

① 注：见于 Mona Baker 的 *Translation and Conflict：A Narrative Account* 一书。本书中译本，即《翻译与冲突——叙事性阐释》，已于 2011 年，由北京大学出版社出版发行，主译者为赵文静。在赵文静的译本中做"期待视野"。

② Mona Baker, *Translation and Conflict：A Narrative Account*, London and New York：Routlege, 2006, p. 106.

的程序。翻译正是这样一场建构。其有趣之处在于，相同的一组事件经过不同的"程序"呈现出不同的叙事。

社会学家萨默斯（Margaret Somers）和吉布森（Gloria Gibson）区分了四种叙事类型，即本体叙事、公共叙事、概念叙事以及元叙事。本体叙事是我们个人的故事，即关于我们自己在世界中的位置以及个人历史的故事。公共叙事是由超越个体的社会和机构所阐述、所传播的故事，比如家庭、宗教或教育机构、政治或活动团体、媒体和国家等。概念叙事是我们作为社会研究者所建构的概念与阐释。元叙事则是我们作为当代历史的参与者所嵌入的叙事，而我们的社会学理论与概念都蕴含着这些元叙事的因素。① 就时空建构而言，译文以直译的方式竭力靠近源语言叙事建构的时间与空间。所谓时空框架（temporal and spatial framing），即"选择一个特定文本，将其嵌入一方时空语境以突出其所描绘的叙事，并引导我们与当前叙事之间建立联系，尽管源叙事的事件可能发生在完全不同的时空框架内"②。译作并未明显地将原作"平移"（displace）于另一种完全不同的时空语境。不过，与赛珍珠英译《水浒传》中所采用的屈折变形的"复古化"不同，译者采用现代英语来翻译一首中国古诗。在"古今中外"的衡量坐标中，这种明达的表达方式还是相对隐蔽地将中国古代的时空语境在一定程度上嫁接为现代英文语境。正如贝克所言，"将源文本移植入一个新的时空语境中，其叙事将被投射于新的背景中并得以凸显"③。

就文本素材的选择性挪用而言，由于《怨歌行》的本体叙事与目的语语境中的公共叙事并没有直接的冲突，选择主要表现在语言、逻辑层面。所谓文本素材的选择性挪用（selective appropriation of textual material），即"通过有意省略和增加的方式来压制、强调或详细阐述源文本或话语中所

---

① Mona Baker, "Narratives in and of Translation", *SKASE Journal of Translation and Interpretation*, Vol. 1, No. 1, 2005, pp. 3-7.

② Mona Baker, *Translation and Conflict: A Narrative Account*, London and New York: Routlege, 2006, p. 112.

③ Mona Baker, *Translation and Conflict: A Narrative Account*, London and New York: Routlege, 2006, p. 113.

包含的叙事的特定方面，或者其所嵌入的更大叙事的特定方面"①。出现在译文中的种种省略与添加，正是我们追根溯源的重要线索。比如，题目《怨歌行》被译作"To an Autumn Fan"，即"秋扇"。此处扇的功用不在于装饰，而是一种实用的器物。常识告诉我们，扇子是夏季祛热的器物，到了秋冬，就应被收于箧笥搁置起来。即便是为了装饰，秋季之后也该被逐渐替换。换言之，秋天与扇子在逻辑上是矛盾的。正是这种矛盾逻辑揭示了人与扇共同的悲凉身世与凄楚境遇。而这种译法更符合西方诗学中所崇尚的清晰畅达的逻辑传统，属于归化策略。

此外，诸如"纨素""合欢扇""箧笥"等中国特有的意象分别被译为"Fresh from the weaver's loom""a fan, token of love"，以及"a lonely place"，均为一定程度的阐释，即"释译"。其更接近目的语文化，亦属于归化范畴。之所以会有这种素材的练择，也是出于广泛传播，以及便于不同语境的接受者交流的考量。而这种释译恰恰呼应了一种将本体叙事转化为公共叙事的倾向。正是通过一种命名的方式，如所织之布为"纨素"，所裁制之扇为"合欢扇"，风为"凉飙"，竹箱为"箧笥"，源语言叙事得以建构，即标示式建构（framing by labelling）。而目的语中呈现出一种基于情节识别的公共叙事正是对于本体叙事的重构。标示（labelling），即通过词汇、术语或短语来识别人物、地点、群体、事件或者任何叙事中关键元素的话语过程。

译者无法摆脱外界因素的干扰与操控，故而译文不可能以"零度"的状态呈现。在叙事的视域中，译者是通过改变翻译活动中各参与者之间的关系来试图控制叙事在目的语语境中的重构，即人物事件的再定位（repositioning of participants）。《怨歌行》遵循的是古时的诗学传统，而时移世易，当文本被置于翻译语境下被重新审视，译者为了译文的畅达，必须超脱包括集体叙事在内的本体叙事，进而转向一种更加贴近于目的语接受者的翻译策略，并且注意避免与目的语语境中的公共叙事发生冲突。于是，《怨歌行》的译文中，"谁""做了什么""结果如何"都被清楚地交代。

---

① Mona Baker, *Translation and Conflict: A Narrative Account*, London and New York: Routlege, 2006, p. 114.

然而，逻辑的清晰化却是以审美效果的大幅缺失为代价的一场语际妥协。

三　译文叙事结构的运行

诗歌的翻译的叙事是怎样运作的呢？或者说，诗歌语言是如何建构现实世界的呢？若要弄清这个问题，应从叙事的特征入手进行分析。

首先，叙事具有时间性（Jerome Bruner 之叙事的历时性）。利科（Paul Ricoeur）认为，时间性是与叙事语言取得联系的存在结构，而叙事则是以时间性为其最终所指的语言结构，两者相互依存相互补充。《怨歌行》原文中的时间顺序是通过团扇的制作、成型以及之后的遭遇来体现的，其叙事元素也在于此。但在这首诗中，时间性并非指"团扇"在各个时间段的真实遭遇与情形本身，而是要求按"正确"的顺序阐述"团扇"的一系列事件。时间性表明叙事是一个不能缩减的连续体，叙事各元素的出现总是有某种顺序性，正是元素的排列顺序决定叙事的意义。故言之，正是关于团扇的本质与其前后遭遇的叙述所构成的时间性的叙事元素决定着《怨歌行》的叙事意义。当然，此处的意义之来源并不单单在于"团扇"本身，还在于团扇所指代的人在即时语境中的意义，或者说是双重叙事的意义。译文中，在"you"这一信号的直接介入下，团扇皎洁美好的本质被突出了，而其前后遭遇所蕴含的时间性被弱化，故由于时间概念的削减而使叙事性产生的弱化又在很大程度上得以补偿。

其次，叙事具有关联性（Bruner 之阐释的可组构性）。人类思维无法理解没有构成叙事的孤立的活动，或者杂乱无序的活动。在真实世界中，并不存在一成不变的等待人们从文本中直接解读的叙事。换言之，我们对于《怨歌行》原文与译文的叙事建构，并不仅仅是从现实生活中，记忆里，或者幻想中选择事件，然后将之按照扇的遭遇暗示的时间编排出来。事件本身需要在整体叙事的观照下建构。叙事本身就是一种重写。既然任何叙事在不参照现有叙事的前提下无法得到建构，那么翻译叙事也一样无法越出这种规则——要么调节源语言叙事使之适应译入语叙事，要么修饰译入语叙事使之靠近源语言叙事。翻译到另一种语言或文化中的叙事不可避免地受到某种形式的"侵染"。正如《怨歌行》源文本的叙事在译文中被弱化了。每一种叙事都无法逃离被搁置于更大的"叙事群"中解读的命运。

再者，因果情节设置也是不可忽视的叙事运作因素。因果情节使独立事件具有意义。"团扇"与"班婕妤"是被"情节化"之后才具备了叙事的意义，进而转变为可以解读的序列。即时语境中的道德与伦理意义也正是来源于对这些序列解读。成功的翻译意味着两种不同语境中的文化通过叙事，对某一主题达成共识。通常情况下，两种文化的叙事传统差异越大，翻译难度越大，对同一主题的共同认同感越低。

研究诗歌或者任何文本中的叙事如何运行，都有助于促进不同民族文化的相互理解，也有助于我们从翻译叙事建构方向入手展开文化研究。

通过研究两种文化中的叙事来促进翻译实践要求我们不仅要厘清两种语境中的叙事传统，还应关注翻译如何在两种具有叙事差异的语境中寻求平衡。比如，西方重视时间，所以其对时间的划分极为详细，将时态分为十六种。而中国重视空间，所以注重对于"境"的表现。中西时空观不同：西方时空观强调"时间"意义，与时态等因素有关；中国时空观重视"空间"意义，与佛教宣扬之轮回观等有关。当一种源语语境中的元素在译入语语境难以为继或者不存在其存在空间时，整体意义势必产生变化。将一种叙事成分在翻译中处理为非叙事成分，或者将非叙事成分处理为叙事成分均可接受。叙事成分与非叙事成分本身的意义都应服务于整体意义的传达。叙事本身是一个完整的意义系统，意义的传达与系统的顺利运行是各个元素共同运作的结果。翻译叙事之专研，无疑为我们在更加广阔的视域中进行翻译理论与实践的探究提供了新的可能。

第三节　文化意义的隐匿与现身

我们在进行古诗翻译时，一直都隐含着一个古诗原型与阐释的问题。文化意义层的探析的价值就在于将抽象的、被搁置的原型问题以可操作的方式进行最大限度地还原。这种还原方法就是将历史意识加入我们的研究。在具体的、相对全面的语境中考察生成的语境。当有关"原型"的一切细节可以在一个完整的体系中得到相互辅证与解释，且体系自洽，则我们可以在某种程度上还原古诗"原型"。

换言之，古诗产生的语境在各种因素的共同"雕琢"之下，呈现出的样态凝结着即时语境的特征。在流传过程中，时空语境不断扩充着意义体系，是以文化意义不断延展。我们透过层层文化意义，剥离出原始语境中的诗歌，方可还原出其样貌。是故，分析文化意义的价值集中体现于其为接受者的理解所提供的阐释。

一　古诗的"原型"问题

中国诗歌的生成依赖于一个意义网络。这个意义网络的源泉是早期诗歌。一代代的诗歌形成了一个按年代排序的叙事，而这个叙事有强烈的历史文化回声，也包含了中国人所有的喜怒哀乐。典故的生成与诗词中的用典就是最好的证明。当诗歌离开了这个网络，就不具备充分的意义。换言之，我们对于诗歌的解读也是在这个意义网络语境之下进行的。任何一首诗的时代背景都应在更宽广的语境下进行还原与解读。

我们并不真正清楚早期诗歌的形态，其之于我们的意识只是一个抽象的存在。前人一代一代地从早期诗歌中汲取营养，修改复制，甚至断章取义以求为我所用，后来者距离早期诗歌的真实样态越发遥远，但是我们又无时无刻不浸润在由早期诗歌发展升华出的文化语境中。

诗歌意义是怎样产生的？在传播过程中是怎样变化的？怀着不同期待视域的接受者又是怎样感知意义，对意义进行再生产或者补充的呢？文本的意义在复制的过程中也会产生变化，会衍生出新的内涵，也会削减固有的意义。

意义在传播过程中是怎样产生变化的呢？首先我们无法直接接触到那个时代，必须依靠中介。这个中介是一种同样会不断产生意义的文化时空。在这个文化时空中，原始意义被复制，被还原，被有意识、无意识地添加新的意义，而这种新的意义就像烽火的传递一般，存续着意义与意义的意义，又连接着、补充着意义的存在语境——文化的时空。

无名氏的诗作被附会成早期的诗作，因为其内容涉及的时序属于"早期"这一时间范畴。人们习惯于按时间由早及晚的顺序接受事物的连续性的发展变化（姑且把这种状态称为"时间序列认知"），对于诗歌也是这样的一种接受过程。以后世之心拟作先代之声，诗作意义会受到后代文化时空的挤压与改造，无名氏所处时代的接受者对于诗作的期待视域与作者本人基本一致，后世在读到这些作品时，会出于"时间序列认知"的习惯，将其默认为其所描述的时代之意义。读者不应该盲目对诗品做出高下判断，因为其第一判断的基础是本时代审美趣味和发展变化到本时代的诗学传统。人们无法完全跳出当下文化时空对诗做出超越时代的解读。

如果说古诗摹写的是特定历史时空的语境，那么至少上述分析提示我们尽力建构的文学发展史之通行叙事，看似跨越好几个世纪，但极有可能来自同一时期。其所描摹的历史真实也许本就是一种后世的臆想性、揣测性建构。换言之，如果我们追求的意义来自历史事实本身，那么我们获取的、来自诗所提示所传达的意义已经是"镜子的影子"。

此外，文本本身就有不同的版本。为适应不同的需要，原文本被加工改造成不同的样貌，以满足不同保存渠道各自的规范与标准。

文化诗学，作为一种广义诗学，是 21 世纪全球化语境下最为重要的一种社会文化现象。它不仅拓展了我们审观世界的角度，更为学术研究提供了一种跨学科互文性视野。新历史主义认为，文化诗学是一种从文化之维对于文学现象进行阐发的话语方式，其致力在具体历史语境下对文学文本和非文学文本交互叠加的"文本联合体"加以文化释译和解读。文学不再是独立于文化之外的自足文本。中国文化诗学是文化诗学的具体化，或言之国别化。它把中国本土的具体文化语境看作文本意义生成的空间，注重古今文本与中国文化的互文性。所谓互文性，即不同文学作品内蕴的文学文本与非文学文本之间相互贯通、彼此渗透、相互交叉的联动关系，它以形式分析为切入点，将文学传统与文化纳入研究视域，拓展了文学研究的空间与维度。探析古诗翻译，离不开中国文化诗学的指导与观照。

比如：

生当作人杰，
死亦为鬼雄

Be a man of men with mettle while alive,

And a soul of souls even if doom'd to die

从文化可接受性上分析，译文采用了模糊的替代法，利用 soul 一词的多义性，又以 even if doom'd to die 加以说明，把"鬼"的语义模糊化，相对于 ghost 更易于接受。社会环境对于意义的补充与制约由是可见一斑。

又如：

先刃山妻后刃妾，

衔须伏剑名犹列

I shall first extricate my wife and concubines,

From the pain, then with my own sword I shall myself slay.

西方提倡个人生命价值的伦理与认知决定了其受众不会接受"先刃山妻后刃妾"的悲壮，故译文中将之处理为 extricate somebody from the pain，表意为"使某人从痛苦中解脱"，大大淡化了"手刃"的血腥意味。

源语言读者、有着双重文化背景的译者、目的语读者三方对于同一首诗都会有自己的解读。这种由于被个人乃至群体阐释而产生的意义也是诗歌意义的重要组成。在很大程度上，正是译者的阐释决定了目的语读者的阐释。

期待视域是尧斯接受理论的重要概念。一定时期的读者和作家的阅读与写作都要受到文化时空背景的影响与制约，从而形成自己独特的对社会、历史、生活的认识，并在此基础上对于文学作品产生一种欣赏要求和欣赏水平，在具体阅读中就表现为一种潜在的审美期待。文本接受者会对作品有不同的理解、阐释以及想象性的再创造。作品之于读者的期待视域，或吻合之，或挑战之。

二 文化诗学与古诗翻译

诗学，常常被人认为是关于"诗"的学问。其实，这种说法不无道理。诗学，有两种内涵：其一，指研究诗歌创作规律的学说及其相关阐释，比如钟嵘的《诗品》、司空图的《二十四诗品》、欧阳修的《六一诗话》等；其二，指文学、艺术理论。古希腊时期，亚里士多德写作了著名的《诗学》，主要介绍了悲剧与史诗的创作规律与原则，提出了艺术的本质在于摹仿，是西方历史上最早对文学理论、艺术规律做出较为系统全面论述的著作，于是后世常以"诗学"指代文学、艺术理论。由于诗歌是文学重要的组成部分，集中表现了文学作品的特质，故而于无形中又强调了诗学的这一术语的内涵。那么何为文化诗学呢？

"中国文化诗学"是指中国古今学人根据中国文学作品与相关文学现象的特征而形成的，从具体社会文化角度对文学现象进行理解与阐释的研究路向。[①]

中国文化诗学是一种以诗文化为核心，建基于中国文学经验之上，对文学本身的文学性与文化特质以及文化现象的诗学特质进行描述的阐释。这种阐释过程，凝结着中国学人生命体验、文化心态、思维习惯、志趣旨趣，是一个具有开放性的不断丰富发展的有机整体，更是儒学文化圈的主要话语方式。问渠那得清如许，为有源头活水来。文化就是诗学灵动的内核，诗学是文化绵延和鲜活的归因。中国文化诗学是一种多维度的诗学。

翻译是一种跨文化的交际行为。季羡林曾指出，中华文化之所以鲜活，得益于两大外来文化之补充，一是从印度传来的佛教文化，二是东渐之西学。翻译在这两种跨文化交际中起着重要媒介作用。

翻译作为一种建基于经验之上的科学，拥有实践性的本性，故其早期理论皆是一种经验、心得似的总结，不成体系。中国翻译史大体分为四次高潮：

第一次高潮是伴随着佛经的大规模传播展开的，故最早的译论也是对于佛经翻译的经验总结。比如，道安的"五失本、三不易"、慧远的"厥中论"、玄奘的"五不翻"等。这些所谓理论大多语义含混，条目繁多，

---

① 李春青：《中国文化诗学的源流与走向》，《河北学刊》2011 年第 1 期。

但已涉及"文与质、可译不可译、直译与意译"等基本译学问题。

第二次高潮是为明末清初的科技翻译。当时明朝内忧外患，有志之士希望通过科技兴国，振兴国运，便与传教士合作大量译介西方科技著作，以求裨益民用。

第三次高潮出现在晚清、民国时期。彼时，西学渐盛，中国旧式知识分子为救国大量译入西方著作，其势头更甚于之前。与此相应，实践的活跃必然带来翻译理论的补充与丰富。这一阶段的翻译主要依托于中国传统修辞表达方式，依循一种语言学层面的翻译思路与理论，比如严复著名的"信、达、雅"。民国时期，译学理论有了更大的发展，"音译与意译""译意与译味""可译性"等问题被反复论及，预示着翻译理论的由重雅驯的语言层面的探求向哲学化思辨转变。①

全球化语境下，文化交流的日益频繁，中西互译事业如日中天，其所涉及的领域之广泛，层次之全面前所未及，可以看作第四次高潮。中国译界更加注重对西方当代翻译理论的系统引进。西方译论在中国学界引起强烈反响，学者、译者纷纷追随其研究路径对译作与译学现象进行解读，忽略了本土的译论传统，中国译论相对停滞。

中国译论深深根植于中国历史语境与文化现实。它与国学紧密结合，与传统文论一脉相承。首先，由于中国译事的前三次高潮兴起归因于学习外来文化，换言之，外来文化的准确性、完整性在翻译中是被保留的对象。故而，相应的翻译理论就会呈现出鲜明的实用性。译论的出发点在于其能否直接指导翻译实践以及具体怎样指导，即翻译中存在哪些问题，如何解决这些问题，而并非在完成翻译实践后致力于从理论角度描述翻译本身。

其次，译论通常言简意赅，微言大义，给人留下巨大的想象空间。比如钱钟书所谓之"化境"，其言：

> 文学翻译的最高理想可以说是"化"。把作品从一国文字转变成另一国文字，既能不因语文习惯的差异而露出生硬牵强的痕迹，又能

---

① 参见陈福康《中国译学史》，上海外语教育出版社 2011 年版引言。

完全保存原作的风味，那就算得入于"化境"。①

何为化境？它可以指一种读者的感受，也可以指一种译者的状态；它既描述源语文本与目标语文本的关系，又可看做文学翻译在中国语境下的评鉴标准。古诗重意蕴而轻言语，"化"是中国美学的至高理想范畴"天人合一"的具体表现，标志着物我相融、人与万物合二为一、物我两忘，以及意志暂时休歇的状态。故而，"化境"更贴近于古诗翻译的理想状态。

再者，中国译论的基础是悟性思维。所谓悟性思维，实质就是一种领悟能力。海德格尔认为，悟性就是人对自身存在的意识、感受，就是人凭着神奇的力量对人生真理的领悟，在这种领悟中将自我存在从沉沦、迷误、伪装、封闭状态等非真理的遮蔽中解放出来。悟，是一种难以用语言描述的心理体验。它时而令人通达明朗，思接千载，视通万里；时而令人神智幽闭，竭思苦虑。正是由于突然间的福至心灵赋予人醍醐灌顶的畅快之感，让人们迷醉于悟的神思。

中国译论的种种特征，都不能不让我们联想到文化诗学。那么，两者的关系到底体现在哪些方面呢？

文化诗学蕴含着深刻的历史意识，中国文化诗学是将诗学置于本土语境中进行阐释的学说。传统的翻译理论，与诗学生长于同一历史语境，并随着文艺理论的发展演变而不断成长、更新。两者紧密结合，故而在针对任何一方进行研究时，不可忽视对于另一方的存在。

其一，作为诗学核心的文论与作为译学核心的译论都是人类情感、思维发展的结果，皆是源自"文"这一行为的结果。为什么会有"作文"这一行为？人类的生活是精神与物质的矛盾统一。这种统一的最大体现就是物质与精神的共同成长。所谓共同成长，即指并非物质生活达到一定程度的丰盈时，精神才从零产生，自始而发展，而是自始至终都与物质生活并存，只不过其发展速度与程度未必与物质的进程一致。人的精神生活与潜在精神需求决定了人之生存与发展有诉诸

---

① 钱钟书：《钱钟书散文》，浙江文艺出版社 1997 年版，第 269 页。

"文"的需要。对文的需要又表现为自我的情志倾诉和对他人体验的分享。前者是作文的原始基因，后者则表现为文的传播，包括诗歌的传唱、阅读行为以及翻译。文论的源头，并非为了文论本身而产生，而是近乎一种经验与体验式的总结，如"诗言志""诗缘情"等。译论也是如此。传统译事源远流长，自史前有部落、民族的交际活动起就有了翻译行为。翻译行为的产生既是基于生存发展的需要，也是表达情感、抒发情感、交流情感的需要。比如《越人歌》，其被视为中国最早的诗歌翻译，它的产生与发展就深深印证了这一点。无论是文论还是译论，归根结底都是一种对于经验的描述。故而，在起源与归旨上，诗学与译学统一于宏观与微观双重历史语境。

其二，"文"所描述、表达的核心是作与译所描绘、摹仿的原型。译者努力地在心中重塑作者的原型，用纯熟的技艺将之展示。倘若两者参差一致，已是上佳，完全一样则不可能实现。故而，作与译的本质是一样的。或言之，作者之文也许思不称心、文难逮意，言与意参差一致。而译者以此为原型观照，力求重建译文中的原型，那么译者之原型与作者之心，岂不是相去更远？其实，译者以原文为观照，目的在于揣摩作者之心，忖度作者之意，凭借此心得再去进行创作。因此，文论与译论产生的基础是一样的，其展示了诗学与译学在言意关系层面的相通之处。此外，杰出的文人常常身兼数职。如叶维廉，既是作家，也是翻译家。中国翻译，尤其是清末、民国时代的翻译，极其重视语言之雅驯。这也反映出作文与译文之心一脉相承。当我们所还原的原型与其环境自洽时，它的真实性与正确性则在某种程度上得到了验证。语境的意义不仅在于使原型的形象更加鲜活生动，更在于它作为原型生成、生存的环境，能够切实帮助我们检验我们通过语言所还原的原型是否科学。这也昭示着文化诗学对于译学的重要意义。

其三，文化诗学与译学都包含着中国独特的悟性思维。中国历史悠久，但在文明的源头，语言的表达力有限，它是在实践中随着人类活动的丰富而发展的。早期语言不足以表述当下的现实情况与体验，于是出现了文不称意、意在言外的言辞。为了最大限度保存意会之物的"真"，不如不诉诸言辞，而依靠"悟"去还原其真实。久而久之，形成了中国人独特的"悟性思维"。此外，相较于有限的实验手段，观察和记录而来的经验更具有可信性。这些都隐蔽而深刻地影响着中国的文论与译论的生成，进而影响着诗学与译学的基本特征日后的发展趋势。正是由于经验主义的传统和悟性思维的双重干预，中国文论与译论才会出现现实性与含蓄性并存的特点，并折射出在更宏观的层面上，文化诗学与译学的相互借鉴的可能性与可行性。

综上而言，中国诗学与译学都深深根植于中国文学传统与文化，彼此映照，一脉相承。翻译是与文学和文化的互动，文论与译论都与其产生的环境存在深刻的内在互文性，昭示着文化诗学对于译学的观照。中国译学也可以视作广义诗学的一部分，诗学为译学研究提供了新的视野，其所提倡的研究路径——语境化、历史化，也是对译学进行科学探究的基础。需要明确的是，中国的文化诗学本身就不同于西方，西方文化诗学把文本看作广阔文化符号体系的一部分，着重阐释文化的整体性。而我们的文化诗学是基于中国现实的，一种始于经验，并对经验和体验本身展开描述与剖析的语境化阐释。其注重文本的文化化和文化的文学特质。研究广义诗学，译学是不可或缺的一重维度；研究译学，也必须借助文化诗学的研究视域，亦可借鉴方法，在具体的文化语境下求索探察。文化诗学与译学紧密相关。

既然中国文化诗学对于译学确实存在观照，那么这种观照主要体现在哪里呢？

三 文化意义对古诗翻译的阐释力辨析

我们在绪论中曾将古诗翻译遇到的诸多问题集中表述为意义的不对等。此处所言"意义"并不是单纯的语义学层面或语用学层面的内涵与外延，而是作为各种效应的综合体的一种呈现。在这个综合体中，意义被划分为三种层次。其中文化意义最大作用就在于其为诗歌本体所提供的阐释，或者说，文化意义是一种广义的互文性意义网络。古诗在生成时便被置于这样一种意义网络之中。随着时间的流转，这个意义网络不断被扩大，古诗在流传过程中也会随之衍生出新的意义。故而对于古诗的翻译，在文化意义层面至少要从两个维度展开阐释。

从共时性角度而言，古诗的译文要受到当前诗学规约的制约。我们不会将现代英文诗歌普遍地译成文言文，英语的操持者必然普遍将古诗以现代英语的形式译出。从历时性角度而言，我们对于古诗的翻译都是基于理解的阐释与改写。这种阐释所依据的意义网之跨度，是自相关主题产生之时起至翻译行为进行之时为止，所涵括的所有相关内容。所以，同一首古诗在流传的过程中，其互文性的阐释体系是不断变化的，有时扩大有时缩小。

文化意义对于古诗翻译的阐释作用是文化诗学对于译学的一种具体体现。从更普遍的意义上说，欲厘清两者关系，需要从文化诗学对于译学的观照讲起。

文化诗学对于译学的观照，主要体现在前者为后者提供了可借鉴的诗学路径。

翻译学作为一门极具开放性的学科，其研究不仅要注重内部系统的规律，也要重视外部系统的参照。内部系统的核心是译论，这也决定了译学的中心任务是构建译论。中国译学需要从实际出发构建本土语境下的译论。但是，翻译作为一门经验学科，必须从研究翻译史入手，注重史料调研。外部系统从三大方面影响翻译内部系统的"运行"，即哲学思维、社会文化、语言符号。他们从本体论、认识论、方法论（即表现论）、效果论（即目的论）、价值论五个维度为内部系统提供理论支持。[1] 文化诗学所强调的互文性视野，正是其绝佳参照。

译界一直强调翻译理论必须重描写，重言语行为的表现及事实，从已被接受为事实的语言现象中探究规律，总结参照指令而不是排他性规定。而诗学路径不同于语言学路径，它注重历史性描述，语境化阐释，它启示我们在研究译学、分析译论时坚持对话立场。

首先，译学研究要坚持文化诗学所提倡的对话立场。中国译学要继承中国文化诗学所遵循的对话精神，将翻译看作一个开放性的且不断得到补充而丰富发展的系统。翻译本身就是一个对话的过程，它包含译者与作者的对话，译者与读者的对话，读者与作者的对话，甚至还暗含着源语言读

---

[1]　刘宓庆：《新编当代翻译理论》，中国对外翻译出版有限公司 2012 年版，第 16 页。

者与目的语读者、源语言读者与译者之间的对话。此外，诗学的历史视角还启示我们不要忽略历时性对话，如当代译者与先前译者的对话，当代目的语读者与先前目的语读者的对话。通过各种观点的平等对话，完善自身观点，以此理解现代翻译的角度并确定我们的翻译立场。现以《廖承志致蒋经国的信》为例说明之。

原文：

咫尺之隔，竟成海天之遥。南京匆匆一晤，瞬逾三十六载。幼时同袍，苏京把晤，往事历历在目。惟从长年未通音问，此诚憾事。近闻政躬违和，深为悬念。人过七旬，多有病痛，至盼善自珍摄。

新华社译文：

No one ever expected that a strip of water should have become so vast a distance. It is now 36 years since our brief rendezvous in Nanjing. From our childhood friendship to our chats in Soviet capital, everything in the psat is still alive in my memory. But it's unfortunate that we haven't heard from each other for so many years. Recently I was told that you are somewhat indisposed and this has caused me much concern. Men in their seventies are often afflicted with illness. I sincerely hope that you will take good care of yourself.

张培基译文：

Who would have expected that the short distance between us should be keeping us poles apart! It is now more than 36 years since our brief encounter in Nanjing. The days we spent together in childhood as well as later in the Soviet capital, however, are still as fresh as ever in my memory. But it's a pity indeed that we haven't heard from each other for so many years. Recently it filled me with much concern to learn of your indisposition. Men aged over seventy are liable to illness. I hope you will take good care of yourself. [1]

---

① 冯庆华：《实用翻译教程》，上海外语教育出版社 2010 年版，第 354—362 页。

分析三文本可以发现，廖承志原文比较古奥，用词典雅精练，一种力透纸背的亲切真挚之情自文伊始就深深攫住我们的思想，看似畅叙故情，实则兼诉超越私人情谊的大情大爱。新华社的译本力求最大限度上保存原文句型、用词以及暗含其中的译文使命，但语言远不及张译本之"情"味浓重。比如首句"咫尺之隔竟成海天之遥"，新译本顺句译作"No one ever expected that a strip of water should have become so vast a distance"，而张译本则将其译作"Who would have expected that the short distance between us should be keeping us poles apart"，成为一个感叹句。若要弄清两版本为何出现不同，就要秉承这对话精神，回归其具体产生语境。

该文发表于 1982 年 7 月 25 日的《人民日报》，中国在经过"文化大革命"等一系列动乱之后推行改革开放政策，中央调整对台政策，中国人民热切期盼台湾回归。选择廖承志执笔也有深刻的语境原因：一则因为其与蒋经国幼时情谊与两人家庭渊源；二则因为两人后来所处的政治位置。而《廖承志致蒋经国的信》充分体现了中国政府对台问题所秉承的情感、态度、方针。这两版译文之所以呈现出不同特色，归根结底是因为翻译环境与译者立场的不同。新华社的译文是针对海内外所有读者，这种公开性有深刻而强烈的政治意味，故译者不得不谨慎译之，政治性与意识形态难以大小巨细把握，译者主体性被限制，故充分尊重原文语言特征，以求信、达。张译版是当代之作，跳出了当年那个政治紧张敏感的时代，译者自由度更高，译作也更有韵味。

其次，译学研究要以诗学的观点来统摄文本，将译作文本当作一个创作的、独立的文本来考察分析。中国的译本应当遵循中国人的阅读习惯，保留原文特色的同时要充分考虑中国语境下接受者的期待视域。当我们审视翻译作品时，常常忽略它是译作而把它当作原作看待。原作与译作的辩证关系在于译作本身就是一种再创造，就是一种译者的原作。比如，林纾的林译小说就是用一种以目的语文化为导向的翻译方式。当时的学者徐维评价其《巴黎茶花女遗事》为："林纾译记法国名妓马格尼事，刻挚可埒《红楼梦》"。林纾是旧式文人，不晓外文但古文功底深厚，他深谙当时文人阅读习惯与喜好，加之其本身就推崇这种言语方式，了解当时文人的期待视域，故采用了符合接受环境的翻译技巧，使林译小说风行一时。

其三，在具体的实践层面，中国译学应格外注重意象与意境的构建。在古诗翻译中，意象与意境的重建尤其重要。中国文化诗学与中国诗文化有千丝万缕的联系。在古代，诗渗透在生活的每一点一滴，上至庙堂之高，下至江湖其远，无论婚丧嫁娶、阳关长亭、闻笛折柳，无论闺闱、山林、边塞、酒肆、青楼无处不成诗。诗可言志，可缘情，可叙事，诗就是中国人的生活方式。这种诗化的人生，诗化的心灵，诗化的生活方式正是中国文化诗学的根基。中国诗话作为诗发展到一定阶段的必然产物，是诗与诗学的衔接之介。诗话与中国文化诗学也呈现出互文性关系。诗话对于译诗的指导是具体的、实际的，在意象的选择和意境的构建上，尤其是如此。

在接受了某一种语言的词语却未继承其相关的词语所描绘的经验时，无异于没有继承这些语言词汇。保存源语言的同时，也就意味着一种文化的继承或者一种思维方式的转变。翻译若无法建构引起心境共鸣的语境，则其必将黯然失色。

翻译文本一旦生成，就具备不可忽视的独立性。同时，翻译作为兼具源语言文本与目的语文本双重特征的第三种存在，必将受到两种文化诗学的操控与制约。这决定了翻译研究既要关注其作为独立文本本身的特质，又不可忽视译学研究的他者之维。研究中国译学必须诉诸中国文化诗学的指导，探析中国文化诗学也需要中国译学的补充与完善。译学与文化诗学息息相关，相辅相成。

再回到文化意义与古诗翻译的问题我们不难发现，文化意义并不似概念意义那般具体，从最可操作的基础意义单位，从语法层面担当语际转换的承载者；也不似联想意义那般脉络清晰，通过目的语中叙事的建构反映超越言语层面的意义。但是，它为前两者存在的合理性与真实性作出了注释。文化意义为"以意逆志"提供了可能。

第四章　溯源与回归：古诗翻译的审美之维

傅雷曾说过，"译事虽近舌人，要以艺术修养为根本：无敏感之心灵，无热烈之同情，无适当之鉴赏能力，无相当之社会经验，无充分之常识（即所谓杂学），势难彻底理解原作，即或理解，亦未必能深切理解"。尽管翻译早就摆脱了作为"工具"而存在的尴尬身份，其艺术性与功能性并重同行，如何正确从美学维度审视翻译依然是摆在我们面前的重要命题。

当翻译必须接受诗学的规约与衡鉴，美学视域下的译学反思已是应有之义。翻译历来都蕴含着美学情结。古诗翻译尤其需要经过一番美学透视方可照见其得失。翻译美学关乎文学翻译的价值评定。

> 翻译审美也是一种语言审美，但它并不是一般意义的语言审美，不同之处在于翻译审美涉及跨语言、跨文化的转换问题，因此比一般的语言审美复杂。①

作为一种复杂的认知活动，翻译审美基于语言维度，又超出语言层面本身。其审美的对象，或者说主体试图体认的对象，归根结底需建基于语言研究。我们对于古诗译文的审美体认始于语言文字，延展于互文的意义空间，经过译者的审美认知，于目的语语境中重塑，最终经过接受者的审美结构呼应于其心灵之中。那么，在翻译美学视域中如何审观古诗翻译呢？

我们知道，所谓美感，分为广义与狭义两种。"广义的美感泛指审美

---

① 刘宓庆、章艳：《翻译美学理论》，外语教学与研究出版社 2011 年版，第 91 页。

意识的各种表现形态，像审美趣味、审美观念、审美理想以及具体的审美感受等等；狭义的美感是指审美感受、审美情感，在哲学上称为'观照'。"① 美感，是审美主体在审美对象的刺激下，依托于审美机制与审美意识系统，对其心灵中产生的愉悦感的认识和解读。翻译美学的价值就在于从美学层面重新对翻译文本以及相关研究作出基于感性的理性定位，而研究始于对审美客体与审美主体的辨识。

对于古诗翻译而言，审美客体包括古诗原文与译文，审美主体则分为现身因素与隐身因素。现身的审美主体即译者和译文的读者，隐身的则是除译者之外的操纵文学功用的诸多因素。勒菲弗尔曾提到翻译的功用由文学系统内的专业人员（如教师、批评家）、文学系统外的赞助者（如高校、科研机构等相关团体）和处于主流地位的诗学（如其对经典与非经典的界定）决定。译者作为翻译行为的直接执行者，对于翻译文本的生成起着最为直观的塑造作用，其他诸因素则通过影响译者而对文本的审美等方面产生干预。

古诗翻译中，译者背负着将其对于原文的审美体认重塑于目的语文化系统中的任务，其审美客体既包含原文又包含译文，而读者的主要审美客体则是译文。无论是审美思维的运转，审美结构的运行，审美经验的产生与积累等，均有赖于影响主体与客体而产生作用。故而，作为翻译参与者的译者与读者都是我们对古诗翻译研究的美学之维展开探析的立足点。而译者通过其独特的双重文化身份及公共视域，将生成于源语言语境中的古诗文本，在一系列意义解读（包括来自文本本身的和超于文本之外的）、诗性感知与美感体认的基础上，判断出必须传递或优先传递的质素（或者说因子），在目的语语境中利用其对原诗进行重新建构，以期让译文读者能够获得近乎相同的感受与体验。这种因子所承载的便是一种广义的审美理想，是审美意图的体现。翻译审美理想的实现与再现，归根结底需要作为审美主体的译者和译文读者的参与。

有鉴于此，本章共分为三部分：其一，从模因论视角下对于古诗审美理想在目的语语境的实现的过程进行描述与分析；其二，作为审美主体的

---

① 毛荣贵：《翻译美学》，上海交通大学出版社2005年版，第22页。

译者如何实现语际转换中的美学效应传递；其三，作为审美主体的译文读者如何对译文产生观照与体认。

第一节　异向交汇：双重语境中的审美意图

无论是自然科学还是人文科学，当我们冠以"科学"名号时，或明或暗都蕴含着一种与"纯粹逻辑"有关的理想。所谓科学，似乎必然要超脱于历时语境，具备一种普世价值，不会，至少轻易不会被主观因素干扰。它依托于"纯粹逻辑"的严谨与缜密，致力于描述超脱历史话语体系的理论。在科学主义尚未被认可之前，哲学作为解释世间现象最为权威的话语，其本体论的研究方式就是最好的证明。正如鸡与蛋孰先孰后无法争辩出结果，世界的本源、事物的本源以及现象的本源究竟是什么，莫衷一是。

> 我们认为，没有什么"纯粹逻辑"以及按"纯粹逻辑"进行的推论，有的只是具体历史语境下构成理论话语陈述的逻辑，这个逻辑是历史性的，不是"纯粹的"。①

无论是自然科学还是人文科学，更具体而言，诸如文学研究、美学研究、译学研究都自洽于其生长的语境逻辑。较之于"纯粹逻辑"背后的永恒真理，历时语境才是把握各种研究的场域。当我们把研究目光聚焦于古诗英译，又涉及一个更为复杂的时空语境，其中既包含着两种语言的分别的历时性演变，又离不开两者间的共时性对比。古诗英译研究并不是一种本质释义，而是历时中不同话语体系下的古诗翻译现象如何呈现以及原因。作为古诗翻译的衡鉴，其美学之维的研究亦遵循这双重规律。对于古诗翻译的审美过程而言，其本质即为翻译审美意图，或者说审美理想的实现过程。那么，如何理解古诗翻译的审美意图与审美理想，以及两者关系

---

① 牛宏宝：《现代西方美学史》，北京大学出版社 2014 年版，导语第 1 页。

呢？意图缘何表达，理想缘何实现，古诗的审美理想与其翻译的审美理想又有何种关联？

一 辞章内外：审美意图的表达

审美是人类特有的活动。我们对于事物的认识不仅基于认知的判断，还有不涉利害而愉快，感性认识，即审美。通过审美活动，人类获得审美体验，又通过审美体验加深对于"美"的认知。然而，正如早期美学所探讨的那样，世界是否存在一个作为独立体的"美本身"尚不可知，却不可否认美只有与"我"发生关联才会发生"审美"行为。换言之，美在于事物与"我"的关系之中，审美经验便成了鉴证"美"的现象之依据。

人对于审美的诉求为审美活动的发生提供了主观条件。物理现象，或者认知事实的存在本身，并不关涉美与不美的问题。比如，"云蒸霞蔚"本来是一种云、霞升腾聚集的客观自然现象，当感官与其象发生关联的一瞬，身心与情感活动熔铸为一个瞬间凝结的整体。在凝结的刹那，主体跃然于一个超脱于物象之上的更为接近所谓"真相"的境。于是，"云"与"霞"便不再是单纯的一种现象，而是"我"亲身参与了的、凝聚着"我"之色彩的存在性境遇的重要组成。

当主体必须通过审美活动获得美感经验，在其表达审美诉求的同时，就产生了审美意图，审美理想随即实现。审美意图是在审美主体大脑中所形成的主观印象，而这种主观印象反映的正是主体按自己的审美需求寻找到的其与审美对象固有的属性之间所具备的内在联系。审美的过程就是审美意图实现的过程。主体审美诉求与事物对其审美诉求的满足决定了审美意图的实现程度，这种实现程度即为审美理想。

在文学作品中，审美理想主要分为两个层次：其一，创作者的表达诉求；其二，接受者的审美诉求。

从创作者角度而言，写作是一种自我实现的需要，其不仅需要通过表达来完成基础的"自我认同"，更需要通过接受者的"知悉"，来完成更大范围、更高层次的"自我认同"。当然，双重的自我认同都伴随着审美的需要，这与直觉在审美与写作中的关系密切相关。"直觉是不假理性概念或逻辑的推断而获得的直接的悟知，是高度专注的经验。"① 写作由于沾染了"我"的色彩，便不是单纯的一种描述，而是充斥着自我痕迹的话语。这种话语的建立，犹如作诗起兴，需要感性作为基础，进而做出不同程度的理性判断，感性、理性在即时语境下完美融合，完成一种自我认证。

从接受者角度而言，对于文本的理解亦始于直观体认。"直觉是一种具有洞穿力的经验"②，融合了对于作者经验的捕捉，以及对自我过往相似或相异（更确切地说，是任何可以产生关联的）经验的辨识。也正是通过这种基于直觉的感性熔炼汇聚，来自共通感的审美诉求便产生了。

当文本被置于语际转换机制，双语的转换、接受者的多层次性便无可挽回地将文学审美置于一个更加复杂的境遇之中。翻译审美具有多维双重性。其一，较之于原文文本，译者是接受者，较之于目的语文本，其又是名副其实的创造者，此为译者的双重性。其二，译者要面对两方审美理想——原文作者与目的语接受者，而其本人的意愿则不可避免地在这双重意图的博弈中被操纵、重塑或同化、消弭，也因此译者本身的理想反而常常被忽视。其三，译文读者面临双重审美诉求或者说双重意图的介入，即作者与译者两方面，表现为两种审美理想。当然这双重意图皆隐蔽地统摄于其本身的审美理想之下，作者与译者的意图仅仅是介入审美理想的重塑过程，对其产生干预，起决定作用的归根结底还是与读者本体相关的审美理想。由是而言，翻译审美总是包含着三层质素——作者、译者与目的语读者。当然不可否认，原文读者是一种隐含质素，在衡量实际价值时，其通常作为译文读者的参照物现身。

那么，古诗翻译中的审美理想又当如何理解呢？

古诗的审美理想是基于古诗审美事件的积累与升华。审美理想归根结底是与"意图"相关的事件表达。那么关键是"谁"的意图被表达，如何得以表达？译文牵涉至少三种意图——作者意图、译者意图（受到各种因素操控与干扰），以及读者意图（期待视域影响下的读者）。

正如康德所说，审美本质具有"无目的的合目的性"。一方面，作者

---

① 牛宏宝：《美学概论》，中国人民大学出版社 2012 年版，第 86 页。
② 牛宏宝：《美学概论》，中国人民大学出版社 2012 年版，第 87 页。

的审美意图无关利害、功利，或者说这种审美带来的精神愉悦与物质无关，且又不是一种基于认知的概念判断与价值审视；另一方面，这种无功利的背后又蛰伏着一种获得自我认同的野心，小则如对个人标签化的认证，大则到群体、民族形象等的构建与巩固。

译者无法以摆脱各种因素干预的"真空状态"从事翻译活动，译文注定无法以"零度"的形式呈现。无论有无意识，译者若非靠近源语言语境，便会靠近目的语语境，即异化或归化。就此层面而言，暂且可将译者的意图归入广义的作者意图，或者广义的目的语读者意图。

目的语读者的审美意图则与期待视野有关。

这三种意图的关联表现在何处呢？这需从审美这一行为的本质说起。

在人自身的"去成为什么"的存在性展开中，形成了不同层次、不同内涵的活动。按人的存在性展开的程序，这些活动依次可分为四种类型：直觉（审美）活动、认知判断活动、道德实践活动和生产（经济）实践活动。①

这四种活动应和了人的四种基本的生存诉求，即审美、认知、伦理道德和劳动。四种诉求在不同历时语境中会呈现出不同的需求程度，时而并列，时而被凸显或压抑。当基本的与"活着"，即存在，相关的诉求被满足，超脱于生存之上的诉求就会显现，比如认识世界和审美。而生产活动与道德实践均与"秩序"有关。前者是建立稳定高效生存制度的基础，后者是通过建立伦常秩序以稳定生存秩序的需要。

当诗性直观从巫术直观中分离，"艺"也超越出"技"的层面，"仓廪实"也无法满足人的日益增长的发展需要，审美活动就逐步成为一种稳定的生活构成部分。美，作为"审美活动中人与对象之间所形成的关系性体验"②，需要人与世界敞开的交互映照中实现审美形式的赋形。如果说，存在一个作为原型而存在的终极的、形而上的审美理想，那么其是为一种人类共享的对于作为整体而存在的人类群体与具体世间事物的敞开式、交

---

① 牛宏宝：《美学概论》，中国人民大学出版社 2012 年版，第 170 页。

② 牛宏宝：《美学概论》，中国人民大学出版社 2012 年版，第 104 页。

互式关系。这种关系体现在人类思维与世界的同构事实之中。

然而，在具体审美中，这种作为原型而存在的审美理想常常是存而不论的。审美活动是一种与自身存在境遇相关的行为。随着一系列生命事件不断推进和叠加，存在性境遇不断更替，前后相继又延展其不同。审美诉求受到历时性语境影响和共时性语境的操控，表现为不同的审美活动特征，凝着着时代的审美理想。这是审美理想的宏观层面。就其微观视角而言，其体现着不同个体的审美意图。作为群体的时代背景下的人们的审美意图具有极大相似性，难以展现超越时代语境的特征，其升格为一种群体的审美意图时，就形成了即时的审美理想。不同国家、地区与民族都会形成自己特有的审美理想。这根源于其先人特有的与自然万物沟通交流的方式。不同时代的审美理想不断叠加，进而扩大了审美理想的内涵。

当我们的研究目光回到"诗"这种文学形式，其审美的特性尤为突出。这源自"诗"这种独特文体所包孕的诗性思维与诗性直观的特征。较之其他艺术形式，文学是一种更能调动想象力与感官体验的存在。诗又是文学形式中与直觉、感官、体验距离最近的文体。其特殊之处又在于文本本身所蕴含的辞章美学意义。更确切地说，古诗的审美理想主要在于两方面——文本本身与超越文本之外。前者即为辞章美学范畴，后者则是诗人在与自然世界发生关联的一瞬间与其交互敞开，并完成自我呈现与自我认证的过程与即时感受。

延展至古诗翻译，无论是作者还是读者，包括隐藏在这两方面因素中的译者因素，都要依靠直觉，使生命展开与世界进行的"沟通"的交互行为。

> 一般美学中所说的审美理想以外物为审美对象，将体验体现在艺术家的作品中，因此文艺创作的审美理想也可以说是艺术家的艺术创作原则；而翻译美学中所说的审美理想则是翻译家对如何体现原作美的一种理性和感性认识的统一，也可以说是翻译家对待翻译艺术实践的原则主张。①

---

① 刘宓庆：《翻译美学导论》，中国对外翻译出版有限公司 2012 年版，第 254 页。

文学作品审美理想凝结着创作意图与读者期待，是一种难以具体描述的品鉴标准。就此层面而言，翻译审美理想的所指主要是语言。就古诗翻译的审美理想而言，语言维度的审美是重要命题。

由翻译照见一个中西美学维度的差异，即中国独特的辞章美学范畴。具体而言，在对译文文本进行品鉴时，西方的评价体系虽立论于语言学却并不关注语言层面的审美，而我们的文化话语体系中则有不少就辞章本身而言的审美范畴，如雅俗、风骨。

所以，古诗翻译的审美理想包含两方面：其一，是辞章层面的音韵、文字等各级语言单位的审美理想；其二，是透过辞章，文本作为一种精神赋形的现实显现所表达的作者及一切审美主体，在与世界产生关联那一瞬间独特的经验状态。

刘宓庆在《翻译美学导论》中明确提出，翻译的审美客体"就是译者所要翻译加工的原文"[1]，并将客体分为形式系统与非形式系统。前者是为审美符号集，后者是为审美模糊集。所谓符号集，即语音、文字、词语、句段层面的审美信息；审美模糊集，则是指情志、意象与意境、超文本意蕴。[2] 刘宓庆站在审美客体的视角讲述两种关系，而这两种关系恰恰映照两种审美意图，即审美理想。符号审美对应辞章美学范畴，审美模糊集所包孕的情志、意象意境则连同超文本意蕴都可划归辞章范畴之外的审美维度。

二 模仿与创造：审美理想的再现

在厘清古诗翻译的审美意图与审美理想诸范畴的基础上，方有立场谈及其再现的问题。古诗翻译的审美理想，其本质是重现作者生命事件的某一瞬间所凝结的美感经验，使目的语读者获得相似的感受，或者说拥有对这种感受不同程度的认识。在使美感经验显现于现实中的时候，我们必须通过赋形这一手段使之由一个单纯的物理现象或者自然现实，升华为一个

---

① 刘宓庆：《翻译美学导论》，中国对外翻译出版有限公司 2012 年版，第 66 页。
② 参见刘宓庆《翻译美学导论》，中国对外翻译出版有限公司 2012 年版，第 69—130 页。

凝结着"我"的色彩的审美事件。

审美理想的再现就是自身存在性境遇的重塑。即时的境遇由"象"与"境"共同构成。美感经验的记录，审美诉求的表达都需依托于与我产生即时关联的"象"与"境"之组合。有趣的是，这个境遇的生成与那个独一无二的主体有关，依托于主体才有我们欣赏的美感经验的赋形之现实显现。故而，每一个审美存在性境遇之特殊性都具有一定程度地难以消弭的排他性。从这一层面而言，所谓的"审美理想重现"无异于一个伪命题。既然依托那一个特定主体的存在性境遇，主体间不存在绝对的一致，那么要如何实现重建？

事实上，我们的审美诉求是一种自我实现。人类面临同一个世界，思维方式的相似性、情感的相似性、世界与思维的同构等等决定了我们美感体认的相似性。这是不同主体对他者的美感经验进行体认的基础。我们对于他人的存在性境遇的探异更多的是为了寻求"我"与世界建立联系的不同方式。以其为衡鉴，方知精神向度之无限。不过人与人的审美可以无限贴近，却永远不可能绝对相同。所以，归根结底，审美理想的重建都是一种模仿，只是模仿的程度各异而已。正如人在现实生活中重建不同景观，需要选择合适的材料，审美理想的再现也是一种模仿，而实现模仿的"材料"即为文化因子，即模因。模因相当于美学中所言的实现审美活动显现的"介质"。

（一）诗学语境下的文化因子：模因论概述

模因（meme），即文化因子，是英国动物学家理查德·道金斯（Richard Dawkins）仿照希腊词语"mimeme"（意为模仿）创造的，用以描述文化传播的过程与规律。形式上，meme 与 gene 相似；内涵上，与 memories 相仿。

> "谜拟子"（mimeme）一辞源自希腊字根，它的意义很适合我们的要求，但是希望它读起来有点像（gene）这个单音符的字，但愿我们的同行朋友原谅我们把"谜拟子"改成"拟子"（meme），即去掉词头 mi。这样也可以联想到跟英文的"记忆"（memory）一词有关，

或是联想到法文的"同样"或"自己"（meme）一词了。①

道金斯希望找到一个可以描述"文化传播单位"含义的词，于是创造了"meme"，即模因。模因代表一个文化单位，任何一种理念、想法、行为都可以通过留存于人的意识得到复制传播进而再生，是一种心灵印记（engram）的延续。模因论是一种文化进化论，是关于心灵内容的理论。

自 20 世纪 80 年代传入中国，meme 的译文有十余种，如敏因、觅母、幂姆、文化因子等，而"模因"译法最为妥帖。这一表达在呈现概念内涵的同时能够最大限度地展现外延。多元系统论认为，语言、文学、历史、社会等作为一个个独立的元素系统，相互作用相互影响，又共同组成更高层次、更高意义上的多元的系统。一部文学作品中，文学体裁、诗学传统、规则规范都可以被看作一个系统。由于社会文化系统的历时因素与共时因素相互作用，我们必须着眼于时空语境下的变量与外来元素的异质性。Meme 的传播无法回避两个问题：其一，如何进入汉语文化，被汉语语境接受；其二，如何在汉语语境立足的同时保持自身的异质性。通常，我们通过采取"音译"来保持异质的特殊性。"模因"近似于 meme 本身的发音，较之"文化因子""理念因子"等译法，更好地保存了原词语音特征。然而"模因"并非一个单纯的"陌生化"的空壳。道金斯对于 meme 的论述使我们联想到其与 mimesis 的渊源。一直以来，西方摹仿论的传统包孕于其文艺创作文化传承的方方面面。Meme 与 mimesis 的形似在于其内涵的相似，而模因与摹仿（模仿）的内涵均为参照某原型而仿作。Meme 的外延意义与形式紧密相连，"模因"较其他译文更为恰当。

此外，meme 不仅形式类同 gene，其传衍方式亦如 gene 一般。如道金斯曾这样描述：

> 正如同在基因库中繁衍的基因，借助精子或卵子，由一个身体跳
> 到另一个身体以进行传播；拟子库中的拟子，其繁衍的方式是经由所

---

① ［英］里查德·道金斯：《自私的基因》，卢允中、张岱云、王兵译，吉林人民出版社 1998 年版，第 242—243 页。

谓模仿的过程而发生的，它将自己从一个头脑传到另一个头脑。①

音调、手势、宣传语、服饰、文字表情等均可以作为模因。作为储存重要生命特征信息的承载者，基因通过忠实复制在生命体间传递。而 meme 是一种文化元素的精华，通过模仿在大脑间传递。如果说道金斯在造词时有意使 meme 与 cream 同韵，那么我们也可以将 meme 理解为一种承载文化精华的原型。而 gene 译作"基因"，"基"颇能表达生命信息赖以传递复制的"原型"的意义；"因"既有"因果"的因由——依托于"原型"之基进行信息传递之意，又是一种音韵的模仿。故而"模因"最能表达 meme 与 gene、mimesis 以及自我（même）之间的关联。

如果说道金斯从文化进化论的角度提出了一种新的审观文化发展的思路，并创造了"模因"这一概念为其所指，那么他的学生苏珊·布莱克曼莫尔（Susan Blackmore）则通过继承发展道金斯学说初步建立了"模因论"（Memetics）的理论框架。模因论是达尔文的生物进化论在文化领域的映射，它以"模因"为核心术语，对文化现象之间的普遍联系以及文化传承性本质进行描述与诠释。

模因是如何发挥作用的呢？或者说，模因如何推动文化进化？

模因的复制分为同化（assimilation）、记忆（retention）、表达（expression）以及传播（transmission）四个阶段。② 这种描述方式的科学性在于其解释了布莱克曼莫尔的以"模仿"为核心的模因传递过程，且此过程又可被视为一段文化传递、传承的缩影。歌曲、语言、观念、风尚等任何一种具有传承性的文化质素，都可以被视为无数可复制的因子的组合，就如稳定的物质是由原子组成的。正像基因具有传承性和变异性一样，这些复制因子既受时空语境的制约，又无法摆脱即时语境的干预。时空语境决定了复制因子的本质，即时语境则影响其最终的呈现状态。

以旗袍为例，最早的旗袍出现于 20 世纪 20 年代，是旗装的衍生品，从

---

① ［英］里查德·道金斯：《自私的基因》，卢允中、张岱云、王兵译，吉林人民出版社 1998 年版，第 243 页。

② 参见何自然主编《语用三论：关联论·顺应论·模因论》，上海教育出版社 2007 年版，第 133—134 页。

整体的布料花色设计到其立领盘扣等细节，再到气质韵味都极具清末服装色彩。受西方民主文化影响，时代对于女性的审美观也发生了变化。旗袍不再是宽袖长袍，而是贴身剪裁，左右均可开襟，侧摆开叉。而当代流行的旗袍式连衣裙，又将舒适性与便捷性考虑其中，充分重视现代女性的社会属性。

由此可知，模因传承既是一种模仿的过程，又是主体以利己为核心的自我选择。一个复制因子之所以被选择，在于他对主体需要的满足程度。布莱克曼莫尔强调模仿是人类生而具备的生存能力，通过模仿而习得的每样东西都可以被看作一种模因。① 她的推论必须建立在这样一个预设之上，即文化模因的传递归根结底是心灵、大脑的机能。

> 任何对这些复制因子适应性的解释，都无法摆脱对人类社会与认知环境的考量。②

道金斯曾经把模因描述为一种"思维病毒"，此说法形象地将文化因子与心灵、大脑的关系呈现。如布莱克曼莫尔所言，模因的传播类似模仿的"信息"间的相互拷贝。它通过进入所谓"宿主"的记忆得以传承，但在进入记忆之前首先需要获得宿主的接受。这种接受表现为建立在理解基础上的认同，而认知结构的相似性又是认同的前提。所以，当模因恰逢其时地迎合了我们的认知，就会获得"被记忆"的契机。但是，这种记忆不可避免地伴随着模因的变异。

首先，记忆意味着一种认同，即便是与我们认知完全相反的信息，也会因为和固有认知形成对比，显示差异，进而加深了我们对于固有信息的认知而得到一种另类"认可"，获得被记忆的"资格"。其次，就像基因通过变异而"被认可"，模因也会由于宿主的"利己"而被所谓"优化"处理。布莱克曼莫尔提到在模因传播过程中存在"对指令的拷贝"（copy-the-instructions）和"对结果的拷贝"（copy-the-product）。前者遵循一种描述性的说明以实现传播，比如对照说明书安装仪器；后

---

① 参见 S. Blackmore, *The Meme Machine*, Oxford: Oxford University Press, 1999, p. 3。

② Kim Sterelny, "Memes Revisited", *The British Journal for the Philosophy of Science*, Vol. 57, No. 1, 2006, p. 158.

者则借助对于结果的模仿，比如时下非常流行的 cosplay，即在现实中利用服装、道具、饰物来扮演动漫、游戏等非现实的角色的行为。

> 模因间接地依托一个或多个载体，在一个不同寻常的模因窠巢中，经历一个简短蛹期的含蕴，这个窠巢即人类心灵。①

模因归根结底是抽象的，它的传递与持久性需要物质载体赋予其留存的可能性。书本、图画、声音等都可以作为模因的现实载体。事实上，模因作为一种存在于观念、心灵中的概念形态，其长期的保存与传播需要借助现实载体。这种概念形态与现实载体的关系极其类似于能指与所指的对立与统一。然而，当一种概念形态被具体地显形于文字时，并不一定会得到准确表达。或者说，有着不同认知不同经历的人对于同一模因的接受与理解不同，集中表现为其对于模因的接受过程中"变异"。

在古诗翻译中，模因是什么？是文字，还是意象，抑或是文字、意象背后的"意"？事实上，这三者均可作为模因。在审美理想的实现过程中，最理想的状态是言、象、意三者的统一。

由于传统与现代之间文化经验的断裂，以及现实存在的东西方的文化间距，很多时候，我们在翻译过程中只能就某一层面实现对等。不同的诉求决定不同的模因选择。若以辞章美学为目标，则文字层面的字词等语言单位为模因；若以美感经验的传递为目标，则意象为模因；若以审美理想的实现、审美诉求的表达为目标，则模因不能单纯就语言单位和意象任意一项而言。

古诗凝结的审美理想是翻译的起点与归宿，能够引起相似美感经验和情感共鸣的意象和能够表达这种意象的文字都可以作为模因。

（二）选择与变异：审美再现与模因重构

在探究原作审美理想的基础上，译者尝试利用目的语模因，经过选

---

① 转引自 David Holdcroft and Harry Lewis，"Memes, Minds and Evolution"，*Philosophy*，Vol. 75，No. 292，2000，pp. 164-165。

原文出自 D. C. Dennett，*Darwin's Dangerous Idea*，Allen Lane：The Penguin Press，1995，p. 346。

择、变异、重组重建一种存在性境遇。这个新的存在性境遇对应源语言境遇之所在。两种境遇所表达的美感经验是相似的，其距离越小，两者越接近，那么译文越成功。如果说实现两者的无限贴近是译者的目标，其他意图在这个目标之下都黯然失色，那么无论选择怎样的模因作为介质，无论两种语境中的模因及模因组合方式差别有多大，只要两者最终实现的审美体认呈现出一种不断贴近的趋势，这种模因重构就有意义，译者的工作就具备审美价值，翻译审美的理想就基本实现了。

我们模仿的是作者的审美理想、审美意图，语言是赖以实现这种意图的介质。语言审美对意义的生成起着补偿作用。所以在语际转换过程中，译者在选择模因时不应拘泥于语言层面的审美效应的对等，而应关注更为核心的审美意图。

模因因为符合译者的要求而被选择，又因为实现审美理想这一终极利益评定标准而被诉诸优化机制。现以《题梅妃画真》为例进行说明。

题梅妃画真

李隆基

忆昔娇妃在紫宸，铅华不御得天真。

霜绡虽似当时态，争奈娇波不顾人。

Written on the Portrait of Meifei, the Imperial Concubine

Li Longji

When I first saw my dear Meifei at the Violet Palace,

She looked so innocent and charming, without any makeup though;

Here in the portrait she still wears the same white silk dress,

But her eyes are no longer those which used to capture my soul.

Note: Li Longji was one of the Emperors of the Tang Dynasty, whose love story with Yang Guifei became a household romance in China and everlasting sources for literary works: Bai Juyi's long poem, "*The Everlasting Regret*" and Hong Sheng's legend "*The Palace of Long Life*", to name just a couple. In Chinese "Mei" means "plum"; Mei Fei or Mei the Imperial Concubine actually refers to Jiang Fei, whose real name is

Jiang Caiping. Because of her love of plums, she was renamed Mei Fei by Li.①

意象，包括象与描述象的定语、时间元素、地点元素等都可被分解为模因，即最基本的文化元素。以此为切入点，源语言语境与目的语语境中审美信息量的对等程度可逐步呈现。

"真"即画像，肖像。"画真"即画像。"portrait"指"人物描绘"，与之对应。"梅妃"，是两部分组成，"梅"为封号，"妃"为品级，合在一起指代一个人，与首句中"娇妃"相对应。唐正秋在译"梅妃"时，采取了音译的方式，模因被直接移植至目的语中，属于一种异化策略。译文读者通常在结合后面的"the Imperial Concubine"可知"Meifei"是一位身份高贵的皇族配偶，至于是名讳"Meifei"还是代号"Meifei"，并不是其关注的重点。当然，唐正秋先生也在译文中以"作注"的方式做出了说明、翻译。之所以选择这种模因的传递方式，取决于审美理想。而对于目的语读者而言，所谓的审美理想是建立在对源语言文化讯息有了一种基本认知的基础上的，故而是"梅妃""丽妃"还是其他人称，均不关涉其作为"皇族配偶"讯息的认知与接受。可见，目的语语境中审美理想的实现较之源语言语境中审美理想的实现被延迟，需经历一个由认知到接受的过程。这个过程之后才面临审美意图的体认，审美理想的实现。

"忆昔"是一个十分模糊的时间概念，一个较长的时间跨度——"我"与"梅妃"自相见至相别。而"I first saw"是一个明确的时间点。前者是一种诗性的表述，映衬凝结着"我"之主体性的特定时空，而后者则渗透着西方式的理性与逻辑，需明确时间点方不失其推崇之精准。时间段与时间点的最大区别并非在于时间长度，而是在于其投身于人心之上所引发的感受。时间段的张力赋予读者以"物我相融"的空间，而时间点的客观性更为突出，引起"物我对立"式的体认与思考。

"娇妃"中的"娇"则主要包含两重涵义：其一，指容颜姣好，描写年轻女子多用此字以形容其柔嫩的姿态；其二，指宠溺，即"我"十分宠爱这位姿态柔美、风情绰约的女子。此外，还有一层深深隐藏在这两层意

---

① 唐正秋编：《中国爱情诗精选》，四川人民出版社2006年版，第48—49页。

义之外的意蕴。"娇"含有"柔弱"之意。因柔弱而隐含了一个强大、饱含力量的主体与之形成对照。柔弱与强大对立统一，彼此依赖。问题是，在文本的描述中谁为柔弱谁为强大？很显然，"娇"是为一种特质，其物质承担者"妃"，即"梅妃"，是柔弱一方，而作为"宠"之施动者的观画者，即帝王，是为强大的一方。这样一刚一柔的矛盾统一，圆融地包孕于文本的表层意义之中。然而，在这"受宠者"与"施宠者"，"柔弱者"与"强大者"，"妃"与"君王"，为何会存在一种"宠"与"被宠"的关系。"妃"本身就是一个暗含着阶级性的字眼，它意味着作为帝王的女人之等级。首先，女子是依附于男子的；其次，男子有特权拥有不止一个女人，并且对这些女人进行品级划分，根据自己的喜好与目的对其表达所谓"恩宠"。在这种失衡的人格划分中，一种根源于社会、根源于历时语境的平衡力牢牢地维持着这种"失衡"状态的稳定。反观译文中，"娇妃"对应"my dearest Meifei"。"Meifei"如上所言，在目的语中已被简化为一个称谓，其文化身份是由"imperial concubine"补充说明的。而"my dearest"，即"我最亲爱的"，以"dear"的最高级表达强烈的感情。但"亲爱的"是一种主体与主体间的平等对视关系，而原文蕴含的阶级性，及"仰视——俯视"关系则被偷偷转换。此外，由于"dear""darling"等词汇常见于信件、口语之中，在诗体中不免流于清浅。故而不可否认，源语言的模因在目的语中寻到的相对对等的模因可以大致将表层含义转换，然而并不能尽其意。当然，从功能对等的角度，其确实可以起到将基本信息表达，但仅仅是"意象""物象"之"象"这一层面的转换。

模因具有认知功能与审美功能。通常情况下，同一模因的认知功能与审美功能彼此相称，相互补充，相互统一，并自洽于其生长的语境。语境对于同一模因为何具备特定的认识信息与审美特质具有绝对的阐释力。但是在不同语境中，承载相同或相似认知功能的模因并不一定具备同样的审美功能，相同或相似的审美特质，也不见得有着同样的认知效应。如何选择，取决于文体功用与主体意图。

"紫宸"指宫殿。"紫"在中国文化中具有重要意义，标志着与帝王、皇室有关的事物。此外，"紫府""紫宇"等均与天神行、居相关，"紫袍金带""金印紫绶"等皆是与高官匹配的词汇。"紫"之内涵，早已超脱了色彩本身，不仅具有民俗色彩，亦凝结着阶级意识。在西方文化中，紫色也与贵族和宗教联系紧密。在基督教中，紫色被认为是来自圣灵的颜色，教中器物常为紫色，如窗帘、桌布、祭祀的服饰等。诸节日圣礼中也常用紫色。而译文中其所对应的"violet"属于紫色的一种，在"purple"代表的紫色色系中，是一种饱和度更高的"紫色"。purple 相当于 violet 的上位词。violet，即紫罗兰花，传说是美神维纳斯在送别情人时眼泪滴到土地上变成的。"Violet Palace"不仅是色彩层面的对等，且具有"紫宸"所蕴含的皇室尊贵色彩与宗教神性色彩。其可以最大限度地兼顾语义层，以及译文读者的审美感受。以"violet"作为目的语中的模因，模拟"紫宸"这一模因在源语言中引起的效应，既符合目的语语境中读者的审美期待，又缩短了其认知的实现过程所需要的时间，是一种上佳的选择。

　　"铅华"即妆粉。在中国古代，妆粉主要分为米粉和胡粉两种。米粉，通常是以米制成。胡粉，加入了铅元素，细腻亮泽，比米粉效果更好，故而在女性中更为流行。但由于铅易沉淀，久而久之，反致面色暗沉。铅华常用以借代妆扮这一行为。在中国的话语体系中，常常以"洗尽铅华"表示退却世俗掩饰回归本真的状态，这种状态的心灵联想却至少有两重：其一，继续借梳妆打扮之意，指代人本真之外的状态；其二，"铅"可联想到灰蒙蒙的暗沉之感，故而洗尽铅华在我们的认知中，不仅仅有返璞归真的自然之感，还有回归光泽状态之感。两者合二为一，让读者顿感爽朗。此外，"铅华"作为一种藻饰，与天真相对，凡举"铅华"也会联想到"天真"。铅华作为一种模因，在译文中被转换为"makeup"。其成功之处在于 makeup 包涵"化妆品"，与"铅华"所蕴含的"化妆品"对应；此外"makeup"指天性、性格，与"铅华不得御天真"的"天真"所包涵的本性元素相吻合。不过，在接受者的存在性境遇中，审美意象包涵一种动态的元素，即以涂抹铅粉的动作指代化妆这一行为。而在目的语中，makeup 是一种广义的化妆，既包含妆粉，又包含其他化妆行为。其较之"铅粉"这一模因，少了一层转换环节，也失之一种灵动之感。

　　"霜绡"既指画着画的白绫，又指白绫上所描绘的梅妃之容貌。"绡"是一种轻透的丝织品，"霜"更加深了"绡"的轻盈亮洁之感。将君王心心恋恋的佳人之画像绘于如此白绫，更凸显了其"天真"之相貌，清丽之姿态。然而这一质素，被还原为模因，却无法在目的语中直接得到传达。但是，目的语中，通过"portrait"和"white silk dress"联合表达"霜绡"的画像之意，又通过"still""same"加深了佳人"纯洁"的秉性的意蕴。不过必须提出的是，"silk"含有桑蚕丝的意义，与"绡"相印证，但是其同样具有"丝绸"的意义，且后者更加广为人知。显然，对于译文读者而言，丝绸与佳人相互映照的关系较之蚕丝与佳人，前者更为突出。"white silk"给人更多的是一种如牛奶一般相对浓稠、温暖的质感；"霜绡"那种轻盈清透的感觉则被淹没。

"波"在汉语中指目光流转的样子，"娇波"指眉目传情，双瞳剪水的样子。以水波潋滟形容双目含情的姿态，既以水之清灵凸显了眼神之清澈，又以波之荡漾比拟目光之含情脉脉。"eye"则注重于"视"这一动作，水波潋滟似情思缠绵不断，故于眼波中流露这一层意蕴却无法被传达。当然，"make eyes at"也可指含情脉脉地注视，却依然缺少了"水波"一层内蕴。源语言中，"水波"这一隐藏意象对于情感的模拟与表达无法通过"eye"这一模因得到传递，故于目的语中，补充新的模因来重塑这一情感。"used to capture my soul"直白地揭露了佳人顾盼生姿的结果——攫住"我"的灵魂。这种模因的选择与"eye"这一模因组合，共同建构出一重近似于原文的意义。然而，在中国的文化语境中，含蓄的表达情感更加耐人寻味，更具深情余味，而目的语语境中这种告白似的倾诉则更符合目的语语境中接受者的感情模式。

若以动态对等的标准去衡量，则作为隐含因素而存在的源语言语境中的接受者对于原文的反应，与目的语语境中译文读者对于译文的接受大体一致，便可算得成功。若以审美理想的再现状况而视之，则源语言中的审美理想所包孕的物我关系，与目的语中的物我关系是否相对对等可以视为评价标准。综而述之，模因携带着不同的文化信息与审美因素，通过组合而实现意义的扩充与延展。双重语境中，信息负载量相对对等的诸模因，因其组合方式不同，依然会产生不同的效应。

第二节　操纵与妥协：斡旋的译者

一　认知与审美：译者的翻译动机

马斯洛在《人类激励理论》（*The Theory of Human Motivation*）中提出，人类有五种基础需求：生理需求（physiological needs）、安全需求（safety needs）、爱与归属需求（love and belonging needs）、尊重需求（esteem needs）以及自我实现需求（self-actualization needs）。[①] 当基础需求得到满足，更高层次的需求就会展现，即审美需求和求知需求。

译者的翻译行为通常受内因、外因两部分因素影响。两者共同形成了译者的翻译动机。前者表现为认知需要、审美需要，后者表现为自我之外的操纵力量，如主流诗学、政治因素、权威出版公司等。

> 认知是指人获得知识或学习的过程。人类生存在这个世界上并不是互相孤立的，需要互相交往，互相了解，互相学习。当这种了解由于语言障碍而大受羁绊时，翻译就应运而生。一个民族对另一个民族的历史、文化、风俗习惯、思维方式的全面认识都离不开翻译。[②]

在满足主体基本的生存需要基础上，其他需求则成为生活的主要矛盾。事实上，自我超越的需求作为基本需求的高级阶段，其存在已经为主体需求在更高层次上的延展指明方向。在达到一定程度之后，人总是有自我否定进而超越彼时阶段之"我"的内在倾向。简而言之，就是一种对进步的需求。这需求不仅表现在基础需求中各层向其系统内部更高阶段的转变，更体现在基础需求作为一个有机统一体，其整体呈现出向更高需求转

---

① 参见 A. H. Maslow, "A Theory of Human Motivation", *Psychological Review*, Vol. 50, No. 4, 1943, pp. 370-396。

② 陈浩东等：《翻译心理学》，北京大学出版社 2013 年版，第 95 页。

变的趋势。认知是这双重转化的直接推动力,故而人对于知识存在天然的渴求,译者对合适的原文也有翻译的冲动。

翻译的过程也是审美的过程,是审美体验,这在前文已有论述。正所谓"爱美之心人皆有之",认识美,欣赏美,评价美,将美由一种形式变换成另一种形式仍不失其为美,本身就是一种美的享受,一种审美娱乐。为了获得这种享受,译者在审美体验之后迫不及待地想将美由另一种形式表达出来,自己获得了创造美的喜悦,而读者也得到了欣赏美,品评美的机会。①

审美需求较之认知需求,是更深层的需求。这种需求深深根植于主体的观念系统与意识,常常处于被遮蔽的状态。此处我们必须面对一个问题,关于需求的顺序问题。事实上,马斯洛所言之需求并没有一成不变的需求顺序,在基本生存权得到满足之后,在不同阶段不同现实之下,需求存在先后之分,表现出不同的层次性。各种需求相互联系,相互影响。认知需求促进了感性与理性的结合,提升了理性的程度与科学性,为审美需求的发展起到极大推动作用。

二 意图与心理:译者的审美定势

所谓定势,即定势趋向,在心理学中特指由先前活动造成的,会在一定程度上对后来的活动产生影响和干预的心理准备状态。准备状态包含两层时间概念:其一,正是相关历史的总和塑造了这种心理状态;其二,这种心理状态必将对即来之活动产生推动或阻碍作用。个体差异决定了其定势之不同。由于特定时空语境下的个体面对的物质世界具有唯一性,精神世界具有相似性,故而群体的定势趋势又具有同一性。比如,不同国别不同民族的不同时代的人审美总有各自的特征,古人婚礼以红色为主以示喜庆,而西方多以白色象征爱情纯洁忠贞。面对不同现象、概念和范畴,思

---

① 陈浩东等:《翻译心理学》,北京大学出版社 2013 年版,第 96 页。

维的定势趋向又展现出不同方式与层次的影响。

> 翻译审美定势的形成受两个因素的影响：一是译者的知识体系；二是译者的个人因素。前者包括译者个人或译文读者的审美期待或审美态度；后者是指译者的心理结构。[①]

知识体系决定着译者的翻译能力，而个人因素所包孕的心理结构则在一定程度上决定着译者以何种身份、视角以及方式运用这种能力。译者的知识背景不同、心理结构各异，两者相互配合、相互作用，产生不同的效应。这种效应主要表现为译者在对译文进行观照时，会对不同的审美信息产生关注或兴趣。审美定势对译者产生的干预贯穿于整个翻译过程。

首先，知识体系并不仅仅是就文字运用层面而言的语言能力，还包括了如何使用使语言具体化为言语这一过程背后的支配机能。就古诗翻译这一具体实践而言，其表现为审美意图，或者说审美态度。"译者翻译审美态度是译者的理智与直觉、认识与创造、功利性与非功利性的有机统一。"[②] 不同译者在这三组关系中会进行不同选择、匹配，由此呈现出主体差异性，进而表现为不同的翻译策略与风格。

其次，心理结构则是使"自然对象"转变为"审美对象"的关键机制。我们常常将这一过程统筹于审美意识。"审美意识系统涉及审美主体的各种审美心理形式及其活动。就翻译美学而言，这个系统始于主体的审美态度，而终于客体的审美再现。"[③] 于是，表现为审美态度的知识系统与统筹于审美意识的心理结构在翻译审美的命题之下被连接成为一个整体，共同构成思维定式，并现身一种审美意图在前翻译阶段发挥作用。

那么审美定势如何在翻译过程中发挥作用？知识体系与心理结构如何紧密配合，完成语际转换的任务呢？

审美意图之下的审美活动分为两种：有意识的参与与无意识的参与。如果我们不是怀着展开审美活动、获得审美体验的目的而是在不经意间获

---

① 颜林海：《翻译审美心理学》，科学出版社 2015 年版，第 51 页。
② 颜林海：《翻译审美心理学》，科学出版社 2015 年版，第 50 页。
③ 刘宓庆：《翻译美学导论》，中国对外翻译出版有限公司 2012 年版，第 171 页。

得美感经验，则其为无意识的审美活动。如若我们有意识地主动参与审美活动，如参加画展、郊游踏青等，以期获得美感经验，则其为有意识的审美。当然无论是否有意识地参加审美活动，获得审美事件都与"功利性"无关，亦无背离康德的"不涉利害而愉快"和"不涉概念而具普遍性"。是否有意识地参与审美事件的生成并不对审美的本质属性造成影响，原因在于获得审美体认的过程注定是无功利的。

假设这样一个场景，当我们路过一个花园，看见各色鲜花争奇斗艳，不禁想到杜甫的诗："黄四娘家花满蹊，千朵万朵压枝低。留连戏蝶时时舞，自在娇莺恰恰啼。"在这个过程中，主体并非为了看花而展开行动，而是在没有准备展开审美活动的前提下机缘中有了这番审美体验。主体看见现实中的花，引发了审美行为，获得了审美体验。他需要把这种体验显现，故而寻求一种赋形。当是时，主体又想起另一种审美体验，其与今番的美感经验相似，即读杜甫的诗引发的联想所获得的关于美的感觉，故而借此表达愉快之感（不涉利害而愉快）。

这一过程和语际转换中，审美体认或美感经验的再现如出一辙。不同之处在于，后者多了一种模仿的意图。

> 读者在"情动于衷"的驱使下再读《卜算子》，更觉这首词的韵律优美感人，遣词娴洽适意，读着它，使人的视声感官功能交互作用，也就是情、意、景的交互作用，从而产生一种对诗人描写的情状、心态和景物的直觉把握。[①]

在这种直觉的把握中，主体尝试调动各种感官展开联想和想象。借助于直觉产生的感性材料，知觉开始对原始经验进行综合性的整合、辨识、分析，即对感性材料进行一定程度的理性分析。

而翻译过程中的审美体认与之极为相似。在上述过程中，在作为主体的"我"与作为客体的"花"之间交融汇合时的澄明敞开的感觉是为一种本体。杜甫看到"黄四娘"家的"黄花蹊"时的美感经验通过"诗歌"

---

① 刘宓庆：《翻译美学导论》，中国对外翻译出版有限公司 2012 年版，第 172 页。

这种诗性语言实现赋形。透过这种赋形体悟被遮蔽的美感经验发现，其与前者主客体交融时的那种澄明之感颇具相似性，故而借之赋形。古诗翻译中，译者首先需要体悟原作意欲表达的那种澄明敞开的感觉是什么，即审美意图，继而假设产生相似美感经验通常在哪一种具体的目的语语境中实现。源语言中的审美意图有似于本体，而目的语语境中暗含一种潜在仿体，译者最终是依据仿体而重塑审美理想的。

由此可见，心理结构的运行方式通常是：感觉—知觉—想象（包括联想），想象又分为移情和通感。① 颜林海则将这一过程用中国传统美学范畴表述为：观照、体悟和品藻。观照包括静观和神思，体悟包括情观和设身，品藻则包括论世和附会。② 但就完整的翻译审美过程而言，这样描述译者心理结构的运行机制并不完整。众所周知，目的语读者依靠译者的译文体悟原文的审美意图，实现自我审美诉求。翻译审美理想的再现必须依靠译者去完成。故而，表达也是译者的心理机能。

刘宓庆提出，由审美情感所驱动的翻译审美心理机制包括以下四个层次：感知—想象—理解—再现。这四个环节前后相继共同组成了翻译审美认知图式。③ 翻译中，译者基于一定的审美态度，在理性与直觉、认识与创造、功利与非功利三组对立统一的倾向中开启审美过程。

感知阶段，译者充分调动各种感官（以视觉、听觉为主），依靠直觉对美的把握寻找到知觉形象。感觉先于知觉，前者感性，后者是将感性初步上升为理性。直觉是感知的基础。

> 直觉活动不需要任何中介环节，它是人自身的存在性展开的原初活动，即人敞开自身、把自身交付出去并与其他存在者发生关系。④

人与物之间是一种"相互敞开"的关系。在这种关系中，人将自己的

---

① 参见刘宓庆《翻译美学导论》，中国对外翻译出版有限公司 2012 年版，第 172—176 页。

② 参见颜林海《翻译审美心理学》，科学出版社 2015 年版，第 67—70 页。

③ 注："图式"是皮亚杰发生认识论的核心概念，指人脑中已有的知识经验的网罗，是人类对某一行为的认知结构。

④ 牛宏宝：《美学概论》，中国人民大学出版社 2012 年版，第 170 页。

生命关涉于客观存在的事物，心物交感过程中获得一种自由的体验，并由此产生愉悦之感。并且，在这种相互关照中，主观的人与客观的物各自的特征都被进一步突出呈现。

直觉活动根植于人类生命力，生命的活力呼应着世间万物之灵性，并与人所特有的诗性智慧息息相关。直觉作为感性的起点，尽管不能给予主体以基于理性的认知与判断，但它在交付自身的过程中将主体与世界相关联。主体通过调动视觉、听觉等感官，对于美进行直觉把握，形成我们常说的"感觉"。感觉是纯感性体认。"主体感官对事物的感觉常常带有短暂性（transient）、个别性（individual）以及有待于深化、加工为知觉的特点。知觉常常具有反映对象的各种属性和特征的综合形态，因此可以形成综合性的'知觉意象'（perceptive image）。"① 感觉是直觉的初级阶段，而知觉高于感觉又后于感觉，是直觉的深化阶段，并具备一定程度的理性色彩。知觉意象是能够诠释主体对于"我"与世界的关系的象。

理性地认识人的感性活动是正确认识审美活动的基础。感性到理性的转变作为认识规律的必然趋势，必须诉诸主体对于"物我关系"认识的深化。深化的方式表现为想象和联想。想象就是对主客体的相互关系的认识。物我的相互关系，是投射，是反映，还是观照？其实任何一种界定都欠缺严谨，这三者的有机统一体才是完整的对"物我关系"之"认识"的发生过程。这一过程即移情。

> 所谓"移情"就是移置"自我"（主体的生命活动）于"非自我"（对象的形象），从而达致物我同一，客观形象成了主观情感及思想的表现，这个投射过程也可以概括为"由我及物"……移情是客体对象的主体化、拟人化、情境化（由物及我），又是主体情感的客体化、外在化、物质化（由我及物）。审美移情中主体情感投射和转化是一个相互渗透又向前推进的过程。②

移情的移置实际上就是对物我关系的解读。其整个运行过程都是在由

① 刘宓庆：《翻译美学导论》，中国对外翻译出版有限公司 2012 年版，第 173 页。
② 刘宓庆：《翻译美学导论》，中国对外翻译出版有限公司 2012 年版，第 187—188 页。

我及物和由物及我的相互转换中确立了物我合一的最终形态。物我关系解读的过程既是理解相互关系的过程，同时也为凝结着感性直觉与理性升华的审美再现中指明了方向。

翻译中审美再现是译者语际审美机制的最后一环。如上文所述，翻译具有依附性与原创性。所谓依附性，主要表现为审美客体对于源语言语境中审美诸要素与审美效果的依附性质。而原创性，或者说创造性，则在于译者主体感应的灵活性。译者在语际转换过程中的心理运行机制始于审美态度（审美意图），依赖于以直觉为核心的感知过程，以"移情"为核心的想象联想过程，至此方呈现出"被表现"为属性语言的趋势。从审美态度到审美心理，从感知发生到联想过程，无不凝结着译者本人的色彩。作为主体存在的"我"之所以为"我"，只有语境具备阐释力。正是语境塑造了彼时之"我"，以及包括审美思维、审美心理等一切与"我"相关的因素。而这些已成为事实，凝结在作品中的质素只能被描述，却无法被提炼为一种普遍规律。语境只能解释审美事件为何会以此般样态显现，却无法对其具体显现形态做出预测。

故而，翻译中的审美再现归根结底是一种摹仿，只是摹仿的程度不同。所谓的重建（recast）、改写（rewrite）尽管包孕更多的译者创造元素，但依附性与创造性均为语际转换这一行为的本质属性，任何一种翻译行为都是依附性与创造性的有机统一。即便是创造性，也存在一个作为本体的翻译原型，译文本身无论如何自洽于目的语语境，都不失为仿体。

翻译再现的审美理想与审美理想存在一定距离。除却起决定作用的两种文化语境固有的审美间距，这种审美距离的生成与译者审美思维过程以及心理机制的运行有关。事实上，这种审美理想的不对等，在译者层面，主要是译者对于"物我关系"的体认与作者之差异造成的。对物我关系的认知直接影响到知觉意象的选择与摹仿中仿体的生成。对物我关系的认知主要发生在想象（联系）阶段，体现为移情与通感的差异。

三　移情与通感：审美再现中的完型障碍

移情与通感，在诗学话语体系中主要作为修辞手段而存在，但在认知范畴下，其则标志着"我"与"自然万物"发生联系的方式。在翻译审美机制的运行过程中，移情与通感是体认物我关系的主要方式。

移情是一种将自我感情外射，投注于客观自然事物上，使之流溢"自我"色彩的修辞手段。但物我关系的建立绝非仅仅是调动感官，将"由我及物"推进至"由物及我"的过程转换，而是包孕一个主客体间"澄明的相互敞开"的境。在这一境中，主体与客体产生关联依托于主客间性。

比如，"我见青山多妩媚，料青山见我应如是"，"青山"是一种客观存在的事物，其本身是没有感情可言的。正是"我"将自己的情感移于"青山"之上，使主观情感通过客观事物上的映衬而得到更加鲜明、强烈地表达。又如，"蜡烛有心还惜别，替人垂泪到天明"。"惜别"的人是"我"，"蜡烛"在移情机制下实现了"我"的人格化，其感慨于主体的情志与境遇，产生了"替人垂泪"这一行为。

自在之物，如何成为审美对象？山川大地、花鸟鱼虫在进入我们的审美意识之前，并不存在所谓的美。换言之，世界不存在美本身，美的唯一现身之处便是人的意念之中，其存在的唯一标识是人生成的美感经验。人与外物感应之初，主客体关系逐渐紧密，"我"的主体性增强，"物"的客体性层层遮蔽。"物"通过感官（主要是"视""听"）进入"我"的感觉领域，诱发主体感应，于是"物"便上升为"物象"。须明了"我"之主体性与"物象"之客体性的博弈便是物我关系生成的起点。物自体本身与作为主体的我并没有关系，当物进入"我"的感觉系统与意识系统，物已不再是物，而是物象。当"我"与"物象"之间的敞开关系在主体性、客体性的此消彼长中不断确立，审美机制随之开启，"物象"在审美状态中渐而成为"意象"。"意象"基于作为客体存在的"物"与感性材料的"物象"而生成，其生成意味着主体性的增强到最大值，同时客体性被削弱至最小值。就此层面而言，移情已跃出了语言修辞层面，包孕着审美思维机制的运行方式。

　　描述移情这种审美体验特点的最简单套语就是：审美享受是一种客观化的自我享受。审美享受就是在一个与自我不同的感性对象中玩味自我本身，即把自我移入到对象中去。①

沃林格认为，移情是一种审美体验。与自我不同的感性对象，即"物"逐步上升为"物象"，主体性逐步取代客体性的过程。"物"的客体性被遮蔽，"我"的主体性随之不断增强，"物象"中"我"的色彩逐步彰显，而"我"又是依靠感性直觉实现对"物"进行"我"之着色。玩味自我本身，是指"物象"需升华为"意象"，主体性扩张，客体性压制，两者均已臻极限，主体性彻底取代了客体性的一瞬，移情便完成了。

通感在修辞上又称为移觉，是不同感官之间相互调用以共同完成对于外界现象之体认的过程。

> 通感是在表达中将人们的各种感官的感觉——听觉、视觉、嗅觉、触觉等相互沟通起来，把一种感觉迁移到其他感觉的修辞手法，又称移觉。②

通感是通过感官迁移实现直觉的深化的审美过程。不同的感官侧重从不同的方面去认识我们所面对的事物。这种不同感官层的认识实际是用不同感官建立与客体之间的联系。其实质依然是为了对物我关系、主体与客体实现认知。所以，通感在语言学层面是与移情并列的修辞格，而在审美范畴，其作为强化直觉体认物我关系的一种方式，是实现移情的主要手段。无论移情还是通感，其以物我关系为核心。东西方之间，对于物我关系的体认之殊异均与审美机制中移情（包括通感）对于物我关系的界定与建立有关。

无论是移情还是通感，都需要遵循审美显现的组织原则，实现审美意图，表达审美态度。牛宏宝将这原则总结为"多样统一原则""格式塔原则""气韵生动原则"③。事实上，"多样统一原则"是一种宏观的组织原则，它不仅存在于审美事件中，亦普遍存在于自然现象、社会现象之中。

---

① ［德］W·沃林格：《抽象与移情》，王才勇译，辽宁人民出版社 1987 年版，第 5 页。
② 朱钦舜编著：《修辞赏析词典》，上海大学出版社 2014 年版，第 231 页。
③ 参见牛宏宝《美学概论》，中国人民大学出版社 2012 年版，第 243—250 页。

究其原因在于多样统一呼应唯物辩证法中的"整体与部分关系原理"。"气韵生动原则"更接近于一种整体呈现效果的描述，或者说它是衡鉴审美显现成功与否的标尺。而唯有"格式塔原则"是从运行机制层面解释了审美意图如何表达，审美理想如何实现这些问题。

格式塔心理学，又称完形心理学。其认为，人的知觉先天地、本能地具有将知觉经验把握为一个完整的形式的倾向。知觉具有依据部分显现的内容而将认识对象还原为一个整体的构型能力。如果说"多样统一原则"侧重整体由部分构成，各部分协调统一，共同构成有机统一体，那么"格式塔原则"则强调这个成为整体的"知觉形象"大于各部分之和的性质。必须明确，知觉形象不同于审美对象，前者大于后者。比如，在中国画中的"留白"具有重要作用，其不仅使画面所呈现的景观更加立体，且留白意味着空间延展，完形心理机制被进一步激发，想象力被进一步调动，物我之间固有关系的延续，新联系的建立与此关联甚密。

移情是寻觅并建立物我关系的方式，是主体与客体之间的互动。这种互动主要依靠直觉感知。通感是深化直觉的体认过程。主体与客体之间建立的关系受移情与通感的共同作用。此时移情与通感作为一种重要的心理体验而存在，早已越出了语言层面的修辞手段本身。由于中西方主体对于事物的体认方式因时空语境而异，故而其依托于移情、通感与客体建立联系的方式呈现出鲜明的民族性与时代性。透过移情，其对于物我关系的体认之殊异主要体现在时空观、文化、心理、语言等方面。① 现以杜牧的《送别》和李白的《长干行》进行分析说明。

赠别

杜牧

娉娉袅袅十三余，豆蔻梢头二月初。

---

① 注：刘宓庆在《翻译美学导论》中将这种殊异阐释为"移情障碍"，并分为时空障碍、文化障碍、心理障碍与语言障碍。（详见《翻译美学导论》，中国对外翻译出版有限公司2012年版，第192—199页。）包括这四种障碍在内的移情障碍的实质，即不同文化语境中的人对自我的认同、对于人与自然关系的认同，对于主体性、主体间性、主客体间性等层面认知的不同。

春风十里扬州路，卷上珠帘总不如。

At Parting

Du Mu

Not yet fourteen, she's fair and slender

Like early budding flower tender.

Though Yangzhou Road's beyond compare,

Pearly screen uprolled, none's so fair. [①]

  "豆蔻"是一种可入药的多年生草本植物。杜牧一句"娉娉袅袅十三余，豆蔻梢头二月初"，将十三四岁的少女比喻成二月初含苞待放的豆蔻花，此后少女十三四岁的光景便有了"豆蔻年华"这一诗意的称呼。有趣的是，法国知名化妆品品牌"Lancome"的中文译名为"兰蔻"，其看似妙在音相近，实则胜在意的描摹。"兰"在中国文化中是形容女子美好的代名词，蕙质兰心，气若幽兰等。曹雪芹在《红楼梦》中也曾赞妙玉"气质美如兰，才华馥比仙"。"兰气质""玉精神"在中国文化里是对女性最高的褒奖。而"蔻"字原本单指这种植物，正是因了杜牧这句诗，"蔻"便延展了内涵。虽然在词典中，这一层含义是以"豆蔻"等词条出现，并未对"蔻"本身外延的意义作出明确界定，但其指女子妙龄光景中所呈现出美好的姿态这一知觉形象的事实，根植于我们心中。"兰"与"蔻"相合，不仅应和了语音层面的摹仿，更暗含了通过使用这种化妆品，使用主体貌美如花，体验如少女般美好光景的意味。此外，"兰"与"蔻"在中国文化中已被符号化，其所具备的独特文化韵味，又宛如一个标签，在中国人的认知体系中代表着一种对女性端庄仪态的称颂。且"兰"与"蔻"皆为植物，在崇尚自然，崇尚天人合一的中国语境中，从这种天然植被提取精华做出的化妆品正暗合了中国人的审美倾向。"兰蔻"译名的成功正是巧妙利用了中国人"移情"认知方式，又或者说其在译名中数次引导了中国受众的移情转向，深化了审美体认，故而大获成功。

---

  ① 许渊冲译：《唐诗三百首》，中国对外翻译出版公司 2007 年版，第 209 页。

再回到古诗中，首句"娉娉袅袅十三余"其语义直白的赞颂杜牧将要告别的歌姬。从语音层面看，"娉娉袅袅"发音结构为 AABB 式。"ing"是后鼻韵母，"iao"是中响复韵母。这种语音组合是从声音的角度模拟人离别时依依不舍的情思状态，是一种广义的通感。明确而言之，"娉娉袅袅"在语义层面描绘女子美好轻盈时，在语音层面呼应了作者"不舍"之情。其音韵延展宛如情思之缠绵，原文译作"Not yet fourteen, she's fair and slender"，得之语义，失之语韵。

"春风十里扬州路"，既是时间的延续，又是空间的展开。冯梦龙之《警世通言·王安石三难苏学士》提到："一年四季，风各有名：春天为和风，夏天为熏风，秋天为金风，冬天为朔风。"故而，"春风"又赋予人以温暖之感。这种感官的体验是被累加到对于送别的"佳人"之上的。

长干行
李白

妾发初覆额，折花门前剧。郎骑竹马来，绕床弄青梅。
同居长干里，两小无嫌猜。十四为君妇，羞颜未尝开。
低头向暗壁，千唤不一回。十五始展眉，愿同尘与灰。
常存抱柱信，岂上望夫台！十六君远行，瞿塘滟滪堆。
五月不可触，猿声天上哀。门前旧行迹，一一生绿苔。
苔深不能扫，落叶秋风早。八月蝴蝶黄，双飞西园草。
感此伤妾心，坐愁红颜老。早晚下三巴，预将书报家。
相迎不道远，直至长风沙。

Changgan Song
Li Bai（701~762）

With my hair first covering
my forehead, I plucked the flowers
in front of the door, and you came
on the bamboo horse, playing

green plum catch

around the bed. Living

in the same Changgan Lane,

young, we were innocent.

At fourteen, I married you.

Still too shy, I hung my head low

to the wall and turned back

only at your repeated calls.

At fifteen, my face lit up

in your company, I was willing

to have my ashes mixed with yours.

You were as faithful

as the legendary lover standing steady

against with the rising tide. Little did I think

I would mount the Husband-Watching-Plateau.

At sixteen, you traveled far away,

sailing across the Qutang Gorge,

the Yanyuan Rocks jutting out

so dangerously in the summer

and monkeys crying sadly

in the high mountains.

The footprints you left, step

by step, by our door, were moss-covered,

the moss too deep

to be swept away, leaves falling

in the early autumn wind.

Now the butterflies, yellow

in September, fly in pairs

over the grass in the west garden.

The scene breaks my heart.

I grow old worrying about you.

Oh when you are coming back

through the Three Bas, write a letter home.

I will come out to meet you

as far as Changfengsha. ①

《长干行》的突出特点，是"用年龄序数法和四季相思的格调，巧妙地把一些生活片段（或女主人公拟想中的生活情景）连缀成完整的艺术整体。"② 与后面直接点明时间的叙事方式不同，首句中以"发初覆额"，这一女子成长过程中的外貌特征指代其孩童时代。中国是一个诗情画意的国度，这与其感性语言特征相辅相成。接着，以"十四""十五""十六"，勾勒了广阔的时空语境。有趣的是，在讲述十六岁的生活之后，叙述者又把目光聚焦到当下——即时语境，细数了十六岁那一年起，"五月""八月"发生的事件，以及当时叙述者的心情状况，延伸了当下语境的空间。

作者借叙述者之视角，点出关键的时间节点。接受者利用时间节点延展了当下语境，并建构了更为广阔的时空语境，均是得益于格式塔心理学的还原作用。然而，源语言与目的语双重语境中对于时空与主体的关系体认则各不相同。在原文中，"我"的感受与情思相较于建构出时空语境时更为突出，却不是一种主体与客体间此消彼长的"遮蔽—凸显"关系。究其原因，与中国语言中所蕴含的诗性因素息息相关。比如在讲述女子年龄时，通常并不明言多大，而是用这一年龄阶段的显要特征代表，"金钗之年"指十二岁，"桃李之年"指二十岁，"花信之年"指二十四岁等。

中西之间对于时间的感知是不同的，比如汉语中并没有明确的时态概

---

① Qiu Xiaolong, *100 Classic Chinese Poems*, Shanghai：East China Normal University Press, 2010, pp. 58-59.

② 俞平伯等：《唐诗鉴赏辞典》，上海辞书出版社 2015 年版，第 269 页。

念，"过去""现在"和"将来"都是用时间状语来标注，并不需要诉诸
英文语法中的动词屈折变化。而英文中将时态分为十六种（见表4-1）：

表4-1

一般过去时	过去完成时	过去进行时	过去完成进行时
一般过去将来时	过去完成将来时	过去将来进行时	过去将来完成进行时
一般现在时	现在完成时	现在进行时	现在完成进行时
一般将来时	将来完成时	将来进行时	将来完成进行时

通过表格，我们可以直观地看出目的语语境中的主体对于时间概念划
分的细致程度。其对于时间的感知，较之源语言语境中更为具体。在中
国，物我一体的主客关系让时间性与空间性成为客体与主体相融合的两种
方式，故而时间本身所包孕的客体性被极大地包容在主体的自我认同之
中，而不是作为一种客观的衡量尺度存在。由于主体的思维是经验式的，
故而会呈现出一种以我观物似的主观色彩，且展现出一种宏观的时间感。
若是具体的时间节点，则多以"与我相关"的形式出现，比如及笄之年、
而立之年等。

在英语语境中，由于对逻格斯的崇拜，语言及对于事物的表述均会流
露着理性的光辉与逻辑的色彩。比如将中国语境中宏观的时间概念"过
去""现在"与"将来"结合动作是否正在发生这一情状，而将之在此基
础上描述得更加微观具体。

> 西方语言是概念思维的结果，同时也会引起其语言主体采取概念
> 思维的思维取向。而中国的汉语则是经验思维的结果，其使用语言的
> 主体则一般采取经验思维的思维取向。[①]

与中国诗性语言不同，英文受概念思维的影响，饱含理性与逻辑。故
而，充满感性色彩的汉语在语际转换机制中必须面对理性语言标准的制
衡。这种转换困难背后是概念思维与经验思维的本质性区别。在第一章

---

① 刘华文：《汉诗英译的主体审美论》，上海译文出版社2005年版，第93页。

中，我们曾提到古诗译文呈现出的叙事化倾向。这种现象有两大特点，其一明确主体的现身，其二时间序列的明晰化。这正是在概念思维背后的理性与逻辑驱使下，接受者力求在文本中探查事物真实的本能。于是，"物"是什么，"我"之情志，"时间"与"地点"均被明朗化。"物我一体"的状态被破坏，原有的审美愉悦感也被消耗殆尽。

第三节　审美体认：古诗译文读者的期待与接受

一　作为审美接受者的译文读者

目的语语境下的读者应当列席翻译美学研究之维吗？欲厘清这一问题，需从艺术生成事件讲起。

一个完整的艺术生成事件是否应当包含"接受者"因素？在传统理论视域中，答案通常是否定的。当美感经验经过显现、赋形，最终以诗性语言的形式得以表达，在文艺思潮发生"读者转向"之前，其通常被认定为已完成。比如古诗，一旦写成，便具有相对独立性，不再依赖于作者存在。当古诗被置于语际转换机制中，译者相当于作者，当译文生成，则译者的任务终结，翻译活动也就完成了其体系自洽的运转。可是如若缺少了目标语读者这一环节，译作是否被接受便沦落为一个无法印证的问题。

我们曾在前文中论及翻译过程中审美理想，或者说审美意图的传递问题。审美理想凝结着审美主体对审美客体一瞬间的美感经验。这种美感经验必须诉诸诗性语言得以表达。所谓的诗性语言，即艺术性形式。事实上，接受者透过诗性语言首先接触到的是物本身，对于物的基于直觉的感性认识与掺杂理性的认知共同推动物我关系的建立。为何在这一过程中会有理性元素的参与呢？比如，杜甫有诗云："合昏尚知时，鸳鸯不独宿；但见新人笑，那闻旧人哭。"这两句诗中包含双重类比，以合欢花昼开夜合与鸳鸯双宿双栖反衬新人有人陪伴，而旧人备受冷落。如果说合欢花与鸳鸯是基于被激发的直觉、感性，并以此比拟人的遭际，那么这两种事物之所以能够引发人的移情机制，也正是基于理性的认知。

相传是虞舜死后，娥皇、女英悲恸而亡，其精魂与舜相合，化作合欢树，昼开夜合。由是，合欢树在民间是恩爱坚贞的象征。合欢二字也常见于婚庆典俗之中。鸳鸯总是雌雄相伴不离。这凝结在神话、民俗与日常中的知识早已随着时间的推移而隐身，而作为一种符号、一种常识重现于生活中。能指在抵达所指之前经历了一个意义演化的过程，理性色彩被感性遮蔽，最终呈现在大脑中的样貌通过人的直觉，调动主体的移情机制，使物上升为物象被感知。合昏（欢）与鸳鸯，与夫妻、爱情有关已不需要重新经过一个意义凝固、符号化的过程便可以激发我们的想象。

直觉之下调用理性，通过移情机制建立物我关系，并通过艺术形式表达存在性境遇中凝结的瞬间审美体认的过程。如果仅仅将这种介质显现就算是一个艺术活动完结，那么"表"成立，"达"该如何解释？换言之，缺少接受者一环的艺术活动，是作者自身与承载其美感经验的"境"两者之间形成的闭环。接受者在"观物"的基础上，提取"物象"，通过想象与联想，调用移情机制，体认"意象"所在，建立属于接受者的"自身存在性境遇"。我们在接触艺术形式时常常喜欢独自在一种安静的状态下观赏。事实上，这种安静的状态或者说孤寂的感觉，正是对"我与存在性境遇之关系"在现实中的摹仿。在其存在性境遇中，也是"我"与"境"直接相互关照。

故而，所谓的艺术接受实际上是两种存在性境遇的比对，或者说，是接受者的存在性境遇对作者的存在性境遇的摹仿。摹仿就意味着继承与创新。这种继承与创新在同一种文化语境中基本不存在"物"的变更，或者说"物""物象""意象"三者关系的变更，被革新的只是关于"我"的部分。首先，在同一语境中的人们面对的物质世界中的事物，较之不同语境，更加熟悉。即便身处不同时代，也会由于文化传统的传承在现实生活中留存的痕迹而迅速获取"过去"与"现在"之间的关联。其次，同一语境中的接受者对彼此、对境遇中各种存在以及各种存在所呈现出的整体状态更易产生认同。

比如在中国古代，发饰为男女老少所共用，其分类细致、用法明确——单股为簪、双股为钗。其常常出现于古诗文中，比如"白头搔更短，浑欲不胜簪"，"何以慰别离，耳后玳瑁钗"。这些物品虽然在现代社会已不常见，即便被使用，也完全不似古代那种繁复样式，但是提及这些事物时我们几乎不需费任何力气就可以理解其内涵，这正是因为文化留存与传统认同感的延续。"簪""钗"一类发饰在中国文化中被细致划分，而译文语境中其皆被译作"hairpin"。从语素构成看，hairpin 即"头发"与"（和按压、固定有关的）针"。簪、钗之设计在使用之外，其审美观赏价值也是其内涵产生的必备要素。其本身具备的审美功能是获得美感经验的基础。诗文对其本身的描绘，对其佩戴者——美人、君子等之描述，以及对其出现场合地点的描述，增加了物所具备的美感。此外，人与文本、与物本身之距离进一步延展了人的审美经验，故而增加了其所承载的审美信息量。而 hairpin 则仅仅就发饰之功能性进行描绘，其在"物"层面的转移，已经降低了原文的信息量，相应的美感随之削弱。

又如在韦庄《秦妇吟》中，"朝携宝货无人问，暮插金钗唯独行"，"朝"与"暮"是一重相别对比，"无人问"与"唯独行"是一重印证。除此之外，诗句还暗含一重对比。如上所言，发饰中单股为簪，双股为钗，故而钗常被视为定情信物，凝聚着爱情美满的美好祝福。在诗句中，主人公戴着象征爱情美满的"钗"，却独自归，一如宝货无人问津。这便是现实对"佳人""宝货"最大的讽刺，也是后者对于不识人不识货的无声之愤慨。而无论是"hairpin""ornamental hairpin"，或者其他"定语+hairpin"的搭配，都不足以承载如原文一般的审美信息量，其赋予读者的美感体验必然无法与原文对等。

不同文化语境中的接受者，不管其是否能阅读原文，面对审美意图的传递都存在一个评价标准的问题。如果我们尊崇"物"或者说"物象"的对等，则同一物在此语境与彼语境引起的审美效应未必对等，其所引发的"澄明性"状态也各不相同。这就是辞章层面对等。若追求两种存在性境遇的对等，即审美效应的对等，则在两种语境中引发此感的物又未必是同一属。古诗翻译便属于这种不同文化语境间的审美接受。

故而，接受者参与的艺术活动才是完整而自洽的完整审美事件。在古诗翻译中，目的语语境中的接受者，即译文读者，是翻译审美活动的最后一环。

通常情况下，我们认为，翻译审美的主体是译者。翻译心理学的相关书籍中也多以译者为审美主体进而展开审美心理结构等研究。但是，这种提法有欠严谨。

> 所谓审美主体是指"在社会实践中形成的与审美对象相互对应的具有一定审美能力的认识和实践者"（王向峰，1988：145）。也就是说，只有人在对某一对象进行审美实践活动时，人才称其为审美主体。在审美活动中，审美主体的首要任务是认识审美客体的客观规律和客观属性，只有这样才能使自己对审美客体的认识与客体自身的属性保持一致。[①]

审美主体应当是对审美行为具有辨识能力的人。一个审美事件的构成既需要审美主体，又需要审美客体。审美这一行为的核心是审美主体与审美客体依托相互关系而形成的一个闭环，闭环中两者都在一种"敞开"的状态下形成某种共鸣，而共鸣像涟漪一般将意义层层延展。

在翻译审美实践中，审美客体是文本，以及依靠文本所展现的作者进行审美的一瞬所凝结的美感经验。但有趣的是，由于翻译行为本身的特殊性，译文读者作为翻译审美活动的参与者，其所接受的文本与审美意图其实都是以一种"叠加"的状态呈现的。

首先，原作到译作经历了一个语际转换机制。审美活动的结构是：显现—赋形—诗性言说。[②] 人与物在澄明的显身敞开中实现相互关照，彼此在对方存在的"境"中以其本然的样态显现。显现需要借助于征象化与符号化的力量，使审美体认的内容与美感经验以可以理解的形式确定下来，是事物与"我"即时的感性经验凝结一体后的符号。而诗性言说并不特指以语言的形式作为符号的唯一表达。诗性言说是审美活动的表达方式，包涵一切的艺术形式。在古诗翻译中，诗之本体所描绘的是作者更深层的自我体认，而这种体认生成于作者本身的存在性敞开与事物的敞开之间进行

---

① 颜林海：《翻译审美心理学》，科学出版社 2015 年版，第 12—13 页。

注：文中所引为王向峰主编的《文艺美学辞典》，辽宁大学出版社 1987 年版。

② 参见牛宏宝《美学概论》，中国人民大学出版社 2012 年版，第 190 页。

交互呈现的一瞬。译者力图获得并再现的也是这样一瞬的体认。译文就是译者对这种体认的赋形，是审美理想的再现。而译文读者直接面对的是再现的审美理想，重塑的存在性境遇。其与作者的审美理想与存在性境遇存在一定距离。换言之，译文读者面对的是作者审美理想与译者审美理想的叠加，是对原作审美理想的摹仿。这是超文本层面的审美理想的叠加。

其次，原文是对作者美感经验的诗性言说，是对于赋形的一种描述。译文是对原文意蕴与描述技艺的双重摹仿。人们常把翻译艺术比作"戴着镣铐跳舞"，这种说法形象地展示了翻译这种行为的原创性与依附性。

二　角色距离：作者、译者与译文读者

近两年来，个人网络直播急速发展，并引发网红经济。其作为一种亚文化现象日益引起我们的关注。所谓个人网络直播，就是主播通过网络平台与观众开展实时互动。主播直播自己的私人生活，观众通过弹幕发表评论，与主播互动、与像自己一样的观众互动。比如，有些网红主播直播吃饭、睡觉、跑步等日常琐事，有些直播唱歌、朗诵等才艺，还有些表演脱口秀。

为什么这种私人化的直播行为大受追捧？为什么几乎是每一个普通人生活的日常行为被搬上荧幕就赋予了观众以视觉愉悦感？

> "生活中使我们烦恼之事一旦画出来，就被人们津津有味地赏玩。"这就是在认知社会学中被看作"角色距离"的日常的一种审美变体。①

在日常生活中，即便我们正演绎网络主播所直播的行为，并不会产生面对这种行为的荧屏直播时的快感。隔着屏幕看到的日常行为似乎是与"我"相关，又跳出"我"控制的一个事件。更明确地说，正是因为网络直播这一行为，使得"我"可以跳脱出日常生活中的"我"所扮演的角

---

① ［德］汉斯·罗伯特·尧斯：《审美经验论》，朱立元译，作家出版社 1992 年版，第 27 页。

色，以一种旁观者的视角重新审视自我。审视自我中，两重"我"存在的距离，让主体获得了一种深化自我认识的愉悦。这就是角色距离带给我们的审美经验。

与此过程类似，翻译，或者说古诗翻译也是一个"自我直播"的过程。在源语言语境下，古诗作者类似于直播者，译者类似于观众；在目的语语境下，译者又类似于直播者，而目的语读者类似于观众。当源语言、目的语双重语境下的"直播"以前后相继的方式呈现，则作者与译者的距离，译者与目的语读者的距离被慢慢铺展开来。作者与目的语读者的距离是两者分别与译者的距离之和，这种语际转换过程中主体的距离为审美活动的展开提供了一个基本的条件。存在距离便意味着存在超越自我的空间。"审美经验由于同现实有着不可恢复的距离，因而仅仅作为一种衰微的间接经验而变得确凿可感。"① 若说正是由于观众跳出了日常生活中的自我角色本身，才使得其所观日常琐事直播之内容变得具备了美感，那么翻译本身便宛如这一层荧屏，使原文作者与目的与读者之间横亘了一重空间距离。当然，距离总有一个上限，超出一定范围，便两两不相望。

我们曾在绪论中提到可译性的基础在于世界的同一性。世界存在的物质是普遍的，人类的身体机能、思维方式、情感体认、语言表达等都与世界同构。那么共同生活在宇宙空间的不同文化的人们，无论秉承着怎样殊异的历史传统与生活习惯，都存在着共性与普遍性。我们面临着相似的人伦关系、涌动着相似的感情，采取相似的处理方式，如斯种种便是作者、译者与目的语读者角色具备相似性的基础。相似是实现自我认同与相互认同的前提，相异是加深自我认同、实现角色转换的必要条件。

作者到译者，译者再到目的语读者，经历了一个角色转换的过程。这种角色转换又伴随着一个主体间性层面的转变。当作者进行古诗创作时，经历了"物—物象—意象"的过程。心物感应，兴应之而起。不过，意象被付诸诗性语言时，其生产过程则刚好相反，最后总要落实到"物"本身之上。译者的语际转换则又与此相反。

---

① ［德］汉斯·罗伯特·尧斯：《审美经验论》，朱立元译，作家出版社 1992 年版，第 29 页。

　　与原作者的审美感应的由"物"到"物象"再到"意象"的单向性和顺向性不同，翻译主体的审美感应可能会是从"意象"到"物象"再到"物"的这种逆向性过程，当然也不排除会出现多向性的、部分性的审美感应过程。①

　　古诗作者的审美体认是心物感应的驱动之下的单向运动。译者的审美感应则不唯此路，可以是顺向、逆向，多向并行。在译文接受过程中，译者则转化为类同作者的角色，译文读者对于译文作品的接受类同于前一过程中的译者。审美理想蕴含在作者心物交感过程中，通过语际转换机制与译者的主观能动性传递到有目的语读者处。不论译文读者是主动接受还是被动接受，其都会与最初的审美理想有出入。翻译审美活动中的主体对于意义的辨识，以及其依托于格式塔心理结构对于意义的还原千差万别。

　　意义之所以具有主体的个体差异性是因为主体在赋意行为中指向指称对象的方式各不相同，尽管指称对象是一致的。诗人们在原创过程中会面对相同的审美客体，但是它们通过自己的审美经验而获得的审美对象却不尽相同，其原因就在于对审美客体的意义充实行为存在着个体性差异……②

　　这种个体充实意义的行为实际就是依托于格式塔心理，就拥有的片段信息而展开还原。意识的赋意行为作为一种与意向相关的行为，在其过程中，主体的意向性倾向起到重要调节作用。在古诗翻译过程中，它是如何产生作用的呢？

　　诗歌翻译过程中的审美主体性一方面会体现在"物我"这种主客关系上，另一方面也会体现在"他我"这种主体之间的关系上。③

　　首先，古诗作者直接面对的是物本身，物我关系所对应的是主体与客

---

① 刘华文：《汉诗英译的主体审美论》，上海译文出版社 2005 年版，第 160 页。
② 刘华文：《汉诗英译的主体审美论》，上海译文出版社 2005 年版，第 121 页。
③ 刘华文：《汉诗英译的主体审美论》，上海译文出版社 2005 年版，第 159 页。

体之间的主客关系。作者将这种主客关系作为审美理想以诗性语言的形式凝结，形成古诗文本。

其次，译者直接面对的并非物本身，而是描述物的文字。通过文字，译者所体认的是意象，并透过意象与作者建立一种关系，这种关系不再是主客关系，而是涉及主体间性。

再次，译文读者直接面对的亦是文本，通过文本，看似体认的是作者的审美理想，接触的是作者的审美意图，叹息的是作者建立的物我关系，而实际上，经过译者的传递，无论是审美意图、审美态度还是彼时的物我关系，都沾染了译者的意向性审美倾向。故而从作者的古诗创造，到译者的语际转换，再到译文读者的体认与接受，实际上是经历了一个主客间性到主体间性转变的过程。归根结底，古诗翻译在审美理想之传递源自物我关系，落实于主体角色的认同与转变，最终表现为两种语境下的审美信息负载量的变化所引发的审美效应之不对等。

三　古诗翻译中的独立视域与视域融合

如果说比较文学的意义在于求同存异，增进不同民族对于文本本身的理解，那么很显然，透过翻译，我们看到了民族语境中文学的共性与不同。借用布尔迪厄"场域"的概念，我们亦可以将翻译这一行为的发生现场视为"翻译场"。翻译场中实际是呈现了两种不同质的文化之竞艳。

　　在原创性的审美过程中，作为审美主体的人与作为审美客体的外物在西方人看来是"异质同构关系"，而在中国古典哲学中，主客之间却存在着"同质同构关系"，因为它们都受到所谓"气"的统领。①

我们在研究理论时总是尝试找到一条超越语境的阐释之路。于是，最后总是不得不到哲学那里寻求答案。在西方的哲学话语中，逻格斯中心主义所强调的概念、逻辑与理性，无所不在地体现于语言与思维层面。语言

① 刘华文：《汉诗英译的主体审美论》，上海译文出版社 2005 年版，第 166 页。

表征思维，又加深了两者间的相互印证。故而当其确立了相互对立的物我关系，"感性"的因素在诗性语言被进一步压制。比如西方画论中，莱辛所推崇的"包孕性顷刻"，其认为画作最应表现的是一个动态的过程，画面定格的一瞬间的动作通常具有承上启下的延展与联结功能。一方面，这一瞬时动作能让观者猜测出上一顷刻间发生了什么；另一方面，其暗示了下一瞬间可能发生什么。三者前后相继，观者充分调动想象力，利用典型心理还原一组完整的动作，在大脑中呈现出一个相对完整的动态过程。有意思的是，正是在主体展现一连串工作的过程中，其独立性被强调，本体被凸显，与此同时背景被弱化，物我之间的对立关系被揭示，被强化。即便是《拉奥孔》这般的雕塑，看似没有背景，其实只不过是被置于更广阔的背景之中了。

而中国则不然，一直秉承着道家推崇备至的物我两忘、天人合一的境界。比如，"此中有真意，欲辨已忘言"实际不是语言无法表述，也不是因太过投入而忘记去诉说，而是"我"被置于更广阔的天地语境之中，此时不仅自然与我相融一体，四方上下、古往今来之宇宙亦被消弭了客体性，与"我"相幻化。"我"的主体性也被完全遮蔽在这相融之中，无所谓主体，无所谓客体，无所谓主客间性。人的意志得以片刻的休歇，意念也在一瞬间抽离出主体，物我两忘，由是产生愉悦感。较之西方物我对立式的美感经验，中国的审美活动消弭了主体性与客体性，主客体完全包容在彼此之内，西方的美感经验中则是在削弱客体性的过程中逐步凸显主体性，以主体性遮蔽客体性。

当两种不同的审美方式在翻译场异向交汇时，若想在对方的语境中实现自身存续就必须在"接受度"与自我特殊性之间做出一种妥协。于是，归化、异化的问题又成为译者面临的抉择。在郁沅、倪进的《感应美学》中，依据这种物我关系分为物本关系、我本关系、物我交融关系。[①] 在此基础上，刘华文又将之上升为审美感应，并将之细分为他本效应、我本效应、他我融合感应。

源语言语境中的主体与目的语语境中的主体在观物时，以"我"即时

---

① 参见郁沅、倪进《感应美学》，文化艺术出版社 2001 年版。

之视角出发，通常在无意识的状态中，主流的审美方式就已介入"我"此番审美活动。换言之，在未涉及不同文化的语境转换与语际转换时，通常接受者的视域是以其所处的存在性境遇为基点，拥有独立语境中的独立视域。并非"视域融合"这一现象不会发生，而是不同语言、文化间的视域融合甚少存在。而译者则不然，其拥有双重文化身份和公共视域，最先触及双重语境下的各种物、物象与意象之重叠。此时，若译者以源语言文化身份秉持者为主，则"他者感应"为主，在目的语语境中的读者看来，译文呈现一种异化倾向，极大地保存了"他者"之特色。若译者以目的语文化身份为核心，则"我本感应"为优先保存的对象，于目的语语境是为"归化"策略，"他者"色彩在不同程度上被遮蔽甚至消弭。我们曾在第二章中提到，"归化"与"异化"并不是一对对立的概念，非此即彼，非存即亡，那么这处于中间地带的"物我相融感应"又该如何理解？

事实上，在古诗翻译中，无论归化还是异化，归根结底是为了审美意图的传达。在这一命题之下，如若汉英相似，即相通的物象——意象可以引起大致相同的审美感应，则应以保存源语言特色为上。不同事物在细致划分为不同种属，不同类别。随着人类认知程度不断延伸与扩展，各种分科越发精细，各种细微的差别也被人明确。在较低层次，各种事物相互区别，而在更高层次，即便是各种不同范畴也呈现出相互联结的趋势。不同范畴间的相似性正是根源于这种较高层次上的同一性。故而在翻译中，当物象相互区别时，可将之译作其上位词。比如：

江雪

柳宗元

千山鸟飞绝，万径人踪灭。

孤舟蓑笠翁，独钓寒江雪。

Snow on the River

Liu Zongyuan

For miles and miles round no bird is on the wing;

On rambling footprints no wayfarers are trudging.

An old man in raincape in a small boat

Is alone on a freezing river——fishing in whirling snow. [1]

　　"蓑笠"是中国古代一种独特的雨具，分为蓑衣和笠帽，以蓑草或麻编织而成。因其不易被腐蚀，常被用作雨披。在译文中，"蓑笠"被转换为"raincape"，即雨披。这一转化极有意思。在我们的认知中，"蓑笠"是古人的雨衣，之所以被称为"蓑笠"或"蓑衣"与其制作材料有关，其中"蓑笠"是"蓑衣"和"笠帽"的合称，"蓑衣"如斗篷，"笠帽"即竹或棕皮编制的帽子。当然，若是仅仅提及其中一样，由于两者密切一体，联想便会由此及彼。无论是中国语境还是西方语境，"雨衣"都是我们对于防雨工具的共同认知。雨衣对应 raincoat。而蓑衣的外形是斗篷，被译作"raincape"即雨披，则更为贴切。在防雨器具这一核心意义之下，"蓑笠"做包含的"斗篷"的含义，通过"cape"这一语素可以被传递。若以他本感应为主，则应采取异化策略，"蓑笠"应音译。若以我本感应为主，则"raincoat"足以表达相应的意义。

　　事实上，目的论视域中，raincoat 足以承担"蓑笠"的核心意义（即雨具）功能。"raincoat"之于"raincape"，"雨衣"之于"蓑笠"都是上位词。上位词在英文翻译中广泛存在。究其根本原因在于世界的同一性，以及人类对于世界认知的基本一致性。即便西方语境不清楚"蓑笠"是何物，却也知道"雨衣"，因为下雨需要雨具，雨衣是雨具组重要的组成，这是常识。"raincape"与"蓑衣"所蕴含的文化经验并非处于相互外在的对立关系中。"raincape"在目的语语境中所引起的审美感应与"蓑笠"在中国语境中的审美感应最为接近，这种文化经验间的相互包容极大地增进两种文化的互文性，进而成就了两种文化语境中的美感体验之相似性。

　　在裘小龙的英译本中，"蓑笠"被译为"a bamboo-capped-and-clad"（详见本文第 132 页），即戴竹帽披竹衣的，是为一种释义。"蓑笠翁"即"a bamboo-capped-and-clad man"。与"raincape"的名词性不同，"a bamboo-capped-and-clad"是形容词性，作为一个定语现身。但这种释义的译

---

① 龚景浩选译：《英译唐诗名作选》，商务印书馆 2006 年版，第 20—21 页。

法，实际是一种保全源语言语境下"物"之特色的异化策略，是"他者"为先。虽然可让目的语语境中的读者了然"蓑笠"为何物，但是其作为"物象"进而上升为"意象"的过程中，却无法引起译文读者的认同感，更不消提由此产生的审美感应。

我们再回到视域的问题上。视域融合与前见、期待视野息息相关。此二者均根植于主体的生长语境，所谓生长语境既包含了"源语言语境"，又包含了"目的语语境"。翻译过程关涉三重主体的视域，从宏观上发生了两次融合——作者的视域与译者的视域相融合，译者的视域与译文读者的视域相融合。由是，三重主体各自的独立视域。彼此融合，他本效应与作者的独立视域一体，我本效应与译文读者的独立视域一体。而"他我相融效应"能否实现，拥有公共视域的译者则极为关键。若译者把控得当，则三重视域重叠之后产生融合，译文读者观之可亲，认同感贴近于作者。

结语："信""雅"之间

如果我们需要描述对于翻译的直观体认，或者说提到"翻译"最先跃入脑海的是什么，那么至少对于中国语境的接受者而言，非"信、达、雅"莫属。

自从清政府颓势已现，无数仁人志士为扶大厦于将倾呕心沥血。庚子事变宣告了清末新政的彻底失败，也预示着来自腐朽政府内部的自我变革不过是没落王朝困兽之斗，时代呼吁一场更加彻底的革命风暴一洗前尘。革新当始于意念与精神，于是大批外国经典被译介。不同于东汉末年至唐宋的佛经翻译，亦有别明末清初的东西互译，清末的译介带有明显的"颠覆"意味。但中国毕竟有其根源于深厚历史的难以撼动的现实，故而"颠覆"的程度，依据不同的利益群体之权衡，被阐释为不同的形态。其投身于语言层面，便是严复于《天演论》中所提之"信、达、雅"。

"信"，即真，信息表述准确无误；"达"，即至，程度把控得宜，文辞通畅；"雅"，即整体风格的文雅。科技类著作以"信"为先，既"师夷长技"必以精准严确为上；政治类著作则务必在此基础上力求其文辞畅达，气势恢宏以彰显革命雷霆万钧的气势。而文学类则归根结底要落实于"雅"这一审美范畴之上，才有被接受的可能。新生事物，无论怎样标新立异，包孕怎样的特殊品质，都需在一定程度上契合接受者的期待视野，方有被接受的可能，不然则难逃"孤芳自赏"的命运。"雅"所蕴含诗性特征与审美方式正是中国是时语境下的现实，更根深蒂固地影响着中国人的认知与品鉴。由于中国文体固有的特征，诸如讲求对仗、押韵，故文言语体特征的译作风靡一时，如林纾的文言小说。

然而，"信、达、雅"并不仅仅只是一种翻译的评价标准。"信"近于西方逻格斯主义所崇尚的理性与逻辑，"雅"是中国人"天人合一"的审美理想在语言层面的表现，是汉字这种感性语言所描绘的中国人特有的诗性思维。"达"则是沟通"信"与"雅"的桥梁，更是"信"与"雅"两种话语体系与价值观念之妥协在语言层面的反映。

"信、达、雅"指向着对于翻译行为本身所具备的层次性。在实际的语际转换过程中，我们通常着眼于两种语言所展现出的整体感受。对接受者而言，无论是具备何种知识背景、秉承何种价值观念，若为汉译英，则其关注基本信息的呈现，进而是风格气质的融合；若为英译汉，则首先被流溢的气质所吸引，进而是诸模因所呈现的细节。文辞的通畅程度则直接影响了两种语际转换方向的接受情状。如果存在一个本雅明所说的"意义本体"，各种不同语言从某一种角度对其进行阐释，则翻译有似于一种意义还原的行为机制，汉语与英语自不同层面尽其所能对意义进行还原、互为补充。在这一过程中，西方逻格斯所强调的"明察秋毫"与中国之"道"所包孕的"浑融一体"自不同语境、不同方向中尝试靠近对方话语体系，异向交汇中不仅使两种语言各自蕴涵的特质尽显，且在呈现差异时加深了对于自我语言、文化等存在形式的认同。

与此同时，"成为你"还是"做自己"成了原文必须遵循的宿命，也是译者必须做出的抉择，"归化"与"异化"也随即成为长期以来两种语言博弈之下的译术策略。各种语言依据自身的特性，从不同的侧面描述意义，于是各种语言在细微处便有了指向性的根本区别。由于语言又与特定的经验、认知相联结，故而不同语言对于同一事物、情志的阐释力不可一概而论、等同视之。换言之，不同语言在不同的层面呈现出不同的张力，故而，所谓的语际转换只能在一定程度上得以实现。这种"有限度地实现"表现为"可译性"的限度，以及"对等"发生的不同层面。当两种语言对于同一事物的阐释力强度相当时，或者其在较多层次、较多方面的阐释力相似时，便会实现翻译转换的"相对对等"。

在古诗翻译中，我们将古汉语与英语作为语际转换的两端，试图用两种语言描绘作者与外物建立起的物我关系，以及那一瞬间作者存在性境遇所凝结的美感经验。通常情况下，诗歌描述的是一种经验性的判断过程，以感性语言倾诉之更贴近审美活动中主体对于主客关系体认的事实。但感性语言向逻辑语言的转变，不仅会遭遇模因选择的困难，更不得不面对语言背后特有的思维的抵御。

> 文学作为现实的一种特殊形式，西方批评家常将其与假设的终极现实相联系，而这个现实可能是柏拉图的理念、亚里士多德的形式、犹太教与基督教的上帝、创造性的心灵、作为符号学本质的语言系统、德里达式的延异。①

在逻格斯中心主义的影响下，西方的文学观念总是与真理密切相关。当批评者与接受者以"真理"的视角对文学进行剖析与审视，概念思维已经深深包孕于西方诗学传统下的语言之中。不同于西方真理式视角下的文学观，中国倡导的文学观是一种与物我融合相和的观念。"这一和谐的过程源于外部世界，作者感于物并用语言表达出来成为作品，作品反过来作用于外部世界。"② 其表现的是诗性语言背后的感性色彩，感性语言背后的诗性特征，更是以经验思维为导向下的审美体认。

是故，当中国的古诗遭遇英文机制的转换，经验思维与概念思维之间不断碰撞，感性语言遭遇逻辑语言的制衡，浑融一体的物我关系不得不求助于强制阐释下的"物我对立"，古诗由置景造境以描述一种愉悦的美感经验，转变为一场关于"谁"在"何时""何处"，有过"何种举动"的叙述事件。

古诗翻译，实际是使感性的、诗化的语言与理性的、逻辑的语言尝试共同描述某一种情状或事物的过程。对于源语言与目的语语境的接受者，包括译者在内，都在努力体认一种与摹仿有关的过程。摹仿的本体即源语言中作者在一瞬间所处的"澄明性敞开的状态"以及建立的物我关系。源语言语境中的接受者体认源语言描述中统筹支配"意象—意境"之"意"的过程，对于这些接受主体而言，也是模拟作者建立物我关系那一瞬间之美感经验的过程。译者则是通过目的语所描绘的与源语言语境中相对应的"意象—意境"，再现源语言中的作者那一瞬间的美感经验，同为一种摹

---

① 韩大伟：《中英传统诗歌认知诗学研究》，黑龙江大学出版社 2013 年版，第 18—19 页。
② 韩大伟：《中英传统诗歌认知诗学研究》，黑龙江大学出版社 2013 年版，第 19 页。

仿。故而，我们可以将作者建立物我关系的一瞬间的审美体认与美感经验视为一种意义本体，或者生产意义的机制，任何语言对它的描述实际都是一种不同视角下的阐释。若以西洋画与水墨画描绘同一种事物，由于颜料属性有异，故而即便色彩相近，也会一个色泽明丽，一个静雅淡然。就此层面而言，无论是原文还是译文，无论是接受原文还是接受译文，本质上都是一种摹仿。而两者的联系，除体现在摹仿相同的本体之外，还体现在摹仿的方式上。

翻译是一种本体性与依附性共存的行为。其并非同时对本体展开描述，而是存在时空距离。所谓时空距离，包涵时间与空间双重向度。时间上，原文的摹仿先于译文的摹仿，原文的接受先于译文的接受；空间上，其不受地域与场所的限制。所谓本体性，即翻译允许目的语在本体所延展的意义范围内展开阐释；而依附性则指明了可以阐释的限度，即目的语必须参照源语言所阐释的角度与方式，无形之中对译者可"发挥"的程度作出了限定。就此层面而言，亦可说译文是对原文的摹仿。具有双重文化身份下之公共视域的译者，正是这一摹仿过程的推动者。于是，对比古诗原文与译文，一种似是而非、似非而是的感觉油然而生。我们将这种感觉概述为"诗歌精神"的阙如。

因此，翻译不唯是语言层面的"信""达""雅"，其基于语言，更超越于语言。"达"是"信"与"雅"之妥协在语言层面的反映，也是语境对于译文语言的基本要求。在"信"与"雅"的背后是两种文化系统、两种认知体系、两种话语方式的博弈。

梁实秋曾说，其一生正是在翻译莎士比亚的著作中，培养了人生态度，涵养了对世间万象之兴趣与对人间诸般遭际的包容之心。也许翻译真正的意义，不在信息传递，亦非求知求索，甚至不体现于两种文化体系间的求同存异。透过重重矛盾与阻隔，翻译始终激越着我们对人间万象的共同情感。也许唯有这般情感，可真正超越逻格斯与道的距离，赋予我们权力抵达那无限憧憬的精神之地！

参考文献

中文译著

［英］A. C. 格雷厄姆：《中国诗的翻译》，张隆溪译，载张隆溪选编《比较文学译文集》，北京大学出版社 1982 年版。

［美］A. H. 马斯洛：《存在心理学探索》，李文湉译，林方校，云南人民出版社 1987 年版。

［美］阿摩斯·拉普卜特：《建成环境的意义——非言语表达方法》，黄兰谷等译，中国建筑工业出版社 2003 年版。

［英］彼得·琼斯：《意象派诗选》，裴小龙译，重庆大学出版社 2015 年版。

［美］蔡宗齐：《汉魏晋五言诗的演变》，陈婧译，北京大学出版社 2015 年版。

［法］程抱一：《 中国诗画语言研究》，涂卫群译，江苏人民出版社 2006 年版。

［俄］杜勃罗留波夫：《杜勃罗留波夫选集第一卷》，辛未艾译，新文艺出版社 1954 年版。

［美］戴浩一：《时间顺序和汉语的语序》，黄河译，《国外语言学》1988 年第 1 期。

［美］弗兰克·梯利：《西方哲学史》，贾辰阳、解本远译，吉林出版集团有限责任公司 2014 年版。

［美］高友工、梅祖麟：《唐诗三论：诗歌的结构主义批评》，李世跃译，商务印书馆 2013 年版。

［德］汉娜·阿伦特编：《启迪：本雅明文选》，张旭东、王斑译，生活·读书·新知三联书店 2008 年版。

［德］汉斯·罗伯特·尧斯：《审美经验论》，朱立元译，作家出版社 1992 年版。

［德］汉斯·罗伯特·耀斯：《审美经验与文学解释学》，顾建光、顾静宇、张乐天译，上海译文出版社 2006 年版。

［德］胡戈·弗里德里希：《现代诗歌的结构：19 世纪中期至 20 世纪中期的抒情诗》，李双志译，译林出版社 2010 年版。

［美］杰拉德·普林斯：《叙事学：叙事的形式与功能》，徐强译，中国人民大学出版社 2013 年版。

［英］蒙娜·贝克：《翻译与冲突——叙事性阐释》，赵文静主译，北京大学出版社 2011 年版。

［英］杰里米·芒迪：《翻译学导论——理论与实践》，李德凤等译，商务印书馆 2007 年版。

［美］劳伦斯·韦努蒂：《翻译与文化身份的塑造》，查正贤译，刘健芝校，载许宝强、袁伟选编《语言与翻译的政治》，中央编译出版社 2001 年版。

［英］里查德·道金斯：《自私的基因》，卢允中、张岱云、王兵译，吉林人民出版社 1998 年版。

［美］鲁道夫·阿恩海姆：《视觉思维》，滕守尧译，光明日报出版社 1987 年版。

［英］路德维希·维特根斯坦：《哲学研究》，陈嘉映译，上海人民出版社 2005 年版。

［美］罗曼·雅各布逊：《隐喻和换喻的两极》，张祖建译，载朱立元、李钧主编《二十世纪西方文论选》上卷，高等教育出版社 2002 年版。

［美］乔纳森·卡勒：《文学理论入门》，李平译，译林出版社 2008 年版。

［英］泰伦斯·霍克斯：《隐喻》，北岳文艺出版社 1990 年版。

［波］瓦迪斯瓦夫·塔塔尔凯维奇：《西方六大美学观念史》，刘文潭译，上海译文出版社 2006 年版。

［德］W·沃林格：《抽象与移情》，王才勇译，辽宁人民出版社 1987 年版。

［意］维柯：《新科学》，朱光潜译，人民文学出版社 1997 年版。

［古希腊］亚里士多德：《形而上学》，苗力田译，中国人民大学出版社 2003 年版。

［俄］叶·莫·梅列金斯基：《神话的诗学》，魏庆征译，商务印书馆 2009 年版。

［美］尤金·奈达：《语言与文化：翻译中的语境》，上海外语教育出版社 2001 年版。

［美］宇文所安：《中国早期古典诗歌的生成》，胡秋蕾、王宇根、田晓菲译，生活·读书·新知三联书店 2012 年版。

［美］宇文所安：《中国传统诗歌与诗学》，陈小亮译，中国社会科学出版社 2013 年版。

［美］宇文所安：《初唐诗》，贾晋华译，生活·读书·新知三联书店 2014 年版。

［美］宇文所安：《盛唐诗》，贾晋华译，生活·读书·新知三联书店 2014 年版。

［美］宇文所安：《晚唐：九世纪中叶的中国诗歌》，贾晋华、钱彦译，生活·读书·新知三联书店 2011 年版。

［美］宇文所安：《迷楼·诗与欲望的迷宫》，程章灿译，生活·读书·新知三联书店 2014 年版。

［美］约翰·兰色姆：《新批评》，王腊宝、张哲译，文化艺术出版社 2010 年版。

中文著作

陈伯海：《中国诗学之现代观》，上海古籍出版社 2019 年版。

陈福康：《中国译学史》，上海外语教育出版社 2011 年版。

陈浩东等：《翻译心理学》，北京大学出版社 2013 年版。

陈君朴编译：《汉英对照唐诗绝句 150 首》，上海大学出版社 2005 年版。

陈桐生译注：《国语》，中华书局 2013 年版。

陈友冰：《考槃在涧：中国古典诗词的美感与表达》，商务印书馆 2011 年版。

成复旺：《新编中国文学理论史》，中国人民大学出版社 2010 年版。

杜晓勤：《齐梁诗歌向盛唐诗歌的嬗变》，北京大学出版社 2009 年版。

丰华瞻：《中西诗歌比较》，生活·读书·新知三联书店 1987 年版。

冯契、徐孝通主编：《外国哲学大辞典》，上海辞书出版社 2000 年版。

冯庆华：《实用翻译教程》，上海外语教育出版社 2010 年版。

高华丽编著：《中外翻译简史》，浙江大学出版社 2009 年版。

高小康：《中国古代叙事观念与意识形态》，北京大学出版社 2006 年版。

葛兆光：《汉字的魔方：中国古典诗歌语言学札记》，复旦大学出版社 2016
    年版。

龚景浩选译：《英译唐诗名作选》，商务印书馆 2006 年版。

辜正坤：《中西诗比较鉴赏与翻译理论》，清华大学出版社 2003 年版。

韩大伟：《中英传统诗歌认知诗学研究》，黑龙江大学出版社 2013 年版。

何南林、吴转利、丁娓娓：《汉英象似性对比研究》，江苏大学出版社 2013
    年版。

何自然：《语用三论：关联论·顺应论·模因论》，上海教育出版社 2007
    年版。

胡平生、陈美兰译注：《礼记·孝经》，中华书局 2016 年版。

胡壮麟主编：《语言学教程》，北京大学出版社 2007 年版。

黄国文、辛志英：《什么是功能语法》，上海外语教育出版社 2014 年版。

黄宗英：《缪斯的旋律——欧美诗歌史话》，海南出版社 1993 年版。

季广茂：《隐喻视野中的诗性传统》，高等教育出版社 1998 年版。

蒋绍愚：《唐诗语言研究》，语文出版社 2008 年版。

李国庆：《中国古典及当代作品翻译概述》，载张海惠主编《北美中国学研
究概述与文献资源》，中华书局 2010 年版。

李宏鸿：《多声部的和谐：解构主义翻译观研究》，南开大学出版社 2015
    年版。

刘华文：《汉诗英译的主体审美论》，上海译文出版社 2005 年版。

刘军平：《西方翻译理论通史》，武汉大学出版社 2009 年版。

刘宓庆：《翻译美学导论》，中国对外翻译出版有限公司 2012 年版。

刘宓庆：《新编当代翻译理论》，中国对外翻译出版有限公司 2012 年版。

刘宓庆、章艳：《翻译美学理论》，外语教学与研究出版社 2011 年版。

刘润清编著：《西方语言学流派》，外语教学与研究出版社 2013 年版。

龙明慧：《翻译原型研究》，中山大学出版社 2011 年版。

陆国强：《英汉概念结构对比》，上海外语教育出版社 2008 年版。

罗国梁：《实用英语语法精粹》，华东理工大学出版社 2015 年版。

马祖毅：《中国翻译通史》，湖北教育出版社 2006 年版。

毛荣贵：《翻译美学》，上海交通大学出版社 2005 年版。

宁春岩：《什么是生成语法》，上海外语教育出版社 2011 年版。

牛宏宝：《美学概论》，中国人民大学出版社 2012 年版。

牛宏宝：《现代西方美学史》，北京大学出版社 2014 年版。

潘志彪：《审美心理研究》，中山大学出版社 2007 年版。

潘知常：《中西比较美学论稿》，百花洲文艺出版社 2000 年版。

彭发胜：《翻译与中国现代学术话语的形成》，浙江大学出版社 2011 年版。

彭泽润：《词的理论及其应用——中国语言现代化展望》，中国言实出版社
    2015 年版。

钱志熙：《魏晋诗歌艺术原论》，北京大学出版社 2005 年版。

钱钟书：《钱钟书散文》，浙江文艺出版社 1997 年版。

申丹、王丽亚：《西方叙事学：经典与后经典》，北京大学出版社 2010
    年版。

孙绍振：《月迷津渡：古典诗词微观分析个案研究》，上海教育出版社 2015
    年版。

谭载喜：《西方翻译简史》，商务印书馆 2004 年版。

唐正秋编：《中国爱情诗精选》，四川人民出版社 2006 年版。

涂纪亮编：《皮尔斯文选》，涂纪亮、周兆平译，社会科学文献出版社 2006
    年版。

王秉钦、王颉：《20 世纪中国翻译思想史》，南开大学出版社 2009 年版。

王宏志：《翻译与文学之间》，南京大学出版社 2011 年版。

王宏志主编：《翻译史研究 2014》，复旦大学出版社 2015 年版。

王力：《诗词格律》，中华书局 1977 年版。

汪涛：《中西诗学源头辨》，人民出版社 2009 年版。

王文斌：《什么是形态学》，上海外语教育出版社 2014 年版。

王向峰主编：《文艺美学辞典》，辽宁大学出版社 1987 年版。

王以铸：《歌德席勒叙事谣曲选》，人民文学出版社 1980 年版。

王寅：《什么是认知语言学》，上海外语教育出版社 2011 年版。

王锳：《古典诗词特殊句法举隅》，语文出版社 2014 年版。

王朝闻主编：《美学概论》，人民出版社 2005 年版。

王佐良：《英诗的境界》，生活·读书·新知三联书店 2012 年版。

吴伏生：《汉诗英译研究：理雅各、翟理斯、韦利、庞德》，学苑出版社 2012 年版。

吴家荣等：《中西叙事精神之比较》，安徽大学出版社 2011 年版。

伍蠡甫等编：《西方文论选》，上海译文出版社 1979 年版。

吴翔林：《英诗格律及自由诗》，商务印书馆 1993 年版。

吴晓群：《希腊思想与文化》，上海社会科学院出版社 2012 年版。

夏之放、李衍柱等：《当代中西审美文化研究》，山东教育出版社 2005 年版。

谢选骏：《神话与民族精神》，山东文艺出版社 1986 年版。

许宝强、袁伟选编：《语言与翻译的政治》，中央编译出版社 2001 年版。

许渊冲译：《汉魏六朝诗》，中国对外翻译出版公司 2009 年版。

许渊冲译：《唐诗三百首》，中国对外翻译出版公司 2007 年版。

徐正英、常佩雨译注：《周礼》，中华书局 2014 年版。

颜林海：《翻译审美心理学》，科学出版社 2015 年版。

杨成虎：《中国典籍诗歌英译散论》，国防工业出版社 2012 年版。

杨利慧：《神话与神话学》，北京师范大学出版社 2009 年版。

叶嘉莹：《迦陵说诗：叶嘉莹说汉魏六朝诗》，中华书局 2018 年版。

叶嘉莹：《迦陵说诗：叶嘉莹说初盛唐诗》，中华书局 2018 年版。

叶嘉莹：《迦陵说诗：叶嘉莹说中晚唐诗》，中华书局 2018 年版。

尹锡南：《梵语诗学与西方诗学比较研究》，巴蜀出版社 2010 年版。

俞平伯等：《唐诗鉴赏辞典》，上海辞书出版社 2013 年版。

郁沅、倪进：《感应美学》，文化艺术出版社 2001 年版。

袁可嘉主编：《欧美现代十大流派诗选》，上海文艺出版社 1991 年版。

袁行霈：《中国诗歌艺术研究》，北京大学出版社 2009 年版。

袁行霈主编：《中国文学史》（第一卷），高等教育出版社 2014 年版。

袁行霈主编：《中国文学史》（第二卷），高等教育出版社 2014 年版。

袁行霈主编：《中国文学史》（第四卷），高等教育出版社 2014 年版。

张保红：《中外诗人共灵犀——英汉诗歌比读与翻译研究》，上海外语教育
　　出版社 2012 年版。

张法：《中西美学与文化精神》，中国人民大学出版社 2010 年版。

张海惠：《北美中国学——研究概述与文献资源》，中华书局 2010 年版。

张隆溪选编：《比较文学译文集》，北京大学出版社 1982 年版。

张伟平：《图解翻译学》，世界图书出版公司 2010 年版。

张西平：《欧美汉学研究的历史与现状》，大象出版社 2006 年版。

赵稀方：《翻译现代性：晚清到五四的翻译研究》，南开大学出版社 2012
　　年版。

钟玲：《美国诗与中国梦》，广西师范大学出版社 2003 年版。

朱炳祥：《中国诗歌发生史》，武汉出版社 2000 年版。

朱光潜：《西方美学史》，人民文学出版社 2004 年版。

朱光潜：《朱光潜全集》（第 8 卷），安徽教育出版社 1993 年版。

朱立元、李钧主编：《二十世纪西方文论选》上卷，高等教育出版社 2002
　　年版。

朱钦舜编著：《修辞鉴赏辞典》，上海大学出版社 2014 年版。

朱先树等编：《诗歌美学辞典》，四川辞书出版社 1989 年版。

朱一凡：《翻译与现代汉语的变迁》，外语教学与研究出版社 2011 年版。

朱志荣：《中西美学之间》，上海三联书店 2006 年版。

卓振英：《汉诗英译论纲》，浙江大学出版社 2011 年版。

中文论文

辜正坤：《翻译标准多元互补论》，《中国翻译》1989 年第 1 期。

辜正坤：《中国诗歌翻译概论与理论研究新领域》，《中国翻译》2008 年第
　　4 期。

辜正坤：《世纪性诗歌翻译误区探讨与对策——兼论严复先生的翻译》，
　　《中国翻译》2015 年第 3 期。

黄灿：《走向后经典叙事研究的"我们"叙事学》，《河南社会科学》2015
　　年 11 月。

李创国：《英汉诗歌意象比较》，《华南师范大学学报》（社会科学版）
　　1995 年第 2 期。

李春青：《中国文化诗学的源流与走向》，《河北学刊》2011 年第 1 期。

石灿：《古诗翻译中的叙事建构——以许渊冲英译〈怨歌行〉为例》，《中
　　外文论》2016 年第 2 期。

石灿：《浅析边缘学科视域下中国文化诗学对中国译学的观照》，《济宁学
　　院学报》2016 年第 5 期。

王宁：《民族主义、世界主义与翻译的文化协调作用》，《中国翻译》2012
　　年第 3 期。

王宁：《翻译与文化的重新定位》，《中国翻译》2013 年第 2 期。

王宁：《翻译与跨文化阐释》，《中国翻译》2014 年第 2 期。

王宁：《世界诗学的构想》，《中国社会科学》2015 年第 4 期。

文珊、王东风：《五四时期的西诗汉译》，《中国翻译》2015 年第 4 期。

叶朗：《中国的审美范畴》，《艺术百家》2009 年第 5 期。

赵文静、胡海珠：《社会学视域下的翻译叙事建构研究——访谈著名翻译
　　理论家 Mona Baker 教授》，《中国翻译》2005 年第 1 期。

赵毅衡：《意义的意义之意义：论符号学与现象学的结合部》，《学习与探
　　索》2015 年第 1 期。

朱光潜：《长篇诗在中国何以不发达》，载《朱光潜全集》第 8 卷，安徽教
　　育出版社 1993 年版。

英文著作

AndrewB. R. Elliott, *The Return of the Epic Film*, Edinburgh：Edinburgh Univer-
　　sity Press, 2014.

Andre Lefevere, *Translation*, *Rewriting and the Manipulation of Literary Fame*,
　　London and New York：Routledge, 1992.

AntonyEasthope, *Literary into Cultural Studies*, London and New York：Rout-
　　ledge, 1991.

Cai Zongqi ed. , *How to Read Chinese Poetry*：*A Guided Anthology*, New York：
　　Columbia University Press, 2007.

Charles Barber, *Poetry in English—An Introduction*, London: Macmillan, 1983.

ConstantineSantas, *The Epic in Film: From Myth to Blockbuster*, Lanham: Rowman & Littlefield Publisher, Inc. , 2007.

D. C. Dennett, *Darwin's Dangerous Idea*, Allen Lane: The Penguin Press, 1995.

Edwin Gentzler, *Contemporary Translation Theories*, Clevedon: Multilingual Matters, 2001.

Eliot Weinberger, *Nineteen Ways of Looking at Wang Wei*, New York: Moyer Bell Limited, 1987.

Eliot Weinberger, *The New Directions Anthology of Classical Chinese Poetry*, New York: New Directions, 2004.

Ezra Pound, *The Cantos*, New York: New Directions, 1972.

Geoffrey Leech, *Semantics*, London: Penguin Books, 1990.

Ingo Plag, *Word – Formation in English*, Cambridge: Cambridge University Press, 2003.

James Liu, *The Art of Chinese Poetry*, Chicago: University of Chicago Press, 1966.

James Liu, *Language – Paradox – Poetics: A Chinese Perspective*, Princeton: Princeton University Press, 1988.

Jean O'Grady and Eva Kushner, eds. , *The Critical Path and Other Writings on Critical Theory*, *1963—1975*, Toronto: University of Toronto Press, 2009.

Jeremy Munday, *Introducing Translation Studies: Theories and Applications*, Shanghai: Shanghai Foreign Language Education Press, 2010.

John Strachanand Richard Terry, *Poetry*, Edinburgh: Edinburgh University Press, 2011.

Jonathan Culler, *Literary Theory: A Very Short Introduction*, Oxford: Oxford University Press, 2000.

Jonathan Culler, *The Pursuit of Signs: Semiotics, Literature, Deconstruction*, London and New York: Routledge, 1981.

Joseph Greenberg ed. , *Universals of Language* (*2nd Edition*), Cambridge: The MIT Press, 1963.

Laurie Bauer, *English Word – Formation*, Cambridge : Cambridge University

Press, 1983.

Lawrence Venuti, *The Translator's Invisibility*: *A History of Translation*, London and New York: Routledge, 1995.

Mary Snell-Hornby, *The Turns of Translation Studies*: *New Paradigm or Shifting Viewpoints?*, Amsterdam: John Benjamins Publishing Company, 2006.

Mona Baker, *Translation and Conflict*: *A Narrative Account.* London and New York: Routlege, 2006.

Noam Chomsky, *Aspects of the Theory of Syntax*, Cambridge: The MIT Press, 2014.

Peter Matthews, *A short History of Structural Linguistics*, Cambridge: Cambridge University Press, 2001.

Qiu Xiaolong, 100 *Classic Chinese Poems*, Shanghai: East China Normal University Press, 2010.

Raffaele Simone ed. , *Iconicity in Language*, Amsterdam: John Benjamins Publishing Company, 1995.

Richard Dawkins, *The Extended Phenotype*: *The Long Reach of the Gene*, Oxford: Oxford University Press, 1999.

Susan Bassnett and Andre Lefevere, *Constructing Cultures*: *Essays on Literary Translation*, Shanghai: Shanghai Foreign Language Education Press, 2001.

SusanBlackmore, *The Meme Machine*, Oxford: Oxford University, 1999.

英文论文

A. H. Maslow, "A Theory of Human Motivation", *Psychological Review*, Vol. 50, No. 4, 1943.

Brian McHale, "Beginning to Think about Narrative in Poetry", *Narrative*, Vol. 17, No. 1, 2009.

David Holdcroft and Harry Lewis, "Memes. Minds and Evolution", *Psychology*, Vol. 75, No. 292, 2000.

Dwight Chambers, "Teoría del poema by Juan Ferraté (review) ", *Books Abroad*, Vol. 32, No. 4, 1958.

GigiLuk and Ellen Bialystok, "How Iconic are Chinese Characters?", *Bilingualism: Language and Cognition*, Vol. 8, No. 1, 2005.

Jonathan Chaves, "On Translating Chinese Poetry", *The Journal of Asian Studies*, Vol. 37, No. 1, 1977.

John Davis, "On the Poetry of the Chinese", *Transactions of the Royal Asiatic Society of Great Britain and Ireland*, Vol. 2, No. 1, 1829.

JosephGreenberg, "Some Universals of Grammar, with Particular Reference to the Order of Meaningful Elements", in Joseph Greenberg ed. , *Universals of Language* (2nd Edition), Cambridge: The MIT Press, 1963.

Kim Sterelny, "Memes Revisited", *The British Journal for the Philosophy of Science*, Vol. 57, No. 1, 2006.

Mona Baker, "Narratives in and of Translation", *SKASE Journal of Translation and Interpretation*, Vol. 1, No. 1, 2005.

Paul B. Sturtevant, "Defining the Epic: Medieval and Fantasy Epics", in Andrew

B. R. Elliott ed. , *The Return of the Epic Film: Genre, Aesthetics and History in the 21st Century*, Edinburgh: Edinburgh University Press, 2014.

Pauline Yu, "Metaphor and Chinese Poetry", *Chinese Literature: Essays, Articles, Reviews* (*CLEAR*), Vol. 3, No. 2, 1981.

WangXiaolun. "Geography and Chinese Poetry", *The Geographical Review*, Vol. 80, No. 1, 1990.

Waclaw Lednicki, "Some Notes on the Translation of Poetry", *The American Slavic and East European Review*, Vol. 11, No. 4, 1952.

Werner Wolf, "The Lyric: Problems of Definition and a Proposal for Reconceptualizations", in Eva Müller – Zettelman and Margarete Rubik, eds. , *Theory into Poetry: New Approaches to Poetry*, New York: Rodopi, 2005.

后　记

终于完成这本古诗英译研究的学术专著，心情一则轻松，一则沉重。这本书在我博士论文的基础上修改完成，既是对我这些年从事古诗翻译批评与研究的总结，也是我对中国传统文化的一次全新探索。在这份后记中，我最想与读者分享的是行至于此的诸般心得与感受。

首先，必须承认翻译古诗是一项充满挑战的任务。每首古诗都是语言艺术的结晶，通过精妙的表达展示了诗人的情感和思想。作为语言文化的传播者和阐释者，译者面临着如何准确传达原诗内涵与美感的难题，不仅需要理解原诗背后的文化背景和历史意义，还要寻找最合适的英文表达方式，以保持原作的韵味和艺术性。

其次，翻译古诗需要深入研究古代文献和文化。中国古代诗词博大精深，其中包含了丰富的象征、隐喻和文化内涵。古诗韵味之生成，在于语言，在于文化，更在于历久弥新的解读与阐释。在翻译过程中，译者不仅仅是在进行语言转换，更是在跨越时空和文化的界限，努力将原诗的美妙之处带给英语读者。译者需要通过广泛阅读和深入研究，努力确保其翻译能够准确传达原诗的意义，并在尽可能的范围内呈现其文化独特性。译者会遇到不同层面的挑战和抉择。原诗中的某些表达在英文中难以完全还原，需要在保持原意和诗歌的美感之间做出权衡。译者的个人风格和理解也会对翻译结果产生影响，这就需要审慎选择最合适的表达方式。然而，这些挑战也是翻译工作的乐趣所在。每一次抉择和决策，都是更加深入领略古诗魅力的契机。

在写作和修订这本书的日子里，恰逢我人生重要的成长与转折阶段。这些年遇到很多人，经历很多事。年少戏言未来，还道是人生万千际遇都是美好的底色，未曾想成长本来就伴随阵痛。衷心感谢所有在这个过程中支持和帮助过我的人们。我的家人和朋友们一直以来都给予我无私的鼓励和理解，他们的支持是我最宝贵的财富。

尽管莽莽寰宇，万古江河，渺小如我，依然要感谢那些伟大的诗人们。正是他们的才华和创作，为后世留下了卷帙浩繁的珍贵诗篇。于我而言，古诗承载着一种深沉又莫可名状的情感和意义，于沮恤中瀁润我的思绪，于悲恐中朗豁我的精神，灵犀一瞬，如亲见时空流转中众生喜怒哀乐。长夜万古，吾道不孤。是古诗为我保留了超越现实的空间，让我在日常琐碎的消磨中获得片刻的喘息与解脱，给予我面对未来的信心与勇气。

希望我的研究与感受，能够引发一点点读者对于古诗与翻译的兴趣，若可激发一些其探索这个精彩而瑰丽的世界的热情，又幸矣。翻译是一项永无止境的艺术，相信在不断的学习和探索中，我们能够更好地传承和传播古代文化的瑰宝。

最后，谨以此书献给所有对古诗、翻译和文化交流充满热情的人们。愿我们的努力能够对促进世界文化多样性与相互理解有所贡献。

石灿

2023 年 12 月 1 日于青岛